Kohlhammer

Globale Solidarität –
Schritte zu einer neuen Weltkultur

Veröffentlichungen
des Forschungs- und Studienprojekts der
Rottendorf-Stiftung
an der Hochschule für Philosophie
Philosophische Fakultät S.J., München

Herausgegeben von

Norbert Brieskorn, München
Georges Enderle, Notre Dame/USA
Franz Magnis-Suseno, Jakarta
Johannes Müller, München
Franz Nuscheler, Duisburg

Band 17

Johannes Wallacher
Karoline Scharpenseel
Mattias Kiefer (Hrsg.)

Kultur und Ökonomie

Globales Wirtschaften im Spannungsfeld
kultureller Vielfalt

Mit Beiträgen von
Helmut Leipold, Carola Lentz, Christine M. Merkel,
Peter Schmiedel, Rainer Tetzlaff, Franz Martin Wimmer,
Johannes Wallacher

Verlag W. Kohlhammer

Alle Rechte vorbehalten
© 2008 W. Kohlhammer GmbH Stuttgart
Gesamtherstellung:
W. Kohlhammer Druckerei GmbH + Co. KG, Stuttgart
Printed in Germany

ISBN 978-3-17-020568-0

Inhaltsverzeichnis

Johannes Wallacher / Karoline Scharpenseel / Mattias Kiefer

Vorwort IX

Johannes Wallacher

Ökonomie und Kultur – Eine komplexe Beziehung 1
   1 Einleitung: Ökonomie und Kultur im Kontext der Globalisierung 1
   2 Zur Kulturvergessenheit der Ökonomie 4
   3 Von der Kulturvergessenheit zum Kulturdeterminismus 6
   4 Jenseits von Kulturvergessenheit und Kulturdeterminismus 8

Carola Lentz

Brauchen wir „Kultur", um Afrikas Wirtschaftsentwicklung zu erklären? 15
   1 Einleitung 15
   2 Konzeptionen von Kultur und Wirtschaft 18
   3 Kultur und Wirtschaft – ein komplexer Zusammenhang 24

Diskussion

    1 „Kultur" versus Strukturen, Handlungen und Ideologien 34

    2 Ein Kulturbegriff als Grundlage für den interdisziplinären Dialog? 38

    3 Kultur als Einflussfaktor für wirtschaftliche Entwicklung in Afrika . . . 42

Helmut Leipold

Zur wirtschaftlichen Relevanz des Islam 47

    1 Religion und Wirtschaft in kontroversen Thesen 47

    2 Der Erklärungsansatz der kulturvergleichenden
       Institutionenökonomik 49

    3 Befunde gemäß der quellenexegetischen Methode 54

    4 Befunde gemäß der ideenexegetischen Methode 58

    5 Schlussbemerkungen 65

Diskussion

    1 Reform oder Erstarrung: eine Frage der Interpretation? 69

    2 Wider die Ausblendung des asiatischen Islam 72

    3 Infragestellung der Kausalität: Der Islam als Ursache für
       Entwicklungsrückstände? 73

    4 Die Frage der Methodenwahl 75

Franz Martin Wimmer

**Kulturelle Zentrismen – Zum Umgang mit kulturellen Differenzen
in der Philosophie** 77

    1 Einleitung 77

    2 Drei Urteile über die Wertigkeit des Eigenen und des Anderen 78

    3 Vier Typen kultureller Zentrismen 87

    4 Polylog als Leitbild für den Umgang mit kultureller Differenz 92

Diskussion

1 Löst die Suche nach Überlappungen das Problem konkurrierender Geltungsansprüche? 99

2 Voraussetzungen für die Anwendung des Polylogs 102

Peter Schmiedel

Gedanken zum Verzicht auf Kapitalzinsen 109

1 Kapitalzinsen in der modernen Marktwirtschaft 109

2 Ächtung von Kapitalzinsen im Islam 110

3 Kapitalzinsen in der vorchristlichen und christlichen Geschichte 111

4 Praxis der Wirtschaft macht moralische Norm obsolet 112

5 Interkultureller Dialog über einen Verzicht auf Kapitalzinsen 114

Rainer Tetzlaff

Ökonomie und Kultur in Afrika: Entwicklungspolitische Handlungsspielräume im Zeitalter der Globalisierung 117

1 Einleitung: Warum Asien und nicht auch Afrika? Ursachen und Ermöglichungsbedingungen von Entwicklung 117

2 Afrika im Plural: Entwicklungspotentiale zwischen Rentenökonomie und Staatszerfall 119

3 Endemische Korruption als Hauptursache von Unterentwicklung 122

4 Zur ambivalente Rolle der Entwicklungszusammenarbeit 124

5 Kulturelles Kapital zur Bewältigung von Globalisierung 125

6 „Culture matters!": der cultural turn in der Entwicklungstheorie 128

7 „Politics matter!": die Erfindung von good governance als Reaktion auf Staats- und Marktversagen 131

8 Über die Notwendigkeit einer politisch-kulturellen Evolution: Von der Politik des Bauches zur Politik des Kopfes 133

9 Fazit und Ausblick: Überwindung des Reformstaus durch responsible leadership und ownership 136

Diskussion

    1 Kultureller Wandel und Entwicklung der Rechtsstaatlichkeit 144

    2 Das „big man-Syndrom" und seine Ursachen 145

Christine M. Merkel

Das UNESCO-Übereinkommen über Schutz und Förderung Kultureller Vielfalt (2005): Anerkennung der Doppelnatur von Kulturgütern 149

    1 Erstes völkerrechtliches Abkommen zur Kulturpolitik 149

    2 Politischer Kompromiss 151

    3 Die Kulturkonvention: Ziele, Inhalte, Instrumente 153

    4 Öffentliche Kulturangebote und Risikofaktor GATS 154

    5 Kulturelle Vielfalt und Globalisierung: Chancen und Gefährdungen .. 155

    6 Handlungsbedarf für Länder des Südens 159

    7 Die Kulturkonvention mit Leben füllen: Was ist erreicht,
       was zu tun, was machbar? 160

Autoren/innen und Diskussionsteilnehmer/innen 165

Personenregister 167

Vorwort

Die vorherrschende ökonomische Standardlehre hat der Beziehung von Kultur und Wirtschaft lange Zeit wenig Beachtung geschenkt, was dazu geführt hat, dass sie viele Phänomene und aktuelle Entwicklungen nicht angemessen erklären konnte. Ein Beispiel dafür sind die unübersehbaren Probleme vieler grenzüberschreitender Zusammenschlüsse von Unternehmen *(mergers and acquisitions)*, bei denen oft zu wenig beachtet wurde, dass gerade auch wirtschaftliches und unternehmerisches Handeln von kulturell je unterschiedlichen Traditionen und Werten geprägt ist. Auch im Bereich der Entwicklungspolitik ist die systematische Vernachlässigung sozio-kultureller Faktoren lange Zeit ein wesentlicher Grund für das Scheitern oder die geringe Wirksamkeit vieler entwicklungspolitischer Projekte gewesen.

Inzwischen hat jedoch ein Umdenken eingesetzt und dem Verhältnis von Ökonomie und Kultur wird in seinen wechselseitigen Bezügen deutlich mehr Beachtung geschenkt, v.a. in den theoretischen und praktischen Debatten um die Globalisierung. Dabei ist das Beziehungsgeflecht alles andere als eindeutig. Einerseits schien mit dem Scheitern des realexistierenden Sozialismus weltweit die Grundentscheidung für die Marktwirtschaft nach westlichem Vorbild gefallen zu sein. Angesichts der globalen Verbreitung entsprechender Produktions- und Konsummuster („McDonaldisierung der Welt") hat in vielen Teilen der Welt auch die Angst vor dem Verlust kultureller Vielfalt zugenommen. Andererseits verkennt eine einseitige Sicht vom unaufhaltbaren Siegeszug der Marktwirtschaft nach westlichem Muster die wachsende Vielfalt marktwirtschaftlicher Ordnungen und ihrer je unterschiedlichen kulturellen und politischen Grundlagen. Gibt es doch unübersehbare Anzeichen dafür, dass sich zunehmend Marktwirtschaften nach chinesischem, islamischem oder afrikanischem Muster ausbilden.

Bereits die Analyse der wechselseitigen Bezüge zwischen Ökonomie und Kultur ist also keineswegs eindeutig. In theoretischer wie praktischer Hinsicht sind damit nämlich eine ganze Reihe von Herausforderungen verbunden, von denen hier beispielhaft nur einige angedeutet werden.

Zunächst ist zu klären, welche Methoden und Konzepte geeignet sind, um die Beziehung von Ökonomie und Kultur angemessen analysieren zu können. Welche sozialwissenschaftlichen Modelle sind in der Lage, die geschichtlich-kulturelle Vielfalt des wirtschaftlichen Geschehens theoretisch adäquat zu erfassen? Eng damit verbunden ist die Schwierigkeit, Kultur begrifflich und konzeptionell angemessen zu erfassen, was wiederum die Grundlage für eine Beantwortung der Frage ist, wie und auf welche Weise kulturelle Faktoren das jeweilige Wirtschaften beeinflussen.

Aus philosophischer, besonders ethischer Perspektive stellt sich sodann die grundlegende Frage, wie man mit dem Spannungsfeld zwischen moralischem Universalismus einerseits und partikularen Wertvorstellungen einzelner Kulturen andererseits umgeht. Dabei ist allerdings auch zu klären, ob und inwiefern die kulturelle Vielfalt als solche überhaupt einen Wert an sich darstellt. Im Hinblick auf mögliche Handlungsoptionen sind in einem zweiten Schritt dann auch ethische Maßstäbe für die politische Gestaltung des Spannungsfelds von globalem Wirtschaften und kultureller Vielfalt zu entwickeln und zu begründen. All diese Herausforderungen bedürfen einer gründlichen Analyse und einer theoretischen Reflexion, was notwendigerweise eine interdisziplinäre Perspektive erfordert.

Der vorliegende Sammelband will dazu einen Beitrag leisten. Grundlage dafür sind die Referate und Diskussionsbeiträge eines Symposions des Forschungs- und Studienprojekts der Rottendorf-Stiftung an der Hochschule für Philosophie der Jesuiten in München, das am 11./12. Mai 2007 stattgefunden hat.

Johannes Wallacher zeigt in seinem einleitenden Beitrag aus primär ökonomischer Sicht einige Hintergründe der aktuellen Debatte um die komplexe Beziehung von Ökonomie und Kultur auf. Er zeichnet zunächst die beiden Extreme der Akzentuierung des Verhältnisses von Ökonomie und Kultur nach, nämlich die Kulturvergessenheit der ökonomischen Standardlehre auf der einen und die kulturdeterministische Erklärung ökonomischer Entwicklungsverläufe auf der anderen Seite, die in den letzten Jahren viel Beachtung gefunden hat. Auf dieser Basis werden sodann Herausforderungen und Ansatzpunkte für eine interdisziplinäre Entwicklung von Konzepten und Methoden zur angemessenen Analyse der kulturellen Prägung wirtschaftlichen Handelns erörtert.

Die Ethnologin **Carola Lentz** geht anschließend der Frage nach, inwiefern Kultur als Erklärungsfaktor für wirtschaftliche Entwicklung oder Stagnation in Afrika gelten kann. Dabei geht sie zunächst auf die Mehrdeutigkeit des Kulturbegriffs sowie die Begriffsgeschichte innerhalb ihrer eigenen Disziplin ein und schlägt dann zur Untersuchung des Wandels im Verhältnis von Kultur und Wirtschaft die Unterscheidung zwischen drei Analyseebenen vor: strukturelle Rahmenbedingungen,

Handlungen und Ideologien. Schließlich formuliert und begründet sie ihre grundlegende These, nach der Kultur, zumindest in einem engeren Sinne von Normen und Werten, lediglich einen Aspekt in einem komplexen Bedingungsgefüge darstellt und wirtschaftliche Entwicklung in Afrika insgesamt nur geringfügig determiniert. Dies beleuchtet sie aus zweierlei Perspektiven: anhand des komplexen Ursachenbündels für die wirtschaftliche Stagnation in Afrika seit den 1970er-Jahren und anhand des bis heute bedeutsamen Systems der patrilinearen Verwandtschaftsverbände.

Zu einer ganz unterschiedlichen Einschätzung kommt der Ökonom **Helmut Leipold** in seiner institutionenökonomischen Untersuchung zur Relevanz des Islam für die wirtschaftliche Entwicklung. Dabei stellt er zunächst die beiden in der Wissenschaft vertretenen Positionen und ihre Methoden vor: Die weithin geteilte Diagnose einer relativen institutionellen und wirtschaftlichen Stagnation in den von Leipold in den Blick genommenen arabischen Staaten wird von den einen, die quellenexegetisch arbeiten und den Islam in Koran und Sunna für wirtschaftlich irrelevant halten, hauptsächlich mit historisch-politischen Faktoren begründet. Die anderen, zu denen Leipold sich zählt, argumentieren demgegenüber ideenexegetisch und führen die relative Stagnation auf eine reformbehindernde Entwicklung seit der islamischen Frühzeit zurück. Leipold spricht von einem theonom-kommunitären Weltbild, das eine selbständige Rechtsauslegung und Urteilsfindung untergrabe und zu einer Erstarrung des Denkens und damit der Institutionen geführt habe. Dies erkläre die Dominanz autoritärer Herrschaftsstrukturen und die Erschwerung einer arbeitsteiligen Wirtschaftentwicklung.

Der Philosoph **Franz Martin Wimmer** reflektiert über die Bedingungen interkulturellen Philosophierens. Dies steht im Gegensatz sowohl zu der Idee einer exklusiven Gültigkeit der eigenen Denk- und Lebensform als auch zu der Vorstellung verschiedener Denkweisen, die in sich evtl. gültig sein mögen, aber aufgrund der Unmöglichkeit von Kommunikation und Perspektivenwechsel inkompatibel bleiben. Interkulturell orientiertes Philosophieren setzt vielmehr die Überzeugung einer Komplementarität verschiedener philosophischer Traditionen voraus. Wimmer führt dazu nach der Darstellung unterschiedlicher Formen von kulturellen Zentrismen seine Idee des „Polylogs" ein, das er als Leitbild für den Umgang mit kulturellen Differenzen im Zeitalter der Globalisierung ansieht. Charakteristisch dafür ist, dass sich Philosophierende verschiedener Kulturtraditionen als Gleiche begegnen. Dabei sind sie sowohl überzeugt, mit ihrer Position zu einer Frage im Recht zu sein, als auch offen gegenüber differierenden Positionen anderer.

Mit dem Zinsverbot und seiner Legitimation und Praxis im islamischen, vorchristlichen und christlichen Bereich bringt der Wirtschaftsethiker und Islamwissenschaftler **Peter Schmiedel** im fünften Beitrag ein konkretes Beispiel für die

Wechselwirkungen zwischen Kultur und Wirtschaft. So hat die Ächtung von Kapitalzinsen, die im Islam bis heute als ungerechtfertigte Bereicherung angesehen wird, zur Entwicklung eines eigenständigen Finanzsystems, des *Islamic Banking*, geführt. Im Christentum wurde diese bis ins Spätmittelalter gleichermaßen bestehende und religiös begründete Praxis in der Neuzeit immer mehr aufgegeben. Auch versucht Schmiedel mit seinem Beispiel eine Anwendung des „Polylogs" auf eine zentrale wirtschaftsethische Fragestellung aufzuzeigen: Statt einer ex post-Legitimation der Abschaffung des Zinsverbots suggeriert Schmiedel einen Polylog mit dem Islam über den Verzicht auf Kapitalzinsen und die Frage, wie man die tendenziell zum Selbstzweck gewordene Wirtschaft wieder stärker an das Gemeinwohl zurückbinden könnte.

Im sechsten Beitrag analysiert der Politologe **Rainer Tetzlaff** anhand von akteurs- und systemtheoretischen Ansätzen das Verhältnis von endogenen, exogenen und strukturellen Faktoren für den geringen Entwicklungserfolg der allermeisten Staaten südlich der Sahara, die, im Gegensatz etwa zu asiatischen ehemaligen Kolonien, als Globalisierungsverlierer gelten können. Bei der Erörterung der Handlungsspielräume unterstreicht er, dass es weniger um ausgleichende Ressourcentransfers gehe (dagegen spräche u.a. das von ihm als sehr gravierend eingeschätzte institutionalisierte Korruptionsverhalten der Eliten und Regierungen) als vielmehr um *good governance* im Sinne v.a. von *responsible leadership* und die kollektive Aneignung *(ownership)* von Entwicklungsprozessen. Die zwar fragile, aber erkennbare Tendenz zu mehr demokratischer Partizipation der Zivilgesellschaft und zu mehr Rechtsstaatlichkeit deuteten zumindest im politischen Bereich auf einen gewissen Lernprozess hin. Für den notwendigen Strukturwandel komme es allerdings auf das Zusammenwirken von – bei Tetzlaff im Einzelnen diskutierten – Veränderungsprozessen auf der wirtschaftlichen, politischen, kulturellen, individuellen und ökologischen Ebene an.

Zum Schluss problematisiert die bei der Deutschen UNESCO-Kommission tätige **Christine M. Merkel** die ökonomische Nutzung von Kulturgütern. Mit dem UNESCO-Übereinkommen über Schutz und Förderung kultureller Vielfalt von 2005 stellt sie ein innovatives Instrument zur politischen Ordnung des Weltmarktsegmentes auf, das weltweit mit die höchsten Wachstumsraten aufweist. Kernstück ist dabei das Recht jedes Staates, regulatorische und finanzielle Maßnahmen zu ergreifen, um die kulturelle Vielfalt auf seinem Staatsgebiet zu schützen und zugleich den Handel mit Kulturgütern weltweit zu befördern. Umstritten ist, wie die kulturpolitischen Spielräume, die den Staaten in der Konvention gewährt werden, im Verhältnis zu den Verpflichtungen aus den WTO-Verträgen, insbesondere dem GATS, auszulegen sind. Die Kompromissformel einer „wechselseitigen Ergänzung ohne Unterordnung" wird sich in internationalen Verhandlungen noch durchsetzen und in der Umsetzung als praktikabel erweisen müssen. Insbesondere für die Länder des Südens, die bisher unter krassen Ungleichgewichten leiden, wäre eine Erweiterung der staatlichen Förderungsmöglichkeiten von entscheidender Bedeutung.

Am Ende dieses Vorworts möchten wir es nicht versäumen, uns bei Frau Cecylia Milewski für die Erstellung der Druckvorlage zu bedanken.

München, August 2008   Die Herausgeber

Ökonomie und Kultur – Eine komplexe Beziehung

Johannes Wallacher

1 Einleitung: Ökonomie und Kultur im Kontext der Globalisierung

Seit einigen Jahren gibt es ein wachsendes Interesse an dem Zusammenhang von Kultur und Ökonomie. Besonders zeigt sich dies an den wissenschaftlichen und politischen Debatten um die Globalisierung, welche eine bisher kaum gekannte Verdichtung und Beschleunigung grenzüberschreitender Verflechtungen und Abhängigkeiten bezeichnet. Dabei handelt es sich um ein komplexes und mehrdimensionales Phänomen. Die Globalisierung ist nämlich weit mehr als das dynamische Wachstum von ausländischen Direktinvestitionen, grenzüberschreitendem Handel und weltweiten Kapitalströmen, auch wenn sie meist vorrangig unter dieser Rücksicht betrachtet wird. Neben ökonomischen besitzt die Globalisierung auch ökologische, politische und sozio-kulturelle Merkmale, die in ihren Wechselwirkungen zu betrachten sind. Es handelt sich dabei um Prozesse, die weder einheitlich, noch umfassend und auch nicht geradlinig verlaufen. Sie haben in den einzelnen Ländern und Weltregionen vielmehr unterschiedliche Ausprägungen, außerdem gibt es auch vielfältige, tendenziell wachsende Gegenbewegungen.

Dies gilt auch für die Wechselwirkungen zwischen Ökonomie und Kultur, die sich im Kontext der Globalisierung in ganz verschiedenen Hinsichten zeigen. Auf den ersten Blick im Vordergrund steht oft die **ökonomische Nutzung von kulturellen Aktivitäten** wie Musik, Kunst oder Film bzw. von Kulturstätten, welche z.B. gezielt für die Tourismusbranche vermarktet werden. Technologische Fortschritte und damit erhebliche Kostensenkungen im Kommunikations- und Transportbereich haben die Grundlagen für dynamische Wachstumsraten im internationalen Handel mit kulturellen Dienstleistungen und im Tourismussektor geschaffen. Verstärkt wird diese Entwicklung noch durch das Abkommen über den Dienstleistungshandel

(GATS), das 1995 in die neue Welthandelsorganisation WTO integriert wurde. Damit wächst der Druck, Maßnahmen zur Förderung der nationalen Kulturpolitik einzuschränken, um den globalen Handel in diesem Bereich weiter zu vertiefen (vgl. dazu Schorlemer 2005).

Die Kehrseite der wachsenden Ökonomisierung von kulturellen Tätigkeiten ist freilich, dass die fortschreitende Liberalisierung und Deregulierung tendenziell zu Konzentrationsprozessen und Abhängigkeiten von großen, v.a. internationalen Anbietern führt, v.a. aus dem Westen. In vielen Teilen der Welt wächst darum die Sorge vor dem Verlust kultureller Vielfalt und einer „Welteinheitskultur" (McWorld), weil einheimische Anbieter nicht mehr wettbewerbsfähig sind und damit vom Markt gedrängt werden. Ein Beispiel dafür ist der Mediensektor, der inzwischen zu großen Teilen privatisiert und damit den Gesetzen eines noch kaum durch Rechtsnormen geregelten Marktes unterworfen ist. Folge davon ist, dass der weltweite Medienmarkt von wenigen großen Konzernen beherrscht ist, die fast alle ihre Schaltzentralen in westlichen Industriestaaten haben (Thomaß 2001, 189f.). Viele sehen daher die nationale und internationale Kulturpolitik als notwendiges Korrektiv, um kulturelle Vielfalt sichern zu können. Der Beitrag von Christine Merkel am Ende des vorliegenden Bandes beschäftigt sich mit dieser Thematik und stellt mit dem „UNESCO-Übereinkommen zum Schutz und zur Förderung der Vielfalt kultureller Ausdrucksformen" ein wichtiges Instrument der internationalen Kulturpolitik vor. Aus Sicht der Politischen Ökonomie geht es dabei v.a. um die Frage, wie ein ausreichendes Angebot von Kulturgütern als öffentlichen Gütern gesichert werden kann (vgl. dazu z.B. Serageldin 1999).

Kultur wird hier freilich in einem ganz bestimmten Sinn verstanden, nämlich als wertvoll verstandene künstlerische, literarische oder musikalische Leistungen einer Gesellschaft. Mit dieser normativ besetzten Verwendung des Kulturbegriffs verbunden ist nicht selten eine mehr oder minder bewusste Abgrenzung von als minderwertig geltenden Verhaltensformen und Zivilisationsweisen. Solche Probleme vermeidet ein deskriptiver Gebrauch des Begriffs, nach dem Kultur die Gesamtheit von Werten, Einstellungen und Sinndeutungen umfasst, welche dem gemeinsamen Leben der Menschen eine Orientierung geben und damit auch ihr Verhalten als Menschen prägen. Versteht man Kultur in dieser Weise, so zeigt sich, dass die **ökonomische Globalisierung selbst ganz wesentlich auch ein sozio-kulturelles Phänomen** ist, denn sie wurzelt in bestimmten Ideen, Wertvorstellungen und Modellen. Diese Vorstellungen werden vorwiegend vom Leitbild der westlichen Zivilisation bestimmt und teils bewusst, etwa durch die politische Entscheidung zur Liberalisierung der Märkte, oft aber auch kaum bemerkt auf andere Gesellschaften übertragen. Dies lässt sich ebenfalls an der Welthandelsordnung verdeutlichen. Mit der Gründung der WTO 1995 wurde auf Betreiben der westlichen Industrieländer, allen voran der USA, neben GATS auch ein Abkommen zu handelsbezogenen Aspekten geistiger Eigentumsrechte (TRIPS) in die multilaterale Ordnung des Welthandels integriert (vgl. WA-DBK 2006, 40-43). Damit wurde der Schutz

1 Einleitung: Ökonomie und Kultur im Kontext der Globalisierung

geistiger Eigentumsrechte, für den es grundsätzlich gute Argumente gibt, auch auf Bereiche ausgeweitet, die für das Überleben der Menschen und v.a. der Armen sehr wichtig sind. So muss nach TRIPS bei Saatgut ein Patent- oder Sortenschutz eingeführt werden, der vielen Rechtstraditionen widerspricht und das traditionelle Recht der Kleinbauern beschneidet, Ernte als Saatgut für die nächste Aussaat zurückzubehalten *(farmers rights)*.

Aus der Verbreitung bestimmter Werte der westlichen Zivilisation darf freilich nicht der voreilige Schluss gezogen werden, dass mit dem Scheitern des real existierenden Sozialismus weltweit die Grundentscheidung für eine Marktwirtschaft nach westlichem Vorbild gefallen sei. Der US-amerikanische Politologe Francis Fukuyama hat eine solche Deutung in seiner berühmten These vom „Ende der Geschichte" nach dem Fall der Mauer 1989 provokant formuliert (Fukuyama 1992) und damit heftige Kritik hervorgerufen (vgl. dazu Kersting 1998). Diese Sicht vom unaufhaltbaren Siegeszug der Marktwirtschaft nach westlichem Muster ist inzwischen weitgehend widerlegt durch die Tatsache, dass in den letzten Jahren eine wachsende Vielfalt marktwirtschaftlicher Systeme mit ganz unterschiedlichen politischen Ordnungen und kulturellen Hintergründen entstanden ist.

Dies hat die Aufmerksamkeit auf den sehr grundlegenden Zusammenhang von Ökonomie und Kultur gelenkt, dass **wirtschaftliches Handeln** wie alles menschliche Handeln immer **auch kulturell geprägt** ist. Menschen wirtschaften nämlich nie in abstrakten, sondern immer in konkreten Gesellschaften mit bestimmten sozio-kulturellen Merkmalen. Damit hat freilich Kultur auch einen Einfluss auf die Entstehung von Werten und Institutionen, die das wirtschaftliche Handeln orientieren. Die vorherrschende ökonomische Standardlehre hat dies freilich lange Zeit systematisch ausgeklammert, was dazu geführt hat, dass sie Phänomene wie kulturell unterschiedlich geprägte Wirtschaftssysteme nicht angemessen erfassen konnte. Dieser Mangel wurde besonders evident, als es darum ging, die äußerst unterschiedlichen Entwicklungsverläufe, z.B. zwischen afrikanischen und asiatischen Ländern, zu erklären. Daher hat inzwischen ein Umdenken eingesetzt und dem Verhältnis von Ökonomie und Kultur in seinen wechselseitigen Bezügen wird seitens der Ökonomen und anderer Sozialwissenschaften seit einigen Jahren wieder deutlich mehr Beachtung geschenkt (vgl. dazu u.a. Blümle u.a. 2004, Rao/Walton 2004, Lee-Peuker u.a. 2007).

Ziel dieses Beitrags ist es, hierzu einige Hintergründe aufzuzeigen, um die gegenwärtige Debatte besser einordnen und nachvollziehen zu können. Dazu werden zunächst skizzenartig zwei Extreme der Akzentuierung des Verhältnisses von Ökonomie und Kultur nachgezeichnet, um dann einige Herausforderungen und mögliche Ansatzpunkte für eine angemessene Analyse der wechselseitigen Bezüge von Ökonomie und Kultur zu erörtern.

2 Zur Kulturvergessenheit der Ökonomie

Ausgangspunkt der modernen Wirtschaftswissenschaften ist die klassische Schule der Nationalökonomie mit ihren Protagonisten Adam Smith (1759, 1776) und John Stuart Mill (1859), die ausdrücklich die enge Verknüpfung von Ökonomie, Ethik und Politik wie auch die Relevanz kultureller Einflussfaktoren betont haben. Diese integrierte Betrachtung ist in der Weiterentwicklung der Ökonomie zur Neoklassik weitgehend verloren gegangen. Ausdruck dafür ist, dass man ab der zweiten Hälfte des 19. Jahrhundert kaum mehr von Politischer Ökonomie *(political economy)*, sondern überwiegend von Ökonomik *(economics)* sprach. Mit großer Dringlichkeit stellte sich damit nun auch die Frage nach dem Selbstverständnis der Ökonomie in der Welt der Wissenschaften und entscheidend dafür war die Debatte um die angemessene Methode dieser sich emanzipierenden Disziplin.

Im deutschsprachigen Raum kam es darüber zwischen 1880 und 1890 zu einer heftigen Auseinandersetzung zwischen Vertretern der Österreichischen Schule der Ökonomie, die wesentlich von den angelsächsischen Vertretern der Neoklassik geprägt war, und der deutschen Historischen Schule mit seiner Leitfigur Gustav von Schmoller (vgl. dazu Winkel 1989). Dieser **Methodenstreit** begann, als der Wiener Ökonom Carl Menger (vgl. Streissler 1989) 1883 seine Ansichten zur korrekten Methodik der Wirtschaftswissenschaften darlegte, und zwar in scharfer Abgrenzung zur Historischen Schule, der bis dahin vorherrschenden ökonomischen Lehrmeinung an deutschen Universitäten. Der Historischen Schule ging es darum, wirtschaftliche Phänomene empirisch zu beobachten und durch einen historischen Vergleich verschiedener Wirtschaftssysteme und Wirtschaftsstufen deren ideen- und kontextabhängige historische Besonderheiten zu erklären. Das Vorgehen war also zuallererst induktiv und eng angelehnt an die damaligen Geschichtswissenschaften. Untersuchungsobjekt der so verstandenen Nationalökonomie war daher auch primär die ganze Gesellschaft im zeitlichen und kontextuellen Wandel. Die Schwäche dieser Vorgehensweise war ihr Theoriedefizit, denn die historische Schule konnte ihren Anspruch, für jedes der verschiedenen Ordnungssysteme raum- und zeitspezifische ökonomische Theorien zu formulieren, nicht einlösen.

Hier besonders setzte die Kritik von Menger an. In Anlehnung an die englischen Vertreter der ökonomischen Neoklassik ging er von einem methodischen Individualismus aus. Ausgangspunkt der ökonomischen Betrachtung sind danach die einzelnen Individuen und ihre Handlungen, auf die letztlich alle gesellschaftlichen Phänomene zurückgeführt wurden. Die Neoklassik orientierte sich dabei am Vorbild der Naturwissenschaften, die „zunächst von der Wirklichkeit abstrahiert, um von einem einheitlichen Gesichtspunkt aus die Wirklichkeit umfassend erklären zu können" (Manstetten 2000, 42). Daher reduziert sie in ihrem ökonomischen Verhaltensmodell des Homo Oeconomicus menschliches Handeln bewusst auf die Nutzenmaximierung, und zwar zunächst einmal aus methodischen Gründen. Dies ist nämlich die Vorrausetzung, um analog zur Mechanik (Manstetten 2000, 54-57)

2 Zur Kulturvergessenheit der Ökonomie

theoretische Hypothesen und klare Prognosen für ökonomische Gesetzmäßigkeiten formulieren zu können. Damit ist der Anspruch verbunden, kultur- und zeitübergreifend gültige Erkenntnisse zu liefern. Ökonomie wird damit nicht (mehr) als Realwissenschaft, sondern als axiomatische Idealtheorie angesehen. Bei näherem Hinsehen umstritten bleibt freilich, ob die Annahme der individuellen Nutzenmaximierung wirklich rein aus methodischen (im Sinne einer „Als-ob-Annahme") Gründen gewählt wird oder nicht auch empirisch für angemessen gehalten wird. Zuweilen scheint diese Annahme auch normativen Charakter zu haben, was etwa die berühmte „ethische Richtigkeitsvermutung" des Gewinnstrebens nahe legt. Diese Debatte kann an dieser Stelle nicht weiter vertieft werden (vgl. dazu Manstetten 2000, 75-104).

Ungeachtet dessen hat dieses bewusst selektive Vorgehen durchaus Vorzüge, gerade wenn ökonomische Zusammenhänge nicht nur erklärt, sondern auch Handlungsempfehlungen für gesellschaftliche Veränderungen gegeben werden sollen. Gemäß dieser Methode der ökonomischen Standardtheorie zielen diese nämlich nicht auf eine Änderung der Einstellungen bzw. Präferenzen von Akteuren, sondern auf eine Anreiz basierte Steuerung von Verhaltensweisen. Danach geht es darum, gesellschaftlich unerwünschte Handlungsalternativen „relativ teurer" und damit im Vergleich zu gewollten „unattraktiver" zu machen. Nicht zuletzt deshalb schien der Methodenstreit lange Zeit und für viele auch abschließend zu Gunsten der Österreichischen Schule entschieden zu sein, was sich auch daran zeigt, dass die Neoklassik nach wie vor als gängige Standardtheorie in den meisten ökonomischen Lehrbüchern zu finden ist.

In den letzten Jahrzehnten wurde dieser Ansatz auch weit über wirtschaftliche Fragen hinaus auf nahezu alle Bereiche sozialer Interaktion übertragen, wie z.B. die Politik, das Recht bis hin zur Familie, was von seinen Vertretern selbst als „ökonomischer Imperialismus" bezeichnet wird (Becker 1982). Damit ist der Anspruch verbunden, den ökonomischen Ansatz zur erkenntnisleitenden Methode anderer Sozialwissenschaften und auch der Ethik zu machen, z.B. der Moralökonomik. Ziel ist es, den gesamten Bereich zwischenmenschlicher Beziehungen auf der Grundlage des individuellen Vorteilsstrebens zu erklären und davon ausgehend Möglichkeiten der gesellschaftlichen Zusammenarbeit zum wechselseitigen Vorteil auszuloten (vgl. Homann/Suchanek 2000).

Seit einigen Jahren geraten freilich zunehmend die Kehrseiten dieser reduktionistischen Vorgehensweise wieder stärker in den Blick, weil damit wichtige Aspekte sozialer Interaktionen, auch im wirtschaftlichen Bereich, nur sehr unzureichend berücksichtigt werden. Nicht nur die Innenperspektive des Handelnden, seine Motive und Absichten werden dadurch systematisch ausgeblendet, sondern auch die Tatsache, dass die Akteure immer auch in soziale Kontexte eingebunden sind und die sozialen Normen und Regeln, die in diesem Umfeld gelten, auch für das wirtschaftliche Handeln bedeutsam sind. Daher werden das ökonomische

Verhaltensmodell und seine Annahmen auch von einflussreichen Ökonomen (vgl. wegweisend dazu Sen 1984) immer mehr kritisiert. Eng verbunden damit ist ein wachsendes Interesse an einer stärker empirisch fundierten Wirtschaftstheorie, aus dem die neuere Forschungsrichtung der empirischen Ökonomie hervorgegangen ist (Wallacher 2003). Angeregt durch sozialpsychologische Forschungen liefert sie mit Hilfe von Studien und von Laborexperimenten, die unter realen Bedingungen durchgeführt werden, wichtige Einsichten, die genutzt werden können, um ökonomische Zusammenhänge besser erklären zu können. Diese Studien belegen, dass sich die Akteure in ihrem wirtschaftlichen Handeln auch am Verhalten anderer und an bestimmten Werten und Traditionen orientieren. Dabei handelt es sich keineswegs um Einzelphänomene, sondern diese sozialen und kulturellen Einflüsse führen zu Ergebnissen, die etwa im Hinblick auf die Steuermoral (Falk 2003), wechselseitiges Vertrauen (Fehr/Schmitt 2000) oder die Arbeitsmotivation (Frey 1997) teilweise deutlich von den Prognosen des gängigen ökonomischen Verhaltensmodells abweichen.

3 Von der Kulturvergessenheit zum Kulturdeterminismus

Auch in der Entwicklungspolitik wird die neoklassische Theorie mit ihrem universalen Geltungsanspruch seit den 1990er-Jahren immer stärker hinterfragt. Bis dahin war lange Zeit die aus der neoklassischen Entwicklungstheorie abgeleitete Überzeugung vorherrschend, dass der Mangel an Sach- und Finanzkapital die zentrale Ursache für fehlende wirtschaftliche Entwicklung sei. Dementsprechend sah man in der Zufuhr von Kapital und Technologie von außen den wirksamsten Weg für Entwicklungsfortschritte. Niedergeschlagen haben sich diese Vorstellungen auch in den wirtschaftspolitischen Empfehlungen der Weltbank und des Internationalen Währungsfonds, dem so genannten „Washington Consensus". Danach sollten die einzelnen Regierungen bestimmte Maßnahmen (u.a. Haushaltsdisziplin, Abbau von Subventionen, Privatisierung und Deregulierung, zügige Weltmarktintegration) durchführen, um wirtschaftliches Wachstum und Stabilität ihrer Länder zu fördern.

Die Kritik gegen diesen Ansatz nahm zu, nicht zuletzt auch weil die meisten der wirtschaftlich sehr erfolgreichen Entwicklungsländer, v.a. in Asien, ganz gezielt andere Strategien und Schwerpunkte verfolgt haben (Stiglitz 2006). Weder die kapitalzentrierten Wachstumstheorien noch der Grad staatlicher Eingriffe in den Marktmechanismus konnten die äußerst unterschiedlichen Entwicklungsverläufe der Entwicklungs- und Transformationsländer der vergangenen Jahre befriedigend erklären. Auch andere Erklärungsversuche, wie z. B. Entwicklung und Unterentwicklung einseitig auf historische Ursachen, allen voran die koloniale Vergangenheit, zurückzuführen (vgl. dazu Müller 1997, 82-87), können angesichts der

3 Von der Kulturvergessenheit zum Kulturdeterminismus

aktuell sehr unterschiedlichen Situation der früheren Kolonien nicht überzeugen. Auch Erklärungen der Wirtschaftsgeographie (vgl. Scholz 2004, bes. 123-152), nach dem geographische Bedingungen den Entwicklungsverlauf entscheidend bestimmen, halten einer empirischen Überprüfung nicht stand. So sind die geographischen und klimatischen Verhältnisse von Singapur bzw. Malaysia denen der tropischen Länder Sub-Sahara-Afrikas durchaus vergleichbar, die Entwicklungsverläufe seit 1960 jedoch äußerst unterschiedlich.

Diese auffallende Diskrepanz zwischen den wirtschaftlich aufstrebenden Ländern in Ost- und Südostasien und den bestenfalls mäßigen Entwicklungserfolgen der Länder Sub-Sahara-Afrikas hat inzwischen wieder die Aufmerksamkeit auf den von der Ökonomie lange vernachlässigten Entwicklungsfaktor Kultur gelenkt. Eine wichtige Rolle dabei hat das gemeinsam von Lawrence Harrison und Samuel Huntington herausgegebene Buch mit dem programmatischen Titel „Culture Matters" (Huntington/Harrison 2002), das einen großen Einfluss auf viele kulturalistisch argumentierende Ökonomen und Politiker hat. Huntington führt den divergierenden Entwicklungsverlauf zwischen Ghana und Südkorea seit Anfang der 1960er-Jahre, wo wichtige wirtschaftliche Indikatoren wie das Pro-Kopf-Einkommen in beiden Ländern noch recht ähnlich waren, vorrangig auf kulturelle Unterschiede zurück:

„Zweifellos spielten viele Faktoren eine Rolle, doch schienen mir die kulturellen ein wesentlicher Teil der Erklärung zu sein. Südkoreaner schätzen Sparsamkeit, Investitionen, harte Arbeit, Bildung, Organisation und Disziplin. Ghanaer orientieren sich an anderen Werten. Mit einem Wort: Kultur zählt." (ebd., 7).

Huntington und Harrison verweisen dabei selbst auf den *cultural turn* der Sozialwissenschaften, nach dem die Sozialwissenschaften sich seit einigen Jahren in ganz verschiedenen Bereichen wieder der „Kultur" zuwenden und diesen Faktor gezielt in ihre Analyse integrieren. Dies ist auch als Gegenreaktion auf das reduktionistische Vorgehen des ökonomischen Ansatzes zur Erklärung von Verhalten und sozialen Interaktionen weit über den eigentlich ökonomischen Bereich hinaus (ökonomischer Imperialismus) zu verstehen. Huntington und Harrison wie auch die Kulturalisten, die sich darauf beziehen, vernachlässigen dabei allerdings, dass der *cultural turn* in den Sozial- und besonders den Kulturwissenschaften ein komplexer und dynamischer Vorgang ist, aus dem nicht einfach die Dominanz kultureller Faktoren bei der Erklärung sozialer Phänomene abgeleitet werden kann. Doris Bachmann-Medick (2006) kommt in der differenzierten Analyse der Neuorientierung der Kulturwissenschaften der letzten Jahrzehnte zu dem Ergebnis, dass die gegenwärtigen Kulturwissenschaften von verschiedenen, wechselseitig sich beeinflussenden *cultural turns* geprägt werden.

Kulturalisten im Gefolge von Huntington und Harrison werden der Vielschichtigkeit dieser Debatte nicht gerecht, indem sie monokausal argumentieren. Sie erklären die Kultur zum dominanten Einflussfaktor für wirtschaftliches Handeln und wirtschaftliche Entwicklung, während andere relevante Einflüsse faktisch ausgeblendet oder bestenfalls verbal berücksichtigt werden. Das führt letztlich dazu, einzelne Kulturen aufgrund bestimmter Merkmale als entwicklungsfreundlich, andere als entwicklungsresistent zu kategorisieren. Ein extremes Beispiel dafür ist etwa die Typologie des argentinischen Journalisten Mariano Grondona, in der für 20 kulturelle Faktoren jeweils zwei Muster von Ausprägungen („Wertesysteme") idealtypisch gegenübergestellt werden: „eines, das die wirtschaftliche Entwicklung uneingeschränkt begünstigt, und eines, das ihr uneingeschränkt Widerstand entgegensetzt" (Grondona 2002, 78).

Diese Schlussfolgerung ist nicht nur verallgemeinernd und bedient gängige Vorurteile (vgl. dazu Sen 2007, 39-41), sondern bereits die Methode ist in mehrfacher Hinsicht problematisch. Die Argumentation der Kulturalisten beruht zum einen auf einem verkürzten Verständnis von Entwicklung, das Entwicklung in der Tradition der Modernisierungstheorie mit wirtschaftlichem Wachstum gleichsetzt und andere wichtige Faktoren wie politische Beteiligungsrechte, Rechtssicherheit oder Zugang zu Bildung, Gesundheitsversorgung und sozialen Sicherungssystemen weitgehend vernachlässigt. Zum anderen basiert diese Sichtweise auf einem statischen und essentialistischen Kulturverständnis. Kulturen werden weitgehend als eindeutig, unveränderlich und in sich abgeschlossen betrachtet. Auch wird unzulässigerweise vernachlässigt, dass Kultur nie losgelöst von anderen sozialen, politischen und ökonomischen Einflüssen wirkt und diese verschiedenen Faktoren sich wechselseitig beeinflussen. Die Beschränkung von Analysen und Bewertungen auf einen Faktor oder auf eine Untersuchungsmethode erweist sich auch deshalb als unzureichend, weil eine solch statische Betrachtung den kulturellen Wandel und die Interaktionen von Kulturen, die im Zeitalter der Globalisierung eine kaum gekannte Intensität erreicht haben, nur mangelhaft erfassen kann. Insgesamt sind solche monokausalen Erklärungsmuster daher kaum geeignet, den Einfluss von Kultur auf soziale Phänomene im Allgemeinen und wirtschaftliche Zusammenhänge im Besonderen adäquat zu beschreiben.

4 Jenseits von Kulturvergessenheit und Kulturdeterminismus

Um nicht, wie es Amartya Sen treffend auf den Punkt bringt, „‚vom Regen' der Vernachlässigung von Kultur ‚in die Traufe' eines kruden Kulturdeterminismus zu fallen" (Sen 2007, 54), steht die Ökonomie nun vor der Herausforderung, das komplexe Beziehungsgeflecht von Kultur, Sozialstruktur und Ökonomie methodisch angemessen zu erfassen. Dies verlangt zunächst, die Fragerücksicht über die

4 Jenseits von Kulturvergessenheit und Kulturdeterminismus

einfache Auseinandersetzung hinaus zu präzisieren, ob Kultur wirtschaftliches Handeln prägt oder nicht. Vielmehr braucht es ein tieferes Verständnis davon, wie und auf welche Weise sich Kultur und soziales bzw. wirtschaftliches Handeln wechselseitig beeinflussen (vgl. Sen 2007).

Damit ist eine ganze Reihe von Herausforderungen verbunden, von denen hier nur zwei wichtige Aspekte angedeutet werden können. Dies betrifft zum einen das **konzeptionelle Verständnis von Kultur**, was, wie bereits oben angedeutet, entscheidend ist, um den Einfluss von Kultur auf Ökonomie im Zusammenspiel mit anderen Faktoren zu verstehen. Kulturen sind in langen geschichtlichen Prozessen entstanden, sie entwickeln sich ständig weiter, und sie prägen durch ihre materiellen (Technik, Handwerk, Kunst) wie nicht-materiellen Elemente (Weltbild, Religion, Tradition, Werte, Wissenschaft) die Lebensweise menschlicher Gemeinschaften. Sie sind nach Clifford Geertz (1987, 52ff.) der notwendige Orientierungsrahmen, der dem Leben der Menschen einen Sinn verleiht (hermeneutische Funktion) und ihrem Handeln die Richtung weist (ethische Funktion). Kulturen sind nicht unsichtbare, vom Alltagsleben der Menschen völlig abgehobene Realitäten, sondern sie manifestieren sich in deren Einstellungen und Verhaltensweisen, in den sozialen Strukturen sowie in zahllosen Institutionen, die ihr Zusammenleben regeln (zur Wechselwirkung von Kultur und Sozialstruktur sowie grundlegenden Aspekten der sozio-kulturellen Analyse vgl. Müller 1997, 126-146). Als solche haben sie stets einen spezifischen Charakter und unterscheiden sich in vieler Hinsicht voneinander. Gleichzeitig sind sie jedoch offen und anpassungsfähig an veränderte soziale Bedingungen. Außerdem haben die meisten Kulturen schon immer Kontakte mit anderen Kulturen geknüpft und sich so gegenseitig beeinflusst. Alle großen Kulturen mit ihrem Reichtum sind aus solchen „Vermischungen" hervorgegangen. Dies trifft in Zeiten der Globalisierung, die einen immer schnelleren und intensiveren Kulturaustausch in vielfältigen Formen und auf verschiedenen Ebenen ermöglicht, heute in einem bisher nicht gekannten Ausmaß zu (vgl. Hippler 2001).

Zweitens braucht es **geeignete Methoden**, um die wechselseitigen Bezüge von Kultur, Sozialstruktur und Ökonomie angemessen analysieren zu können. Dies verweist auf die bleibende Bedeutung des Methodenstreits der Ökonomie und der Sozialwissenschaften. In den letzten Jahren sind von ganz verschiedenen Seiten Anstrengungen zur Weiterentwicklung ökonomischer Theorien zu beobachten, die gezielt versuchen, kulturelle Phänomene und deren Einfluss auf die Ökonomie zu erfassen. Selbst die Neoklassik versucht Kultur zu integrieren, indem sie mit der Neuen Institutionenökonomik den Einfluss von Institutionen, und zwar informeller (Werte, sozio-kulturelle Traditionen) wie formeller Natur (Rechtsnormen, Sozial- und Wirtschaftsordnung), auf wirtschaftliches Handeln thematisiert (vgl. North 1998; Erlei u.a. 1999). Informelle wie formelle Institutionen werden dabei jedoch ausschließlich aus dem Blickwinkel der Individuen und ihrer wohlverstandenen Eigeninteressen verstanden.

Die einzelnen Individuen befolgen deshalb bestimmte Regeln und schränken ihre individuellen Handlungsspielräume ein, weil sie damit die mit der Interaktion verbundenen Unsicherheiten reduzieren, d.h. Transaktionskosten senken, und die Möglichkeiten bzw. Erträge gesellschaftlicher und wirtschaftlicher Interaktion erweitern können. Damit wird Kultur freilich auf bestimmte Regeln reduziert. Der historische und soziale Kontext der Regel wird dabei genauso ausgeklammert wie der Sinnzusammenhang, der mit der Regel verbunden ist. Dies verweist auf die Grenzen der institutionenökonomischen Analyse (vgl. dazu ausführlicher Hegmann 2004), die insgesamt auch nicht in der Lage ist, die geschichtlich-kulturelle Vielfalt des wirtschaftlichen Geschehens theoretisch adäquat zu erfassen.

Damit lohnt ein Blick auf diejenigen ökonomischen Ansätze, welche in der ersten Hälfte des 20. Jahrhunderts im Anschluss an den Methodenstreit bewusst versucht haben, die darin angelegte Spannung zwischen der geschichtlich-kulturellen Vielfalt des wirtschaftlichen Geschehens einerseits und der Möglichkeit einer einheitlichen, also universal gültigen Erklärung anderseits konstruktiv aufzunehmen. Dazu gehört z.B. Walter Eucken (1939 und 1952), der Begründer der Ordoliberalen Schule und einer der Vordenker des Konzepts der Sozialen Marktwirtschaft, der diese Spannung in den 1930er-Jahren als das Kardinalproblem oder die „große Antinomie der Nationalökonomie" (Eucken 1939, 18-28) bezeichnet hat. Er hat dafür eine spezifische Lösung vorgeschlagen, nämlich das „Denken in Wirtschaftsordnungen" (Eucken 1952, 155-240). Ohne an dieser Stelle ins Detail gehen zu können, seien hierzu nur zwei wichtige Aspekte genannt. Es geht Eucken dabei zum einen darum, die Ordnung – Eucken versteht darunter „die Gesamtheit realisierter Formen, in denen in concreto jeweils der alltägliche Wirtschaftsprozeß abläuft" (Eucken 1952, 372) – als Teil der Analyse des Wirtschaftsprozesses zu bestimmen. Und dazu ist es notwendig, Phänomene wie die kulturelle Prägung von wirtschaftlichem Handeln und Wirtschaftsordnungen empirisch zu erfassen, allerdings unter systematischem Einsatz wissenschaftlicher Methoden. Eucken (1939, 86) spricht sich für „die ‚pointierend hervorhebende' oder ‚isolierende' Abstraktion am einzelnen Tatbestand" aus, es geht ihm also darum, ausgehend von der Erfassung konkreter Einzelheiten prinzipielle Erkenntnisse zu gewinnen und dabei finden sich interessante Anknüpfungspunkte zur phänomenologischen Vorgehensweise seines engen Freundes und Freiburger Kollegen Edmund Husserl (vgl. Goldschmidt 2002, 86-91). Über die Erkenntnis der konkreten Wirtschaftsordnung hinaus will Eucken (1952, 372) zum anderen aber auch wesentlich eine Ordnung bestimmen, „die dem Wesen des Menschen und der Sache entspricht" und eine solche Ordnung ist für ihn Aufgabe und Ziel.

Diese beiden Aspekte erscheinen gerade angesichts der höchst disparaten Entwicklungsverläufe im globalen Kontext aktueller denn je. Für die Suche nach der angemessenen Methode der Ökonomie stellt sich also einmal mehr die Frage nach dem **Selbstverständnis der Ökonomie als Sozialwissenschaft** und ihre Beziehung zu anderen Sozialwissenschaften. Folgt man Walter Eucken, so geht es in der

4 Jenseits von Kulturvergessenheit und Kulturdeterminismus

Überwindung „der großen Antinomie" darum, die im Methodenstreit ersichtlich gewordene Polarität zwischen Empirie und Theorie zu überbrücken, gegen die Theorievergessenheit der Historischen Schule auf der einen und gegen das einseitig abstrakt deduktive Vorgehen der Neoklassik auf der anderen Seite. Das wachsende Interesse an einer stärker empirisch fundierten Wirtschaftstheorie, das seit einigen Jahren zu beobachten ist, gilt es dafür gezielt zu nutzen. Die empirische Ökonomie zeigt besonders den Wert interdisziplinärer Forschung, da sie z.B. ganz gezielt Methoden der empirischen Sozialforschung nutzt, um ökonomische Zusammenhänge besser erklären zu können. Einen umfassenden Erklärungsansatz verfolgen auch eine Reihe von neueren wirtschaftshistorischen Studien (v.a. Landes 1999), um die Ursachen für je unterschiedliche Entwicklungsverläufe zu ermitteln. Sie beziehen dabei gezielt auch sozio-kulturelle Faktoren und deren Einfluss auf wegweisende wirtschaftspolitische Entscheidungen mit ein.

Einen für den Zusammenhang von Ökonomie, Sozialstruktur und Kultur interessanten Ansatzpunkt bietet auch die **Wirtschaftsstilforschung**, die von Anfang an bestrebt war, historische und theoretische Forschung zu verknüpfen (vgl. dazu Klump 1996). In der theoretischen Weiterentwicklung der Wirtschaftsstufenlehre der Historischen Schule hat Arthur Spiethoff, ein Schüler von Gustav von Schmoller, 1933 den Begriff des Wirtschaftsstils als Analyseinstrument eingeführt, um verschiedene Wirtschaftsformen ganzheitlich erfassen zu können. Der Grundgedanke besteht darin, dass menschliches Wirtschaften sich immer in geschichtlich verschiedenen Formen vollzieht und die jeweilige Wirtschaftsform immer sozial und kulturell geprägt ist. Das methodische Vorgehen zur Bestimmung des Wirtschaftsstils besteht darin, aus der konkreten Beobachtung des Wirtschaftslebens ein vereinfachtes, auf die wesentlichen Merkmale reduziertes Abbild der Wirklichkeit zu gewinnen. Alfred Müller-Armack, einer der bedeutendsten Vertreter dieses Konzepts, hat stets Wert darauf gelegt, die Soziale Marktwirtschaft als Wirtschaftsstil aufzufassen (vgl. Schefold 2004).

In engem Bezug zur Kultur steht auch das Konzept des **Sozialkapitals**, das in der jüngeren sozialwissenschaftlichen Debatte eine zunehmend wichtige Rolle spielt, um den Einfluss von Werten und gesellschaftlicher Kooperation auch auf wirtschaftliche Zusammenhänge zu erfassen (vgl. dazu Dasgupta/Serageldin 2000; Wallacher 2001). Auch wenn das zugrunde liegende Konzept noch recht unscharf ist, und noch viele begriffliche und methodische Fragen zu klären sind, besonders bezüglich geeigneter Instrumente zu seiner empirischen Erfassung, so gibt es doch auch bereits ausreichend Anhaltspunkte dafür, dass dieser Ansatz für die umfassende Analyse wirtschaftlicher Zusammenhänge von erheblichem Erkenntniswert ist. Das Konzept des Humankapitals stand anfangs vor ähnlichen Problemen. Man hat inzwischen jedoch die notwendigen methodischen Instrumente entwickelt, um den ökonomischen Beitrag des Humankapitals auch empirisch nachweisen zu können. Bereits jetzt gibt es viele Hinweise darauf, dass auch das Sozialkapital einer Gesellschaft eine wichtige ökonomische Ressource ist. Diese wird in ihrer Bedeutung meist völlig unterschätzt, weil man ihren Wert erst dann erkennt, wenn man sie vermisst.

Wenn wir uns abschließend noch einmal der Ausgangsfrage nach dem Verhältnis von Kultur und Ökonomie zuwenden, so bestand das Anliegen darin zu verdeutlichen, wie vielfältig und wenig eindeutig die Wechselwirkungen zwischen Kultur, Sozialstruktur und wirtschaftlichem Handeln sind. Die Komplexität dieser Beziehung verbietet allzu einfache Lösungen, die in der Gefahr stehen, wichtige Aspekte systematisch zu vernachlässigen. Die Ökonomie wie die Soziologie und die Kulturwissenschaften stehen vor erheblichen Herausforderungen, um gemeinsam angemessene Konzepte und Methoden zur Analyse und Erklärung dieser wechselseitigen Bezüge zu entwickeln. Angesichts dessen verwundert es nicht, dass der wissenschaftliche Diskurs gegenwärtig noch weit davon entfernt ist, über ein geeignetes Instrumentarium dafür zu verfügen. Es besteht hier also noch ein erheblicher Forschungsbedarf. Ungeachtet dessen gibt es aber auch eine Reihe von Ansatzpunkten der Theoriebildung, die bereits in der Vergangenheit eine integrierte Betrachtung angezielt haben. Dies bietet Anknüpfungspunkte, auch wenn diese Überlegungen selbstverständlich an heutige Kontexte und Problemlagen angepasst und methodisch angemessen weiterentwickelt werden müssen.

Literatur

Bachmann-Medick, D. 2006. *Cultural Turns: Neuorientierungen in den Kulturwissenschaften*, Reinbek bei Hamburg.
Becker, G. 1982. *Der ökonomische Ansatz menschlichen Verhaltens*, Tübingen (orig.: The Economic Approach to Human Behavior, Chicago/London 1976).
Blümle, G. u.a. (Hg.) 2004. *Perspektiven einer kulturellen Ökonomik*, Münster 2004.
Dasgupta, P./Serageldin, I. (Hg.) 2000. *Social Capital. A Multifaceted Perspective*, Washington DC.
Erlei, M. u.a. 1999. *Neue Institutionenökonomik*, Stuttgart.
Eucken, W. 1939. *Die Grundlagen der Nationalökonomie*, Jena.
Eucken, W. 1952. *Grundsätze der Wirtschaftspolitik*, herausgegeben von E. Eucken und K.P. Hensel, Tübingen.
Falk, A. 2003. *Homo Oeconomicus versus Homo Reciprocans*, in: Perspektiven der Wirtschaftspolitik 4, Nr. 1, 141-172.
Fehr, E./Schmidt K.M. 2000. *Theories of Fairness and Reciprocity – Evidence and Economic Applications*, CESIfo Working Paper No. 403, München.
Frey, B. 1997. *Markt und Motivation. Wie ökonomische Anreize die (Arbeits)-Moral verdrängen*, München.
Fukuyama, F. 1992. *Das Ende der Geschichte: Wo stehen wir?*, München (orig.: The End of History and the Last Man, New York 1992)

Goldschmidt, N. 2002. *Entstehung und Vermächtnis ordoliberalen Denkens. Walter Eucken und die Notwendigkeit einer kulturellen Ökonomik*, Münster u.a.
Hegmann, H. 2004. *Implizites Wissen und die Grenzen mikroökonomischer Institutionenanalyse*, in: Blümle u.a., Perspektiven einer kulturellen Ökonomik, 11-28.
Hippler, J. 2001. *Kultur und Wissen: Trends und Interdependenzen*, in: Hauchler, I. u.a. (Hg.), Globale Trends 2002, Frankfurt/M., 135-155.
Homann, K./Suchanek, A. 2000. *Ökonomik*, Tübingen.
Kersting, W. 1998. *Der Markt – das Ende der Geschichte?*, in: Brieskorn, N./ Wallacher, J. (Hg.), Homo Oeconomicus: Der Mensch der Zukunft?, Stuttgart u.a., 93-129.
Klump, R. (Hg.) 1996. *Wirtschaftskultur, Wirtschaftsstil und Wirtschaftsordnung. Methoden und Ergebnisse der Wirtschaftskulturforschung*, Marburg.
Landes, D.S. 1999. *Wohlstand und Armut der Nationen. Warum die einen reich und die anderen arm sind*, Berlin.
Lee-Peuker, M.-Y. u.a. (Hg.) 2007. *Kultur – Ökonomie – Ethik*, München/ Mering.
Manstetten, R. 2000. *Das Menschenbild der Ökonomie. Der homo oeconomicus und die Anthropologie von Adam Smith*, Freiburg.
Mill, J.St. 1859/1974. *Über die Freiheit*, übersetzt und herausgegeben von M. Schlenke, Stuttgart.
Müller, J. 1997. *Entwicklungspolitik als globale Herausforderung. Methodische und ethische Grundlegung*, Stuttgart.
North, D.C. 1998. *Institutionen, institutioneller Wandel und Wirtschaftsleistung*, Tübingen.
Rao, Y./Walton, M. (Hg.) 2004. *Culture and Public Action*, Stanford.
Schefold, B. 2004. *Der Weg Alfred Müller-Armacks: Vom Interventionsstaat zur sozialen Marktwirtschaft*, in: Ders., Beiträge zur ökonomischen Dogmengeschichte, ausgewählt und hrsg. von V. Caspari, Darmstadt, 505-528.
Scholz, F. 2004. *Geographische Entwicklungsforschung*, Berlin/Stuttgart.
Schorlemer, S. von 2005. *Kunst und Freihandel. Der UNESCO-Streit um kulturelle Vielfalt*, in: Blätter für deutsche und internationale Politik 50, Heft 5, 619-626.
Sen, A. 1984. *Rationalclowns: Eine Kritik der behavioristischen Grundlagen der Wirtschaftstheorie*, in: Markl, K.-P. (Hg.), Analytische Politikphilosophie und ökonomische Rationalität, Band 2, Opladen, 200-229.
Sen, A. 2007. *How Does Culture Matter*, in: Lee-Peuker, M.-Y., 29-61 (orig., in: Rao/Walton, Culture and Public Action, Stanford 2004, 37-58).
Serageldin, I. 1999. *Cultural Heritage as Public +Good: Economic Analysis Applied to Historic Cities*, in: Kaul, I. u.a. (Hg.), Global Public Goods, New York/Oxford 1999, 240-263.
Smith, A. 1759/1977. *Theorie der ethischen Gefühle*, übersetzt und herausgegeben von W. Eckstein, Hamburg.

Smith, A. 1776/1978. *Der Wohlstand der Nationen*, übersetzt und herausgegeben von H.C. Recktenwald, München.
Stiglitz, J. 2006. *Die Chancen der Globalisierung*, München.
Streissler, E. 1989. *Carl Menger*, in: Starbatty, J. (Hg.), Klassiker des ökonomischen Denkens, Band 2, München, 119-134.
Thomaß, B. u.a. 2001. *Medien und Wissensgesellschaften*, in: I. Hauchler u.a. (Hg.), Globale Trends 2002, Frankfurt/M., 180-197.
Wallacher, J. 2001. *Das soziale Kapital*, in: Stimmen der Zeit 219, 306-318.
Wallacher, J. 2003. *Abschied vom Homo Oeconomicus? Über die Rationalität unseres wirtschaftlichen Handelns*, in: Stimmen der Zeit 221, 762-772.
WA-DBK 2006. *Welthandel im Dienst der Armen*, herausgegeben von der Wissenschaftlichen Arbeitsgruppe für weltkirchliche Aufgaben der Deutschen Bischofskonferenz, Bonn.
Winkel, H. 1989. *Gustav von Schmoller*, in: J. Starbatty (Hg.), Klassiker des ökonomischen Denkens, Band 2, München, 97-118.

Brauchen wir „Kultur", um Afrikas Wirtschaftsentwicklung zu erklären?

Carola Lentz

1 Einleitung

„Kultur als Instrument der Schöpfung von Reichtum": Unter diesem Motto stand das National Festival of Arts and Culture (NAFAC), das im November 2006 in Wa, im Nordwesten von Ghana, gefeiert wurde. Seit Beginn der 1970er-Jahre hat die nationale Kulturkommission dieses Festival insgesamt elf Mal organisiert, das erste Mal in der Hauptstadt Accra und dann im Turnus in allen zehn administrativen Regionen des Landes. Für letztere bietet das Festival die Chance, sich mit ihren Tänzen, Gesängen und Kunsthandwerksprodukten einer nationalen Öffentlichkeit vorzustellen. Für die Kulturpolitiker aus Accra ist es ein Beitrag zur Schaffung einer multikulturellen Nation und eine Arena zur Popularisierung der Regierungspolitik. Die Rolle von Kultur für die Nationenbildung und nationale Identität, der Zusammenhang von Kultur und Entwicklung, der Beitrag von Kultur zur Umwelterhaltung und zur Friedenssicherung: Dies waren bisher die Leitthemen der Festivals. Kultur als Wirtschaftsfaktor wurde nun erstmals ausgerechnet in der landesweit wirtschaftlich am stärksten marginalisierten und armen Region Upper West ins Zentrum gestellt.[1]

---

[1] Im Rahmen der Betreuung einer studentischen Lehrforschung des Instituts für Ethnologie und Afrikastudien an der Universität Mainz hatte ich die Gelegenheit, das Festival im November 2006 in Wa selbst zu beobachten sowie eine studentische Forschung dazu zu betreuen. Zur Kulturpolitik und Festivals in Ghana allgemein vgl. Lentz 2001a.

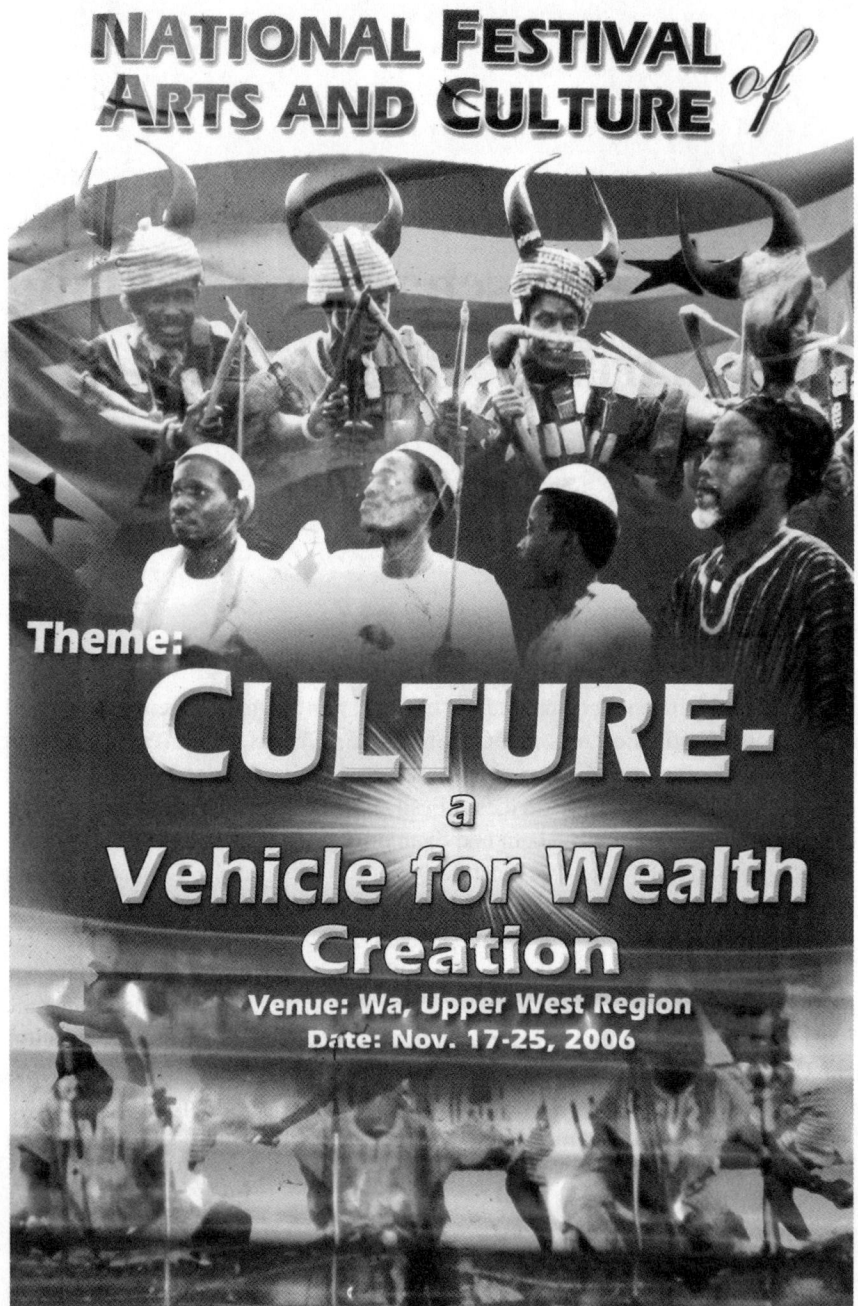

Festivalplakat für NAFAC 2006 (Photo: C. Lentz)

1 Einleitung

Was mit dem Motto „culture as vehicle of wealth creation" gemeint ist, erläutert der ghanaische Präsident John Agyekum Kufuor im Geleitwort der NAFAC-Programmbroschüre:

> „The theme [...] emphasizes and underscores the importance of Culture and the Arts as very essential and critical sources of employment and wealth creation [...]. The agenda of the party [Kufuor's New Patriotic Party] and government has been to harness all resources of the land for national development. Culture indeed represents a CAPITAL [sic] whose resources can effectively be utilized and harnessed for development. It helps to promote and foster in us a common vision and commitment to our national development agenda. Culture creates a conducive environment for both local and foreign investments. It is indeed a vehicle that accelerates poverty reduction and wealth creation. To the People of Upper West this year's festival should open a window of opportunity to project their culture and yet untapped resources."

Kultur wird hier also zum einen unmittelbar als Wirtschaftsfaktor verstanden: Kulturelle Artefakte und Aufführungen bieten Arbeitsplätze und schaffen Einkommen. Zum anderen geht es um Kultur als Reservoir von Werten und gemeinschaftsstiftenden Perspektiven, die den nationalen Zusammenhalt und damit auch wirtschaftliches Handeln („investments", „development") fördern sollen. Ja, Kultur selbst ist, in den Worten des Präsidenten, ein „Kapital", eine Ressource. Und schließlich begreift Kufuor Kultur auch noch im identitätsmarkierenden Plural: Die Nordwest-Ghanaer sollen „ihre Kultur" präsentieren, die sie von anderen Bevölkerungsgruppen des Landes unterscheidet.

Kultur als Wirtschaftsfaktor, Kultur als Wertereservoir, Kultur(en) als Identitätsstifter: Diese Mehrdeutigkeit des Kulturbegriffs prägt auch sonst den kulturpolitischen Diskurs in Ghana (und andernorts), und es wäre interessant, die Quellen dieser unterschiedlichen Kulturbegriffe nachzuzeichnen. Man könnte z.B. fragen, inwieweit sich hier globale Argumentationsmodelle niederschlagen – wie etwa das von der UNESCO geförderte „Weltkulturerbe"-Projekt – und mit lokalen Verständnissen von Kultur als Tradition der Ahnen vermischen.

Wenn der Begriff „Kultur", wie das ghanaische Beispiel zeigt, in den (kultur-) politischen Diskursen und Diskussionen so absichtsvoll mehrdeutig eingesetzt wird, betritt der Wissenschaftler ein schwieriges Gelände. Wie lassen sich dann Fragen nach dem Zusammenhang von Kultur und Wirtschaft fruchtbar stellen? „Kultur als Hindernis wirtschaftlicher Entwicklung in Afrika?": Diese provozierende Frage hatten mir die Veranstalter des Rottendorf-Symposiums eigentlich als Vortragsthema zugedacht. Dahinter schien mir eine Auffassung von Kultur zu liegen, die einem der Kulturverständnisse der NAFAC-Organisatoren gar nicht so fern steht: Kultur als kollektives mentales Programm, das Handlungsweisen – und eben auch Wirtschaftshandeln – lenkt und folglich wirtschaftlicher „Entwicklung" förderlich oder hinderlich sein könnte. Aber hilft dieses Verständnis tatsächlich, die wirtschaftliche Realität Afrikas (und anderer Kontinente) zu verstehen? Ist Kultur wirklich handlungsleitend? Determiniert sie alle Individuen in gleicher Weise? Ist Wirtschaft nicht auch Teil von Kultur? Was gewinnen wir durch die Gegenüberstellung?

Ich möchte im Folgenden zunächst kurz unterschiedliche Kulturbegriffe vorstellen, die in der Geschichte meines Faches, der Ethnologie, eine Rolle gespielt haben und die für unsere Frage nach dem Zusammenhang von Kultur und Wirtschaft relevant sind. Dieser Streifzug durch die Begriffsgeschichte und die damit verbundenen Kontroversen soll dafür sensibilisieren, dass viel darauf ankommt, die richtigen Fragen zu stellen und sich nicht durch ein unreflektiertes, verdinglichtes Verständnis von „Kultur" in unfruchtbare Dichotomien zwingen zu lassen. Der Streifzug mündet in einem Vorschlag zu den Analyseebenen, die mir nützlich erscheinen, um wirtschaftliche „Entwicklung" oder „Nicht-Entwicklung" zu begreifen. Anschließend werde ich anhand zweier afrikanischer Beispiele – einem auf der Makro- und einem auf der Mikroebene – erörtern, ob wir „Kultur" überhaupt brauchen, um wirtschaftliche (Nicht)Entwicklung zu erklären. Oder anders formuliert: Ich möchte anhand der Beispiele einladen, darüber nachzudenken, wie wir nach dem Zusammenhang zwischen Kultur und Wirtschaft fragen könnten, ohne Kultur als Residualkategorie zu verdinglichen (im Sinne von: Was wir anderweitig nicht erklären können, muss am „Faktor Kultur" liegen).

2 Konzeptionen von Kultur und Wirtschaft

2.1 Zur Historizität des homo oeconomicus

Eine ähnliche begriffsgeschichtliche Reflektion wie zu Kultur sollten wir eigentlich auch zu Wirtschaft anstellen, doch werde ich mich aus Platzgründen hier auf wenige Anmerkungen beschränken. In beiden Fällen müssen wir die Historizität unserer Modelle (und Fragen) bedenken. So sind die institutionelle Ausdifferenzierung von Wirtschaft und die Selbstbeschreibung der Ökonomie als eigene Sphäre gesellschaftlichen Handelns ein Phänomen der europäischen Moderne. Eine Frage wie die nach dem Verhältnis von Kultur und Wirtschaft wäre vor dem 18. Jahrhundert so gar nicht denkbar gewesen.

2 Konzeptionen von Kultur und Wirtschaft 19

Das wird am Beispiel des *homo oeconomicus*-Konzepts besonders deutlich, das in vielen Wirtschaftstheorien eine wichtige Rolle spielt. Die Vorstellung eines wirtschaftlichen Akteurs, der durch die Maximierung des individuellen Nutzens indirekt, vermittelt über den Markt, der Volkswirtschaft dient, ging nämlich den neuen institutionellen Arrangements der Marktökonomie und später der Industrialisierung keineswegs voraus, sondern entstand gleichzeitig mit ihnen. Erst im 18. Jahrhundert wurde Wirtschaft nicht mehr nur als Gesamtheit der Tätigkeiten im „ganzen Haus" (Brunner 1968, 106) verstanden, sondern als planvolles, rationelles Arbeiten definiert und auch auf größere Gebilde, so die Volkswirtschaft, übertragen. Dass Wirtschaftlichkeit mit Rentabilität gleichgesetzt wird, datiert sogar erst aus dem 20. Jahrhundert (ebd.). Wenn Wirtschaftshistoriker nun die „Anthropologie des eigennutzorientierten Tauschmenschen" (Plumpe 2007, 319) naturalisieren und in die Vergangenheit projizieren, verdecken sie gerade die Frage nach dem komplizierten (und historisch durchaus unwahrscheinlichen) Prozess der Herausbildung moderner Institutionen, die diese Anthropologie überhaupt erst hervorbrachten. Wie der Frankfurter Wirtschaftshistoriker Werner Plumpe (2007, 322) betont, kann und darf die Entstehungsgeschichte von Normen, Institutionen und Modellen nicht ohne weiteres aus ihrer späteren Funktionalität abgeleitet werden:

> „Normen und Institutionen entstehen nicht, weil sie – bezogen auf spätere Zustände – funktional sind oder die Zeitgenossen es so sehen, sondern ihre Funktionalität ist etwas, das sie erst zeigen können, wenn es sie bereits gibt. Der Entstehungsgeschichte des *homo oeconomicus* lässt sich also nicht über die Funktionalität dieses Konzeptes bei der Kritik der alteuropäischen Zustände näher kommen, sondern sie bedarf einer genauen Rekonstruktion."

Nun haben Werner Sombart und andere Vertreter der jüngeren Historischen Schule der Nationalökonomie schon früh die von seinen Theoretikern behauptete Universalität des *homo oeconomicus*-Modells kritisiert. Plumpe weist aber auf ein „folgenreiches Missverständnis" (ebd., 325) dieser Kritiker hin. Sie interpretierten das ambivalente Modell nämlich einseitig als empirische Aussage, statt in erster Linie als normatives Modell, als das es nach Plumpe v.a. ursprünglich gemeint gewesen sei. Als empirische Aussage über die menschliche Natur sei der *homo oeconomicus* natürlich ein „Zuchtprodukt" der Moderne, wie Max Weber es formulierte (zit. nach Plumpe 2007, 325). Problematisch sei nun aber insbesondere der Umkehrschluss von Sombart und anderen, „nichtkapitalistische Gesellschaften hätten sich nicht nutzenmaximierend verhalten, sondern seien anderen Normen gefolgt" (ebd.): nicht dem „Erwerbstrieb", sondern – so Sombart – dem „Nahrungstrieb". Von dieser Prämisse ausgehend habe sich Sombart und anderen dann zwangsläufig die Frage gestellt, wie der Übergang vom „statischen Nahrungsprinzip" zum modernen „dynamischen Erwerbstrieb" erfolgen konnte, und sie hätten nach Trägergruppen der Expansion des Erwerbstriebs gesucht – wahlweise Juden, asketische protestantische Sekten, schließlich die Unternehmertypen.

Ein Grundfehler dieser Argumentation sei, so Plumpe, zu unterstellen, dass auch in der nichtkapitalistischen Welt „wirtschaftliche Transaktionen durch die normative Strukturierung von Einzelhandeln gesteuert" würden (ebd., 326). Empirisch ließe sich nämlich zeigen, so Plumpe weiter, dass das Handeln in Alteuropa (und, wie ich ergänzen würde, auch vielen modernen nicht-westlichen Gesellschaften) zwar am Erhalt des „ganzen Hauses" (Brunner 1968) und nicht an Individualmotiven des Erwerbs orientiert war. Daraus folge aber nun keineswegs, dass die Menschen in der „nicht-modernen" Welt (nur) altruistisch oder reziprok agierten. Die Suche Sombarts und anderer nach einem einzigen vormodernen Gegenbild zum modernen *homo oeconomicus* führe jedenfalls in die Irre und verstelle den Blick für die Vielschichtigkeit und Dynamik vor- oder nicht-kapitalistischer Gesellschaften.

Diese Überlegungen von Werner Plumpe scheinen mir auch für unseren Zusammenhang anregend.[2] Sie kritisieren letztlich naive Vorstellungen einer „Kulturdeterminiertheit" von Wirtschaftshandeln. Und sie lenken den Blick auf das komplexe Ineinander von Institutionen, Normen und strategischem Handeln und unterziehen Theorien sowie Ideologien über dieses Ineinander einer kritischen Reflexion.

2.2 Kultur(en) – folgenreiche ethnologische Konzepte

Doch was meinen wir, wenn wir von Kultur sprechen? Die amerikanischen Ethnologen Alfred Kroeber und Clyde Kluckhohn konnten schon 1952 in ihrem Buch „Culture" über 160 verschiedene Definitionen des Begriffs Kultur zusammenstellen. Allerdings waren sich viele dieser Definitionen recht ähnlich; die meisten knüpften auf die eine oder andere Weise an die klassische Definition von Edward Tylor (1871) an. Dieser britische Begründer der Ethnologie nannte sein Buch programmatisch „Primitive Culture" (ursprüngliche Kultur), was bei den Zeitgenossen Erstaunen, wenn nicht gar Kritik auslöste: Wie konnten die „Wilden" Kultur haben (welche zeitgenössische Leser offensichtlich v.a. als die hochkulturellen Kunstereignisse und technologischen Errungenschaften ihrer Gesellschaft verstanden)?! Tylor definierte Kultur sehr breit, als „jenes komplexe Ganze, welches Wissen, Glaube, Kunst, Moral, Recht, Sitte und Brauch und alle anderen Fähig-

---

[2] Ähnlich nützliche Überlegungen zur Historizität der institutionellen und kulturellen „Einbettung" von Wirtschaft hat der Ethnologe Georg Elwert formuliert (z.B. 1987), allerdings nicht so systematisch wie Plumpe in Bezug auf die Koevolution von Institutionen, Normen, Handlungsstrategien und theoretischen Modellen.

2 Konzeptionen von Kultur und Wirtschaft

keiten und Gewohnheiten einschließt, welche der Mensch als Mitglied der Gesellschaft erworben hat" (zit. nach Kohl 1993, 130). Kultur umfasst hier also die ganze Lebenswirklichkeit: Wissenschaft, Religion, Kunst, aber auch Werte und Normen sowie ganz allgemein Fähigkeiten und Gewohnheiten – also auch alles, was die Wirtschaft betrifft –, die der Mensch als gesellschaftliches Lebewesen erworben hat. Zu Kultur gehörten für Tylor auch die materiellen Hervorbringungen, in denen sich Fähigkeiten und Vorstellungen verkörperten. Tylor betonte den kollektiven Aspekt der Kultur; die Enkulturation des Individuums, wie es später genannt wurde, also das Hineinsozialisiertwerden des Individuums in seine Gesellschaft. Und er verwies darauf, dass Kultur erworben werden muss: Sie ist nichts natürlich Gegebenes, sondern etwas Geschaffenes. Wie der deutsche Ethnologe Wolfgang Rudolph (1992, 57) zusammenfasst:

> „Kultur umfaßt alles Materielle und Nichtmaterielle, was im menschlichen Dasein nicht von Natur aus vorgegeben ist, sondern von Menschen durch ‚Innovationen' zielgerichtet hinzugefügt wurde. Die Definition von ‚Kultur' ist dementsprechend: ‚Gesamtheit der Ergebnisse von Innovationen'."

Kultur als Instrument der Bedürfnisbefriedigung steht auch im Mittelpunkt funktionalistischer Kulturtheorien, insbesondere bei Bronislaw Malinowski (1975, Orig. 1944), der sich Gesellschaft als einen arbeitsteiligen Organismus vorstellte, in dem alle Teile zusammenwirken müssen und kulturelle Normen ebenso wie Fertigkeiten notwendig sind für das Überleben des Gesellschaftsganzen. Die kulturellen Differenzen zwischen verschiedenen lokalen Einheiten interessierten Malinowski dagegen weniger. Sein Kollege (und späterer „Gegner") Radcliffe-Brown betonte eher die Rolle, die die sozialen Institutionen für die Reproduktion der Gesellschaft spielen. Kultur diente in seinen Augen in erster Linie der Kontinuität der Institutionen. Kulturelle Traditionen, von Generation zu Generation weitergegeben, sichern die Standardisierung von Gefühlen, Verhaltensregeln und Glaubensvorstellungen, die wiederum für das Überleben der Institutionen sorgen. „Kultur" gewährleistet also sozialen Zusammenhalt.

Viele der an Tylor anknüpfenden Kulturdefinitionen kann man als ganzheitlich charakterisieren[3]: Sie fassen unter Kultur die immateriellen und materiellen Aspekte menschlichen Lebens – alle Errungenschaften, Institutionen und Verhaltensweisen, die nicht „von Natur aus" vorgegeben, sondern durch Innovationen von Menschen zielgerichtet hinzugefügt wurden. Wirtschaft wäre in diesem Verständnis ein Teil von Kultur. Kultur wird hier gewissermaßen als Instinktersatz gedacht, der durch die äußere Umwelt sowie die innere menschliche Natur zwar geprägt,

---

[3] Zu diesen und den folgenden Überlegungen vgl. Lentz 2001b. Überblicke über ethnologische und soziologische Kulturtheorien bieten auch Kuper 2000, Hauck 2006 und Moebius/Quadflieg 2006 sowie Reckwitz 2000.

aber doch nicht determiniert wird. Dagegen legen Vertreter eines kognitiven Kulturbegriffs, zu denen sich schon Radcliffe-Brown zählen lässt, den Schwerpunkt eher auf die immateriellen Aspekte, also die Normen und Werte, Deutungsmuster und Symbole, die die Verhaltensweisen und Institutionen einer Gesellschaft prägen. Kultur wird hier als das kollektive, mentale Programm gedacht, das „Netz von Bedeutungen" (Geertz 1987), die das menschliche Handeln und die materiellen Hervorbringungen anleiten. Beide Richtungen, „Holisten" und „Mentalisten", sind sich aber über den kollektiven Charakter von Kultur einig: Kultur wird von Menschen als sozialen Lebewesen hervorgebracht, weiterentwickelt und an die nachfolgenden Generationen vermittelt.

Alle Kulturtheorien anerkennen also den kollektiven Charakter von Kultur und ihre Bindung an auf Dauer angelegte Lebensgemeinschaften, thematisieren diese Aspekte aber recht unterschiedlich. Einige – wie etwa Malinowskis und Tylors Ansatz, aber auch Lévi-Strauss' Arbeiten – unterstreichen die universellen Aspekte von Kultur und suchen nach Erklärungen für die zahlreichen kulturellen Übereinstimmungen, die sich auch in räumlich voneinander entfernten Gesellschaften finden lassen. Dagegen betonen andere die Vielfalt der Kulturen und sehen in ihnen in sich geschlossene, einzigartige und einmalige Gebilde, die sich grundlegend von anderen Kulturen unterscheiden. Diese Vorstellung wurde vor allem von der bis in die 1960er-Jahre hinein dominanten amerikanischen ethnologischen Strömung des so genannten Kulturrelativismus entwickelt. Theoretisch wurzelt der Kulturrelativismus im deutschen Historismus und wurde von Franz Boas in die USA-Ethnologie eingebracht, aber erst Boas' Schüler (z.B. Alfred Kroeber, Ruth Benedict, Margaret Mead, Melville Herskovits) haben den Kulturrelativismus deutlicher ausgearbeitet. Folgenreich war und ist vor allem Ruth Benedicts psychologisch-idealistische Wende: Jede Kultur habe ihren Zweck in sich selbst und sei ein in sich stimmiges Gefüge, das sich – Herders „Volksgeist"-Gedanke klingt hier an – um ein die ganze Kultur durchdringendes Leitmotiv gruppiere. So zeichnen sich für Benedict etwa die Zuñi-Indianer im Südwesten der USA durch Nüchternheit und Maßhalten aus, die Kwakiutl an der Nordwestküste der USA dagegen durch Rivalität, Stolz und Streben nach Prestige.

Zentrale Theoreme der Kulturrelativisten prägen bis heute zwar weniger die wissenschaftlichen, wohl aber noch die populären (und medialen) Diskussionen über Kultur und Multikulturalismus. Dazu gehört erstens die Annahme, dass Kultur das Individuum ganz und gar präge; dass jeder einzelne in ein Gefüge von Werten und Normen hineinsozialisiert würde, das er kaum reflektiere und das ihm selbstverständlich sei. In anderen Worten: Der Mensch wird gedacht nicht als „Schöpfer, sondern Geschöpf der Kultur" (Rudolph, zit. nach Kohl 1993, 147). Zweitens herrscht die Überzeugung, dass Kulturen relativ homogen seien, geprägt durch ein in sich konsistentes System von Werten. Und drittens beruht diese Vorstellung auf der Annahme, dass jede Kultur „ethnozentrisch" sei, ihr Wertesystem nicht in Frage stelle und nur aus sich selbst heraus verstanden werden könne. Letztlich führen diese Annahmen zu einer Art „Container"-Modell von Kultur, das die Welt als Mosaik von territorial begrenzten, diskreten und historisch stabilen Kulturen deutet und intrakulturelle Variationen vernachlässigt.

Empirisch sind diese Annahmen nicht haltbar und verstellen den Weg zu fruchtbaren Fragen. Stattdessen müssen wir generell von Variabilität, Inkonsistenz, Konflikt, Wandel und *agency* ausgehen. Zumindest sind Homogenität und Kontinuität, wenn sie denn vorkommen, genauso erklärungsbedürftig wie Wandel. Dass Kulturen wandelbar sind, haben verschiedene Beobachter denn auch schon früh gegen allzu statische Konzepte der Kulturrelativisten eingewandt. Allerdings sahen diese Kritiker den Impuls für kulturellen Wandel nicht in den eher statisch aufgefassten „traditionellen" Kulturen der nicht-westlichen Welt selbst, sondern in ihrem Kontakt mit dem Kolonialismus und der westlichen Welt. Kultureller Wandel wurde darum vor allem unter den Stichworten Assimilation, Akkulturation und kulturelle Fusion thematisiert.

In der neueren Ethnologie (und benachbarten Fächern) sind die Diskussionen über den Kulturbegriff und die Wandlungsfähigkeit von Kultur natürlich weitergegangen, und vielfach werden nun Prozesse der „Kreolisierung", „Hybridisierung", Vermischung von Kulturen usw. betont. In der öffentlichen Diskussion z.B. über Migrations- und Integrations-„Probleme" herrscht dagegen immer noch ein eher einfaches Kulturverständnis vor, das in der Tradition des Kulturrelativismus steht (so auch in Huntingtons Überlegungen zum *clash of civilizations*). Immer noch wird der kollektive Zwangscharakter von Kultur betont oder zumindest individuelle Kreativität nur modernen Gesellschaften zugeschrieben, während Menschen in nichtwestlichen Gesellschaften als vollständig durch „ihre" Kultur sozialisiert erscheinen.

Wenn nun aber stattdessen die Dynamik kultureller Austauschprozesse betont wird, wird die Vorstellung von in sich abgeschlossenen Einzelkulturen unhaltbar. Kulturen sind weder intern homogen, noch eindeutig einer ethnischen Gruppe zuzuordnen noch klar voneinander abzugrenzen. Wie kann man dann aber überhaupt noch von unterschiedlichen Kulturen sprechen?

Statt Kulturen durch einen festen Kanon von Normen und Praktiken (bestimmte Verwandtschafts- und Heiratsordnungen, religiöse Vorstellungen, materielle Kultur usw.) zu definieren, den alle Mitglieder teilen (müssen), gehen jüngere Ethnologen wie etwa Werner Schiffauer (1999) oder Andreas Wimmer (1996) eher davon aus, dass Kulturen ein Diskursfeld oder eine Arena darstellen, auf der die zentralen Werte und Institutionen immer wieder neu ausgehandelt werden. Kulturelle Gemeinsamkeit wird dabei jeweils nur temporär hergestellt. Sie konstituiert sich über die von allen anerkannten Regeln, nach denen die Debatten geführt werden, durch die kollektive Erinnerung an bereits geführte Debatten und durch die gemeinsamen Streitgegenstände, an denen sich die Debatten typischerweise entzünden. „Kultur […] [ist] ein instabiler, offener Prozess des Aushandelns von Bedeutungen", so Wimmer (1996, 401), „der bei einer Konsensfindung zur Stabilisierung der Bedeutungshorizonte und zu entsprechenden Prozessen sozialer Schließung führt". Ob die Aushandelbarkeit des kulturellen Kanons und der Debatten-„Kultur" nun allerdings in allen Gesellschaften gleichermaßen anzutreffen ist, scheint mir eine offene Frage. Doch in dieser Richtung weiterzudenken, ist sicherlich fruchtbarer, als sich auf einen einfachen und verdinglichenden, älteren Kulturbegriff zurückzuziehen.

3 Kultur und Wirtschaft – ein komplexer Zusammenhang

So sehr die Kritik von Wimmer, Schiffauer und anderen an klassischen Kulturverständnissen überzeugt, so schwierig ist es doch, diese Überlegungen in ein empirisches Forschungsprogramm zu übersetzen. Wie kann man den Zusammenhang zwischen Kultur und Handeln – in unserem Kontext dem wirtschaftlichen Handeln – untersuchen? Brauchen wir dafür letztlich doch ein mentalistisch-kognitives Kulturverständnis? Oder könnte man den Zusammenhang von ja meist erst *ex-post* formulierten Handlungsbegründungen („Kultur"?) und Handlungen anders fassen?

Ich habe auf diese Fragen keine fertige Antwort, schlage aber vor, mit dem (wie auch immer definierten) Begriff Kultur bei der Analyse wirtschaftlicher (Nicht-)Entwicklungen äußerst sparsam und vorsichtig umzugehen.

Drei analytische Ebenen sollten wir beim Thema „Kultur und Wirtschaft" jedenfalls unterscheiden, insbesondere, wenn wir historischen Wandel untersuchen wollen: erstens die strukturellen Rahmenbedingungen unterschiedlicher Reichweite, wozu auch alle Arten von Institutionen gehören; zweitens tatsächliche Handlungsstrategien und Alltagshandeln von Individuen und Gruppen; und drittens schließlich Ideologien und Modelle, d.h. verbalisierte Normen, Leitbilder und (Alltags)Theorien. Zwischen diesen Ebenen gibt es keine einfachen kausalen, determinierenden Beziehungen. So sind die tatsächlichen Handlungsstrategien weder vollständig durch die Ideologien noch durch die institutionellen Rahmenbedingungen determiniert, und die Ideologien können in einem Spannungsverhältnis zu den tatsächlichen Handlungen ebenso wie zu den dominanten Institutionen stehen (vgl. zu diesen Überlegungen auch die anregenden Ausführungen von Andreas Reckwitz 2003). Wo steckt dabei nun eigentlich die „Kultur"? Ich schlage vor, die oben skizzierten problematischen und mehrdeutigen Konzepte von Kultur eine Weile lang zu ersetzen durch eine präzisere Benennung dessen, wofür sie eigentlich wie ein Joker im Kartenspiel einstehen. Nur wo die Akteure, die wir erforschen, selbst das Konzept „Kultur" einsetzen, müssen wir natürlich darauf eingehen und ausloten, was sie genau damit meinen.

3.1 Gründe für die wirtschaftliche Rückentwicklung Afrikas

In meinem ersten Beispiel aus Afrika möchte ich an die mir von den Veranstaltern des Rottendorf-Symposiums ursprünglich gestellte Frage anknüpfen – „Kultur als Hindernis wirtschaftlicher Entwicklung in Afrika?" Meine knappe, polemische Antwort vorweg: „Kultur", jedenfalls im engeren Sinn von Normen, Werten und Weltbildern, spielt dabei m.E. eine eher geringe Rolle.

Ich referiere hier vor allem die Arbeiten von Thomas Bierschenk (2005), der seine überzeugenden Überlegungen zum „Sonderfall Afrika? Zum relativen Entwicklungsrückschritt Afrikas" in verschiedenen Vorträgen dargelegt hat.

Der Befund ist jedem Afrikajournalisten und -kenner nur allzu vertraut. In den 1960er-Jahren, als die meisten afrikanischen Staaten südlich der Sahara unabhängig wurden, wuchs das Pro-Kopf-Einkommen deutlich, und es herrschte Aufbruchsstimmung. Nigeria hatte günstigere Entwicklungsindikatoren als Indonesien; Ghana und Uganda verfügten in mancher Hinsicht über bessere Ausgangsbedingungen als Südkorea. Seit den 1970er-Jahren aber stagniert das afrikanische Wirtschaftswachstum bzw. ist sogar negativ, mit Ausnahme von Südafrika, und der Anteil am Welthandel sinkt immer weiter. Daran hat sich weder etwas durch den allerorten von der Weltbank erzwungenen Wechsel von protektionistischen zu weitgehend liberalisierten Volkswirtschaften geändert noch durch die massive Entwicklungshilfe, die Afrika erhalten hat (ca. 500 Milliarden Euro seit 1960).[4]

Es ist für unseren Kontext nicht notwendig, auf die unterschiedlichen entwicklungspolitischen Strategien einzugehen, die im Lauf der Jahrzehnte in Afrika ausprobiert wurden und die aus jeweils unterschiedlichen Erklärungsansätzen für die fehlende wirtschaftliche Entwicklung folgten. Zwei wichtige Prämissen bei der Suche nach tragfähigen Erklärungen für den Enwicklungsrückschritt, so Bierschenks Überlegung, sollten wir aber voraussetzen: Erstens, dass die wirtschaftliche Stagnation bzw. der Rückgang nicht nur eine einzige Ursache hat, sondern

---

[4] Ich verzichte hier auf Einzelbelege, die sich etwa in einschlägigen Weltbankberichten leicht nachlesen lassen.

wir von einem ganzen Ursachenbündel ausgehen müssen, und zweitens, dass lineare Erklärungen (Ursache-Wirkungs-Ketten) nicht greifen. Wir brauchen vielmehr komplexe Modelle, die Rückkopplungseffekte und „Teufelskreise" bzw. Abwärtsspiralen einbeziehen. Bierschenk führt nun eine ganze Reihe von „entwicklungshemmenden Faktoren" in Afrika an, die miteinander interagieren und sich oft wechselseitig verstärken. Ich will sie hier nur kurz auflisten, ohne im Einzelnen näher darauf einzugehen.

Geographische Faktoren: Zu den ungünstigen Entwicklungsvoraussetzungen gehört die generell niedrige Produktivität der Landwirtschaft, vor allem aufgrund der Bodenbeschaffenheit und der klimatischen Bedingungen (unzuverlässiger Regen, geringe Bodenfruchtbarkeit usw.). Dazu kommen die insgesamt eher niedrige Bevölkerungsdichte und große Entfernungen (z.B. vom Hinterland zum nächsten Hafen oder der nächsten Großstadt), was sich in hohen Transportkosten und kleinen Märkten niederschlägt. Dass Primärressourcen (Land) oft reichlich vorhanden sind, verringert die Anreize zur ökonomischen Diversifizierung. Die große Abhängigkeit von wenigen (Export)Produkten führt bei sich verschlechternden *terms of trade* zu deutlichen wirtschaftlichen Einbrüchen. Dazu kommt noch der negative regionale Kontext, der *neighbourhood effect*, wie Wirtschaftswissenschaftler den wichtigen Einfluss des Entwicklungsstands der Nachbarländer auf die Wirtschaft eines Landes bezeichnen. Allerdings, so warnt Bierschenk, dürfen wir nicht in einen geographischen Determinismus verfallen, zumal viele der aufgeführten Faktoren nicht natürlich, sondern von Menschen gemacht bzw. politisch verstärkt sind.

Historische Faktoren: Bestimmte historische Ausgangskonstellationen determinieren zwar nicht die späteren Entwicklungen, machen aber doch gewisse Entwicklungspfade schwieriger und andere leichter. „Schon die vorkoloniale Situation Afrikas", so Bierschenk (2005, 8), bot „schlechte Anschlussbedingungen für Modernisierungsprozesse [...], die Entwicklung einer kapitalistischen Marktwirtschaft sowie eines effizienten Staats". Dazu gehört das Fehlen von Schriftlichkeit und damit auch von Bürokratie und verschriftlichtem Recht, was in lokal begrenzter Staatsbildung und (mit Ausnahme der wenigen islamisierten Gebiete bzw. Gruppen) lokalisierten Religionen resultierte. Damit fehlten die großen Faktoren der Vereinheitlichung, die die Entwicklung Asiens und Europas prägten. Afrika ist bis heute durch eine enorme Kleinteiligkeit gekennzeichnet. Die geringe Bevölkerungsdichte verhinderte, dass Bodeneigentum zum Faktor sozialer Differenzierung wurde. In Kombination mit technologischer Rückständigkeit – es wurde, nicht zuletzt wegen der dünnen Humusschicht, kein Pflug eingesetzt – erlaubte diese Konstellation kaum, ein nennenswertes agrarisches Mehrprodukt zu erwirtschaften. Diese Akkumulationsschranken wurden durch das Brautpreissystem noch verstärkt: Es sah vor, dass die Frauen„nehmer" an die Frauen„geber" Vieh und andere Güter geben müssen. Herrschaft musste direkt über Menschen, statt wie im

3 Kultur und Wirtschaft - ein komplexer Zusammenhang 27

europäischen Feudalismus indirekt über Territorien, errichtet werden. Die politischen Kontrollinstrumente schwankten zwischen Gewalt und Klientelismus.

„Diese schwierige vorkoloniale Ausgangslage", so Bierschenk (2005, 9) weiter, „wurde durch den Kolonialismus nicht verbessert, im Gegenteil", vor allem in politischer Hinsicht. Der despotische Charakter des Kolonialstaats bot denkbar schlechte Voraussetzungen für die Herausbildung von Institutionen der Partizipation und *accountability*, die heute von afrikanischen Eliten gefordert werden. Die Ausrichtung der Kolonien auf den Export von Agrarprodukten oder Mineralien bremste weiterhin wirtschaftliche Diversifikation. Das koloniale Interesse an wirtschaftlicher Ausbeutung stand der Entwicklung von Institutionen zum Schutz von Eigentumsrechten meist im Weg. Dazu kam die Politisierung und dadurch Vertiefung und Verhärtung der bestehenden ethnisch-linguistischen Fragmentierung. Schließlich waren die kleinen afrikanischen Eliten meist unzureichend auf die Unabhängigkeit vorbereitet: Es dominierten Bildungseliten (administrative Eliten, Lehrer, Rechtsanwälte und Ärzte), die weitgehend die autoritäre administrative Kultur der Kolonialbeamten übernahmen, während ein einheimisches Unternehmertum fehlte. Die nach der Unabhängigkeit eingeleitete Afrikanisierung der kolonialen Volkswirtschaften durch Verstaatlichung und die politische Schaffung einer Unternehmerklasse führte dazu, dass afrikanische Unternehmer bis heute die Nähe zur Politik suchen müssen, wollen sie erfolgreich sein.

Wirtschaftliche und politische Faktoren: Bis heute ist die Infrastruktur (Straßen, Telefone etc.) unterentwickelt und sind die Transportkosten hoch, was zusammen mit Handelsbeschränkungen (Importbeschränkungen, Zölle etc.) zu hohen Transaktionskosten im Handel führt. Weiterhin wirken sich die restriktive Importpolitik der Industrieländer und schlecht funktionierende Kapitalmärkte negativ aus. Generell, so Bierschenk, agieren afrikanische wirtschaftliche Unternehmen in einem durch einen hohen Grad an Informalität geprägten volkswirtschaftlichen Umfeld und werden durch die Merkmale von *low-trust societies* behindert – einem generalisierten Misstrauen, das aber nicht auf kulturelle Dispositionen, sondern das Fehlen gut funktionierender Institutionen zurückzuführen ist, die z.B. die Einhaltung von Verträgen überwachen. *Low trust* führt u.a. zu geringer Vernetzung wirtschaftlicher Unternehmen, zu hohen Investitionen in die Absicherung gegen die Folgen unzureichender öffentlicher Dienstleistungen (Stromausfälle usw.) und zur Begrenzung der Geschäftsbeziehungen auf „Bekannte". Ein solches risikoreiches Umfeld verhindert langfristige, produktive Investitionen der Unternehmen (und Haushalte) und resultiert schließlich in einer niedrigen Produktivitätsrate. Der öffentliche Dienst fungiert eher als Arbeitsmarkt für die Eliten denn als Dienstleister für die Wirtschaft. Die geringe Wirtschaftsleistung führt zu niedrigem Steueraufkommen und damit hoher Abhängigkeit von Entwicklungshilfe. Verstärkt werden diese Tendenzen noch durch eine schwache Ausstattung mit

„Humankapital" (Fehlen von Facharbeitern, Technikern, Ingenieuren usw.), was letztlich eine Folge der unzureichenden Investitionen bereits in die Grundschulbildung ist.

Ohne auf weitere Einzelheiten einzugehen, möchte ich hier vor allem festhalten, dass „Kultur" im engeren Sinn in Bierschenks überzeugender Analyse kaum eine Rolle spielt. Das *low trust*-Phänomen ist letztlich eine Frage der Institutionenlandschaft (im engeren Sinne), nicht der Normen und Werte. Auch die ethnische Fragmentierung, die in der Kolonialzeit teils überhaupt erst produziert, teils verstärkt wurde, ist nicht *per se* auf divergierende Normen und Werte verschiedener „Kulturen" zurückzuführen, sondern auf komplexe Zusammenhänge von lokalen und kolonialen Herrschaftsstrategien. Zu einer ähnlich „kulturfreien" Diagnose kommt übrigens auch eine jüngere Analyse der *drivers of change* bzw. der entwicklungshemmenden Faktoren in einem einzelnen Land, Ghana, die das britische Overseas Development Institute gemeinsam mit ghanaischen Experten erstellt hat. Auch hier nennen die Autoren an keiner Stelle „Kultur", in welcher Definition auch immer, als „Hindernis wirtschaftlicher Entwicklung", lautet doch das Fazit der Studie (Booth u.a. 2005, 1):

> „The main immediate obstacle to a more dynamic process of economic change is the policy environment – specifically, the absence of the conditions for doing business in a modern, competitive way in a global economic system".

3.2 Patrilineare Verwandtschaftsverbände und ihre sich wandelnden Funktionen

Von der Makro- möchte ich nun den Blick auf die Mikroebene richten. Hier will ich die Perspektive gewissermaßen umkehren. Statt zu fragen, inwiefern wirtschaftliche Entwicklungen durch „kulturelle" Faktoren geprägt wurden, möchte ich von der Kontinuität einer kulturellen Konfiguration, nämlich der Institution und Ideologie des patrilinearen Verwandtschaftsverbands (definiert über die gemeinsame Abstammung in männlicher Linie), ausgehen und an einem Beispiel aus meiner eigenen Forschung in Nordwest-Ghana die massiven Veränderungen ihrer Funktion skizzieren. Auch hier geht es mir wieder darum, die determinierende Kraft von „Kultur" in Frage zu stellen.

Die Dagara in Nordwest-Ghana waren in vorkolonialer Zeit eine recht mobile, expansive, „staatenlose", d.h. politisch nicht zentralisierte Gesellschaft von Bauern und Jägern. Eine zentrale Institution, die die Selbsthilfe und die damit einhergehende Gewalt eindämmten, waren die Erdschreine, die die Erstsiedler für

3 Kultur und Wirtschaft - ein komplexer Zusammenhang

die die Fruchtbarkeit sichernden Erdgottheiten errichteten. Innerhalb der Gemeinschaft, die auf einem von einem Erdschrein geschützten Gebiet lebte, durfte kein Blut vergossen werden bzw. durften Gewalttaten nicht durch Blutrache, sondern mussten durch Sühneopfer am Schrein beantwortet werden. Ausserhalb des eigenen Erdschreingebiets galt allerdings das Recht des Stärkeren, soweit es nicht durch das zweite Prinzip gesellschaftlichen Zusammenhalts eingeschränkt wurde, nämlich die ortsübergreifenden, exogamen[5] Patrilineages und Patriklane. Patriklanmitglieder schuldeten sich (und schulden sich noch) untereinander Solidarität. Die dadurch gestifteten friedlichen Netzwerke werden durch Heiratsbeziehungen und Scherzpartnerschaften ergänzt. In unterschiedlichen Handlungskontexten – wie dem Zubereiten der Nahrung, dem Bestellen der Felder, der Landnahme und Urbarmachung von Land, Fehde/Krieg, Ahnenverehrung und weiteren religiösen Kulten – wurden (und werden) die relevanten Patri-Gruppen unterschiedlich weit definiert. Generell aber war (und ist) Patrilinearität das dominante Organisations- und Legitimationsprinzip.[6]

Reichtumsunterschiede zwischen den verschiedenen patrilinear organisierten Häusern *(yir)* wurden durch das Brautpreissystem und die matrilineare (uterine, d.h. über die gemeinsame Mutter definierte) Vererbung beweglicher Güter teilweise nivelliert. Dennoch waren und sind die Dagara keine wirklich egalitäre Gesellschaft. Typischerweise dominierten generell die Männer und insbesondere die Ältesten, die die Brautgaben kontrollierten und die Sanktionsmacht der Ahnen mittels ihrer Verfügung über die Ahnenschreine für sich zu nutzen wussten. Allerdings konnten jüngere Männer, vor allem, wenn sie erst einmal verheiratet waren, sich allzu großer Ausbeutung durch die Alten entziehen, indem sie das Dorf verließen und ein neues, eigenes Gehöft aufbauten. Aus solchen Unabhängigkeitsbestrebungen erklärt sich teilweise auch die Mobilität und Expansivität der Dagara-Gesellschaft. Und trotz Umverteilungszwängen qua Brautpreisregeln und vorgeschriebenen Ahnenopfern gelang es einzelnen Männern, eine größere Gefolgschaft aufzubauen. Wer durch erfolgreiche Landwirtschaft und Viehzucht und geschicktes Investieren der Überschüsse in das Brautpreissystem mehr Frauen heiraten und mehr Nachkommenschaft erzeugen konnte, hatte Akkumulationschancen. Um die Gefolgschaft weiter zu vergrößern, bot sich den Bessersituierten dann auch noch in Hungerkrisen und anderen Notfällen die Chance des Tauschs von Nahrung gegen Kinder oder junge Leute aus benachbarten Gehöften als eine Art Pfandsklaven an. Weitere Klienten konnten die *big men* durch Übernahme der Brautpreiszahlungen gewinnen.

---

[5] Exogamie bedeutet, dass Mitglieder derselben Gruppe (hier der Patriklane) nicht untereinander heiraten dürfen, sondern ihre Ehepartner außerhalb der Gruppe suchen müssen.
[6] Eine klassische ethnologische Analyse der Dagara-Gesellschaft bietet Jack Goody (1956); für eine ausführliche Diskussion ihrer Geschichte seit den 1870er-Jahren vgl. Lentz 2006.

Die Kombination all dieser Ressourcen konnte in einer Art Aufwärtsspirale münden, die sich durch kriegerisches Geschick noch potenzieren ließ, auch wenn die Vererbungsregeln die intergenerationelle Weitergabe akkumulierten Reichtums erschwerte (allerdings fanden sich immer auch Strategien zur faktischen Umgehung dieser Regeln). In der zweiten Hälfte des 19. Jahrhunderts potenzierten sich die Akkumulations- und Machtchancen durch die Teilnahme der lokalen Mächtigen am sich intensivierenden, überregionalen Sklavenhandel. Die Einnahmen wurden von den *big men* in Pferde, Waffen und Kleidung und die Anwerbung weiterer Gefolgschaft umgesetzt, und als dann zu Beginn der Kolonialzeit die Briten (und Franzosen) „Häuptlinge" suchten, gelang es diesen *big men* in einigen Fällen, ihre Macht in in eine nun vererbbare Häuptlingsposition zu transformieren. Überhaupt wurden durch die koloniale Einführung des Häuptlingstums die Patrilineages stärker als politische Einheiten definiert, denn die Patrilineage-Chefs waren die Ansprechpartner der Häuptlinge und Kolonialbeamten bei der Verteilung von Zwangsarbeitspflichten und Steuerlasten.

In allen Varianten – der Nivellierung von Reichtumsunterschieden ebenso wie der Akkumulation von Reichtum und Macht – diente die Patrilinearität und die „Macht der Ahnen" als grundlegendes Organisations- und Legitimationsprinzip. Ein und dieselbe kulturelle Konfiguration konnte also sowohl als Instrument der Subsistenzsicherung wie als Vehikel der Akkumulation eingesetzt werden. Mit den Anfang des 20. Jahrhunderts entstehenden Möglichkeiten zur Arbeitsmigration in die Goldminen und die *cash crop*-Anbaugebiete im Süden Ghanas boten sich neue Überlebens- und Akkumulationschancen, die viele junge Männer ergriffen – oft auch, um sich der Macht der Ältesten zu entziehen. Allerdings bedurften sie für alle wichtigen Lebensabschnitte und Übergangsrituale wie die Heirat, den Bau eines eigenen Hauses und später die Beerdigung nach wie vor der Rückversicherung durch die Patrilineage und ihre Ältesten. Zugleich wurde die Patriklanzugehörigkeit zu einem wichtigen Bindemittel, um dorfübergreifende Solidaritätsnetzwerke an den Migrationsorten aufzubauen. Auch heute noch ist die Rückbindung selbst von gut verdienenden Bildungsmigranten an die ländliche Patrilineage stark, und städtische und ländliche Haushalte einer Lineage sind oft eng miteinander vernetzt.

Die Ideologie der Lineage-Solidarität bleibt also ebenso erhalten wie die Norm der patriklan-exogamen Heirat und die den verschiedenen Klanen eigenen Meidungsgebote. Für die ärmeren Arbeitsmigranten ist die Lineagezugehörigkeit eine Art Krisenversicherung, die angesichts des Fehlens eines gut funktionierenden staatlichen Sozialversicherungssystems notwendig bleibt. Aber auch für die aufsteigende Bildungselite ist die Lineage ein wichtiger Bezugspunkt, teils aufgrund eines Verpflichtungsgefühls (der Verwandtschaftsverband hat in die Bildung des Elitemitglieds investiert), teils weil hier preiswerte Arbeitskräfte für den städti-

3 Kultur und Wirtschaft - ein komplexer Zusammenhang 31

schen Haushalt rekrutiert werden können, und teils weil etwa für einen aufstrebenden Politiker der Patriklan ein Mobilisierungsinstrument bei den Wahlen darstellt. Ausserdem fordern die ärmeren Verwandten selbst auf der Basis der patrilinearen Solidaritätsnormen eine gewisse materielle Umverteilung ein.

Ob als Instrument des Aufstiegs oder der Armutsvermeidung, symbolisch und rituell ist die Patrilineage- bzw. Patriklanzugehörigkeit also für die Dagara nach wie vor wichtig, auch wenn der Ahnenkult partiell „verchristlicht" wurde. Natürlich klagen manche Mitglieder der Elite über die Verwandtschaft als Aufstiegsbremse, und es gibt viele Konflikte über die Verteilung der Einkünfte (Investition in die Ausbildung der eigenen Kinder versus Unterstützung der Herkunftsfamilien und -dörfer). Auch die jüngeren Arbeitsmigranten entwickeln inzwischen neue Lebensentwürfe, die sich an Vorstellungen von der modernen Kleinfamilie orientieren, wie sie durch internationale Migration und entsprechende Kontakte, durch Schulbildung und durch die Medien vermittelt werden. Aber für die eigene Verortung in der Welt bleibt die Patriklanzugehörigkeit nach wie vor von zentraler Bedeutung, nicht zuletzt, weil nur das Lineagenetzwerk für eine angemessene Beerdigung sorgen kann, die erst ein gelungenes Leben beglaubigen kann. Ausserdem ist diese kulturelle Konfiguration so flexibel, dass sie – wie skizziert – immer wieder neue Funktionen übernehmen kann und keiner „wirtschaftlichen Entwicklung" wirklich im Weg steht.

Im ersten Beispiel lässt sich das Phänomen – Entwicklungsrückschritt bzw. Stagnation der afrikanischen Wirtschaften – v.a. aus den geschichtlich gewachsenen strukturellen Rahmenbedingungen und dem institutionellen Kontext erklären. Sie prägen das Alltagshandeln und die Handlungsstrategien der für die wirtschaftliche Entwicklung relevanten Personengruppen (und werden ihrerseits durch dieses habituelle Alltagshandeln verstärkt). Die verbalisierten Normen und Leitbilder der afrikanischen Politiker und Unternehmer ebenso wie der westlichen „Geber"institutionen und Politikberater reflektieren dieses sich selbst verstärkende Bedingungsgefüge meist kaum, sondern konzentrieren sich eher auf einen einzigen Ursachenkomplex bzw. Lösungsansatz (wahlweise Rechtsstaatlichkeit, unternehmerische Risikofreudigkeit, Kapitalausstattung usw.). Der Rückgriff auf „Kultur" (verstanden als Reservoir von Normen und Werten) ist hier also eher eine rhetorische Strategie der Akteure als ein fruchtbarer Erklärungsansatz.

Im zweiten Beispiel haben sich die strukturellen Rahmenbedingungen und Institutionen dramatisch verändert – von der staatenlosen Gesellschaft zum kolonialen Häuptlingstum, von der Subsistenz- zur Marktökonomie und von Jägern und Bauern zu Bildungseliten und Arbeitsmigranten –, doch die kulturelle Konfiguration des patrilinearen Verwandtschaftsverbands samt seiner auf die Ahnenmacht gestützten Solidaritätsnormen blieb erstaunlich konstant. Das war und ist deshalb möglich, weil diese Konfiguration zwar ein präskriptives Modell impliziert, aber das tatsächliche Handeln schon immer, auch in vorkolonialer Zeit, vielfältig von den Normen abwich bzw. sie so lange uminterpretierte, bis das eigene tatsächliche Handeln gerechtfertigt erschien. Dasselbe Modell konnte und kann darum sehr unterschiedliche wirtschaftliche Handlungen abdecken. Denkbar wäre natürlich, dass auf lange Sicht die abweichenden Alltagshandlungen sich auch in neuen Modellen, Normen und Werten niederschlagen. Nur sollten wir auch hierbei die handlungsleitende Kraft von „Kultur" nicht überschätzen. Ziehe ich aus beiden Beispielen ein vorläufiges Fazit, so brauchen wir m.E. „Kultur" eigentlich nicht, um Wirtschaftsentwicklung oder -stagnation zu erklären. Sie ist höchstens ein Aspekt in einem komplexen historischen Bedingungsgefüge.

Literatur

Bierschenk, T. 2005. *Sonderfall Afrika? Zum relativen ökonomischen Entwicklungsrückschritt Afrikas*, Vortrag in der Afrika-Ringvorlesung, 9. Juni 2005, am Institut für Ethnologie und Afrikastudien, Johannes Gutenberg-Universität Mainz.
Booth, D. u.a. 2005. *"What are the drivers of change in Ghana?",* CDD/ODI Policy Brief, Nr. 1, November.
Brunner, O. 1968. *Das „Ganze Haus" und die alteuropäische Ökonomik*, in: Ders., Neue Wege der Verfassungs- und Sozialgeschichte, Göttingen, 103-127.
Elwert, G. 1987. *Ausdehnung der Käuflichkeit und Einbettung der Wirtschaft. Markt und Moralökonomie*, in: Heinemann, K. (Hg.), Soziologie des wirtschaftlichen Handelns, Opladen, 300-321.
Geertz, C. 1987. *Dichte Beschreibung. Bemerkungen zu einer deutenden Theorie von Kultur*, in: Ders., Dichte Beschreibung. Beiträge zum Verstehen kultureller Systeme. Frankfurt/M., 7-43.
Goody, J. 1956. *The Social Organisation of the LoWiili*, London.
Hauck, G. 2006. *Kultur. Zur Karriere eines sozialwissenschaftlichen Begriffs*, Münster.
Kohl, K.-H. 1993. *Ethnologie – die Wissenschaft vom kulturell Fremden*, München.
Kroeber, A. L./Kluckhohn, Clyde 1952. *Culture: A Critical Review of Concepts and Definitions*, Papers of the Peabody Museum, Harvard University, Cambridge/Mass.
Kuper, A. 2000. *Culture: The Anthropological Account*, Cambridge/Mass.
Lentz, C. 2001a. *Local culture in the national arena: the politics of cultural festivals in Ghana*, African Studies Review 44, 47-72.

Lentz, C. 2001b. *Kultur*, in: Mabe, J.E. (Hg.), Das Afrika-Lexikon. Ein Kontinent in 1000 Stichwörtern, Stuttgart, 161-164.
Lentz, C. 2006. *Ethnicity and the Making of History in Northern Ghana*, Edinburgh.
Malinowski, B. 1975 (Orig. 1944). *Eine wissenschaftliche Theorie der Kultur*, Frankfurt/M.
Moebius, S./Quadflied, D. (Hg.) 2006. *Kultur. Theorien der Gegenwart*, Wiesbaden.
Plumpe, W. 2007. *Die Geburt des „Homo oeconomicus". Historische Überlegungen zur Entstehung und Bedeutung des Handlungsmodells der modernen Wirtschaft*, in: Reinhard, W./Stagl, J. (Hg.), Menschen und Märkte. Studien zur historischen Wirtschaftsanthropologie, Wien, 319-352.
Radcliffe-Brown, A.R. 1965. *Structure and Function in Primitive Society*, London.
Reckwitz, A. 2000. *Die Transformation der Kulturtheorien. Zur Entwicklung eines Theorieprogramms*, Weilerswist.
Reckwitz, A. 2003. *Grundelemente einer Theorie sozialer Praktiken. Eine sozialtheoretische Perspektive*, Zeitschrift für Soziologie 32, Heft 4, 282-301.
Rudolph, W. 1992. *Ethnos und Kultur*, in: Fischer, H. (Hg.), Ethnologie. Einführung und Überblick. Berlin, 57-78.
Schiffauer, W. 1999. *Kultur als Diskursfeld*, Frankfurter Rundschau, 27.4.1999 (Nr. 97).
Sombart, W. 1913. *Der Bourgeois. Zur Geistesgeschichte des modernen Wirtschaftsmenschen.* München.
Wimmer, A. 1996. *Kultur. Zur Reformulierung eines sozialanthropologischen Grundbegriffs*, Kölner Zeitschrift für Soziologie und Sozialpsychologie 48, 401-425.

Diskussion

Carola Lentz

1 „Kultur" versus Strukturen, Handlungen und Ideologien

Wimmer: Frau Prof. Lentz, Sie haben angeregt, wir sollten auf die Verwendung des Ausdrucks „Kultur" verzichten und eine alternative Terminologie entwickeln. Dabei schlagen Sie vor, „Strukturen/Institutionen" (1), „Handeln" (2) „und Ideologien" (3) zu unterscheiden, wobei diese drei Ebenen sich in Ihrem Verständnis gegenseitig nicht determinieren. In Ihrem Beispiel des Systems patrilinearer Verwandtschaftsverbände und dessen Wirksamkeit auch in gegenwärtigen afrikanischen Gesellschaften scheint mir allerdings, dass Ihre Schilderung Aspekte aus allen drei Ebenen – Strukturen, individuellem Handeln und Ideologien – enthält, die über die Veränderungen in der Geschichte und Gegenwart hinweg relativ konstant bleiben. Ich frage mich, ob Sie die Unterscheidung der drei Ebenen durchhalten können. Müssen Sie nicht doch wieder so etwas wie einen Kulturbegriff verwenden, der die drei Ebenen zusammenbindet? Zum „Container"-Modell von Kultur werde ich später in meinem Vortrag noch etwas sagen. So viel nur an dieser Stelle: Wichtig für meine Fragestellung ist, dass nirgendwo *Kulturen* miteinander in Kontakt kommen oder Dialoge, bzw. Auseinandersetzungen führen, sondern Individuen. Dialog oder, wie ich später erklären werde, „Polyloge" werden von einzelnen Menschen geführt, die allerdings ihr Denken notwendig mit Mitteln zum Ausdruck bringen, die kulturelle Prägungen voraussetzen. Sie sprechen nicht als Repräsentanten einer Kultur: Es handelt sich um individuelles, wenngleich immer schon kulturell geprägtes Argumentieren.

Leipold: Ihre Behauptung, es gebe keine kausalen Zusammenhänge zwischen den drei von Ihnen unterschiedenen Ebenen „Struktur/Institution", „Handlung" und „Ideologie/Legitimierung", würde ich bestreiten. Es gab etwa in Deutschland eine jahrhundertelange Auseinandersetzung um Idealismus und Materialismus. Dabei

1 „Kultur" versus Strukturen, Handlungen und Ideologien

haben die einen stärker die ideellen Faktoren (Ihre dritte Ebene) und andere, wie Marx oder Feuerbach, stärker die Handlungsebene (Ihre zweite Ebene) betont. Ich würde behaupten, dass man durchaus im Hinblick auf konkrete Fragestellungen kausale Bedingungen feststellen kann. In Umkehrung eines Satzes von Friedrich Engels sind für mich nicht materielle Faktoren in letzter Instanz entscheidend für das menschliche Bewusstsein, sondern ideelle Faktoren. Will man diese in den Griff bekommen, muss man Kultur denken.

Brieskorn: Erst einmal vielen Dank, Frau Lentz, für Ihren sehr anregenden Vortrag. Die Lust, den einen Teil Ihres Vortrags gegen den anderen auszuspielen, kann ich mir aber auch nicht ganz versagen. Sie haben auf der einen Seite sehr schön die Rolle des Einzelnen betont. Der Staat tut nichts, die Geschichte tut nichts. Der Einzelne tut etwas. Aber schon Karl Marx kommt nicht allein mit dieser Beschreibung der Wirklichkeit von den Handlungen des Einzelnen her aus, sondern muss eben andere Kräfte einführen. Sie hatten ja noch das Diskursfeld erwähnt. Da wäre die Frage: Ist das nicht etwas, das den Einzelnen auch von außen her bis ins Innere hinein bestimmt? Hier besteht doch eine sehr starke Spannung, die nicht aufgelöst wurde. Das Zweite wäre: institutioneller Rahmen, Einzelhandlung und Ideologie. Denn ist in den Rahmen und in die Handlungen nicht auch schon etwas eingegangen – wie etwa eine Weltanschauung? Das ist bei Ihnen, habe ich den Eindruck, etwas aseptisch behandelt. Das Dritte: Da benutze ich Ihr Eingangsbild. Es geht um Kultur, eine Einladung zu einer großen Messe würden wir sagen. Da ist keine einzige Frau auf diesem Bild. Merkt man da nicht, dass es eben Moden, Strömungen wie das patriarchalische Denken gibt, die ein bestimmtes Denken und Handeln veranlassen, ohne dass wir das völlig in der Gewalt hätten? Wäre es angesichts dessen nicht an der Zeit, vor dem Individualismus, der manchmal wahrscheinlich auch in Ihrem Denken ist, diese Zwischenmächte noch einmal stärker zu machen?

Lentz: Ich möchte hier nur ein paar Schlaglichter setzen. Ich glaube, man stellt sich selbst ein Hindernis auf, wenn man eindeutige kausale Beziehungen zwischen diesen Ebenen – nennen wir sie mal der Einfachheit halber „Strukturen, Handlungen und Ideologien" – unterstellt. Die Wirklichkeit ist viel komplexer als die Theorie. Mir als empirisch arbeitender Ethnologin ist es eigentlich zuwider, mich auf diesen luftigen Höhen der Abstraktion zu bewegen. Hier muss ich gleich auf drei oder vier Gebieten wildern. Das Ganze dient aber dem gemeinsamen Nachdenken. Meine Aufgabe sehe ich darin, vorschnelles Ausschließen von Fragemöglichkeiten zu vermeiden und im Gegenteil die Türen aufzustoßen, indem ich frage: „Sind wir uns wirklich sicher, dass wir das Selbe meinen, wenn wir X sagen?" Ich begreife dies als eine Einladung, uns gemeinsam ein Feld mit Fragen zu eröffnen.

Im Grunde meines Herzens bin ich leidenschaftliche Historikerin (und nicht so sehr Soziologin, und Ethnologin, insofern sie historisch denkt). Wir müssen sehr aufpassen, dass wir Dinge, die sich entwickelt haben, nicht *ex post* funktionalistisch erklären. Die Gründe, aus denen heraus bestimmte Dinge entstanden sind, müssen nicht die Gründe sein, aus denen sie nachher funktional sind. Es gibt – jedenfalls für einen nicht-theologisch denkenden Theoretiker – keine Teleologie in der Geschichte. Es wird sich daher nicht notwendigerweise zuerst ein ideologischer Wandel vollziehen, dann das Handeln neu ausrichten, um sich schließlich in neuen Institutionen zu verdichten. Sonst müsste ich auch erklären, wie es zum ideologischen Wandel kommt und wie er sich verallgemeinern kann, ohne dass es eine institutionelle Basis gibt.

Schmiedel: Frau Lentz, ich möchte an dieser Stelle zur Frage der Rückwirkungen zwischen Ideologie und Institutionen das Beispiel des Zinsverbots anführen: Die bis heute im islamischen Denken verwurzelte Vorstellung, dass Kapitalzinsen, bei denen der Besitz von Kapital allein bereits einen Anspruch auf dessen Vermehrung konstituiert, eine ungerechtfertigte Bereicherung darstellten und daher unmoralisch seien, galt einst auch im christlichen Denken. Dann wurde sie aber dort aufgeben, ein Vorgang, der heute in ex post funktionalistischer Deutung als ein Fortschritt verstanden wird. Doch was ist historisch tatsächlich geschehen? Bis ins späte Mittelalter war Christen das Verleihen von Geld gegen Zinsen nicht gestattet. Dieses Geschäft wurde von Juden betrieben, denen übrigens untereinander das Zinsnehmen auch untersagt war. Das war lange Zeit eine wirtschaftlich eher unbedeutende Nische. Mittelalterliche Kaufleute finanzierten sich zunächst nicht mit teuren Kapitalkrediten, sondern weitgehend aus eigenen Gewinnen und Beteiligungen mit *risk sharing*. Erst der steigende Geldbedarf der weltlichen und geistlichen Fürsten machte das Verleihen von Geld gegen eine fixierte Gegenleistung hoffähig. Und ich glaube, der Begriff „hoffähig" muss an dieser Stelle ganz fett gedruckt werden, denn er sagt eigentlich alles aus. Dieser Geldbedarf war konsumtiv motiviert und nicht produktiv. Gegenleistung war meist nicht Geld, sondern überwiegend Privilegien, Nutzungsrechte und Monopole. Der christliche Begründungsstrang geht wie folgt: Denkt man an das Gleichnis von den Talenten, mit denen man wuchern soll, so legt dies Zinsen vielleicht sogar nahe, eher als dass es sie verbietet. Die Verdammung von Zinsen wurde allerdings aus Lukas 6,34ff. herausgelesen („Und wenn ihr denen leiht, von denen ihr etwas zu bekommen hofft, welchen Dank erwartet ihr davon?"). Auf dem Konzil von Nicäa 325 wurde ein explizites Verbot von Zinsen unter Geistlichen festgelegt. Die Kirche erwirkte von Karl dem Großen eine Ausdehnung des Zinsverbotes auf die Laien. Im 17. Jahrhundert wurde das faktisch obsolet gewordene Zinsverbot aufgehoben. Eine einst Christen und Muslimen gemeinsame ethische Überzeugung, ein gemeinsames Gut, wurde im christlichen Abendland aufgegeben, weil sich hier Machtinteressen gegen ein ethisches Zinsverbot als Wucherverbot durchgesetzt hatten. Die

1 „Kultur" versus Strukturen, Handlungen und Ideologien   37

nachträgliche funktionale Deutung zur Rechtfertigung westlicher Praxis und zur Abwertung des *islamic banking*, das sich bemerkenswerterweise parallel und mit einem westlichen Bankensystem verträglich hat etablieren können, hält m.E. der kritischen Betrachtung nicht stand.

Lentz: Herr Schmiedel hat jetzt ein wunderbares Beispiel für die Notwendigkeit verschiedener Analyseebenen zur Erklärung von kulturell-gesellschaftlichem Wandel gebracht. Er hat erstens mit der religiösen Begründung des Zinsverbots auf die Ebene Weltbilder-Orientierung verwiesen, zweitens auf die Ebene der Praxis, auf das Handeln von Einzelnen, aber auch von Gruppen (wie Handelspartnern), die natürlich dann auch – das ist die dritte Ebene – Institutionen schaffen, Übereinkünfte, die Vertrauen generieren, beispielsweise dass Kredite zurückbezahlt werden. Die Entwicklung eines Kreditwesens auf der Basis von Zinsen findet erst einmal statt, ohne dass sich der orientierende Wertekanon großartig ändert. Das bedeutet, die Veränderung auf der ideologischen Ebene geht in Ihrem Beispiel von Veränderungen auf der Ebene der Handlungen und sekundär auf der Ebene der Institutionen aus. Die Handlungen werden zunächst durch das dominante Weltbild bestimmt, dann ändert sich das institutionelle Gefüge und ganz zum Schluss wird sozusagen die Ideologie (also hier die Beurteilung der Frage, ob es Sünde ist oder nicht, Zinsen einzunehmen) angepasst. Das ist *ein* Muster von Veränderungen. Es könnte aber auch Veränderungen geben, bei denen innerhalb des ideologischen Gefüges neue Konzepte entstehen, durch die sich dann auch das institutionelle Gefüge ändert. Ich denke, man sollte das in einer Art sich multipel bedingenden Dreiecksbeziehungen denken, in dem an verschiedenen Punkten Änderungsmöglichkeiten vorhanden sind. Mir scheint vor allen Dingen wichtig, dass man es sich nicht als kausale Kette vorstellt, die notwendig so und nicht anders abläuft. Es ist in der Realität mit diesen wechselseitigen Verschiebungen viel komplizierter.

Tetzlaff: Das Beispiel von Herrn Schmiedel hat mir deutlich gemacht, dass Vieles, was wir heute zur Orientierung in unserem Kulturraum brauchen, z.B. der Kapitalbegriff, geworden, konstruiert und vielfach nicht, wie wir meinen, von der Sache her zwingend begründet ist. Warum besteht gleichsam der Anspruch, dass das Kapital, ohne dass es an sich irgend etwas Produktives tut, vermehrt werden darf? Das ist lediglich eine Gewohnheit. Aber wir dachten ja, dass diese Regel Ewigkeitsbestand hat. Dasselbe weiß ich von dem Eigentumsbegriff. Erst bei John Locke gehört er neben Freiheit, Gleichheit und der Unverletzlichkeit der menschlichen Person zu den Naturrechten; das war vorher nie der Fall. Das Eigentum rechtfertigt sich bei Locke aus dem Selbsterhaltungsrecht, gemäß dem der Mensch nicht nur Eigentümer seiner selbst und damit auch seiner Arbeit und ihrer Früchte ist, sondern auch berechtigt, um sich selbst zu erhalten, der Natur ein angemessenes Stück zu entnehmen (nicht mehr, als man verbrauchen kann und so, dass andere Menschen ebenfalls genug zum Leben haben). Der Eigentumsbegriff ist heute höchst problematisch. Ich weiß nicht, ob das Recht auf Eigentum als individuelles Recht, das ohnehin nicht in allen Kulturen als Tradition existiert, angesichts der Herausforderungen der nächsten Generationen in dem heute gekannten Maße Bestand haben wird. Ein letztes Beispiel: In der ideengeschichtlichen Studie „Leidenschaften und Interessen. Politische Begründungen des Kapitalismus vor seinem Sieg" (1980) führt Albert Hirschmann den Nachweis, dass das christliche Abendland im Frühkapitalismus aus der Habgier eine Tugend gemacht hat. Habgier wurde zum legitimen Verfolgen der eigenen Interessen gleichsam geadelt. Wir sind also immer wieder aufgefordert, uns „verunsichern zu lassen" und unsere eigenen kulturell geprägten Wertmaßstäbe zu hinterfragen.

2 Ein Kulturbegriff als Grundlage für den interdisziplinären Dialog?

Reder: Ich fand Ihre Dekonstruktion des Kulturbegriffes sehr anregend. Ich war zum Schluss allerdings ein wenig verwirrt aufgrund der Ebenen, die aufgemacht wurden. Ich hatte erst den Eindruck, Sie verwenden einen normativen Kulturbegriff, der Kultur im Plural betont, gegen Homogenität für Wandel. Dann doch wieder diese drei analytischen Ebenen (Strukturen, Handlungen, Ideologien), die voneinander getrennt sind. Nun meine Frage: Für den interdisziplinären Dialog braucht man m.E. eine gemeinsame begriffliche Basis. Was wäre aus Ihrer Perspektive eine theoretische Klammer, mit der man arbeiten kann? Ist es eine diskursanalytische oder eine eher auf Institutionen ausgerichtete Perspektive?

Lentz: Ich glaube nicht, dass wir uns für interdisziplinäre Diskurse auf Definitionen unserer Grundbegriffe einigen müssten. Wenn wir das wollten, können wir eigentlich aufhören zu reden. Es reicht aus, uns in einem Kommunikationsprozess gegenseitig immer wieder zu befragen, was wir eigentlich meinen, wenn wir diesen oder jenen Begriff unserer Alltagssprache gebrauchen, und dann nach Beispielen zu fragen. Mir genügt das. Ich denke, eine grundsätzliche Entscheidung ist auch im wissenschaftlichen Kontext gar nicht angebracht, sondern Begriffsdefinitionen hängen davon ab, welche Fragen wir in welchem Kontext stellen und beantworten können. Wichtig ist aber, dass wir jeweils markieren, ob wir einen engeren oder einen weiteren Kulturbegriff verwenden. Zumindest um ein Forschungsprogramm zu entwickeln, ist ein engeres Verständnis von Kultur natürlich besser geeignet.

Scholtes: Die zwei Intuitionen, die mir unverändert wichtig erscheinen und die mir in den Kopf kommen, wenn ich Kultur höre, möchte ich mit zwei angelehnten Begriffen erläutern. Zum einen die „Kulturalität" – dass es da irgendetwas gibt, worin sich die Gesellschaften oder Gruppen oder auch einzelne Menschen unterscheiden: Jeder ist, wenn überhaupt, dann auf jeweils seine Art *homo oeconomicus* und diese Art und Weise ist eben kulturell und dadurch verschieden geprägt. Zum anderen das „Kultivierte", das Gepflegte. Ich meine nicht „Hochkultur", sondern das, was in einer Gesellschaft, und sei es in der Selbstbeschreibung und in den gesellschaftlichen Praktiken, immer wieder aktualisiert, wiederbelebt wird. Sicherlich nicht homogen, sicherlich nicht immer gleich. Es ist umkämpft, es wird verändert, es wird manipuliert. Ich denke, dass diese beiden Intuitionen des Begriffs Kultur nicht dadurch verloren gehen sollten, dass er überstrapaziert wird.

Lentz: Ich habe Sie so verstanden, dass man mit den Begriffen „Kulturalität" und das „Kultivierte" das charakterisieren könnte, worin sich einzelne Gruppen unterscheiden, indem es dann doch so etwas gibt wie eine in Institutionen verfestigte Übereinkunft, worüber man debattiert und was die nicht verhandelbaren Werte sind, in denen man übereinstimmt. Das ist ein Kulturbegriff, mit dem ich mich gut anfreunden kann. Damit kann man beispielsweise erklären, warum sich in Frankreich und in Deutschland Diskussionen über Antisemitismus so deutlich unterscheiden. Sie können das auch an der öffentlichen Diskussion über Skandale ablesen: Was zulässig ist und was nicht mehr, bestimmt sich aus der jeweiligen öffentlichen Diskurskultur.

Lee-Peuker: Frau Lentz, wenn ich das richtig verstanden habe, sagten Sie mir in unserem Pausengespräch, dass Sie eher an „empirischen Fakten" bezüglich der institutionellen Konstitution von Fragestellungen und Prozessen interessiert seien und für diese Arbeit keine anthropologische Grundlegung brauchten. Ich würde vermuten, dass Sie diese von Herrn Reder eingeforderte Klammer, um andere Wissenschaften in einem interdisziplinären Diskurs mit einbinden zu können, vielleicht meinen nicht zu brauchen. In diesem Fall wäre aber auch der interdisziplinäre Diskurs m.E. nicht möglich. Ich würde gerne nachfragen, ob und inwiefern das, was Sie machen, interdisziplinär anschlussfähig ist. Und das andere: Sie hatten sich mir gegenüber als „theologisch nicht interessierte Soziologin und Ethnologin" bezeichnet. Das ist natürlich durchaus berechtigt, ganz klar, nichtsdestotrotz muss man, wenn man verstehen will, warum bestimmte Institutionen entstehen und warum sie sich in bestimmter Weise wandeln, und da schließe ich mich Herrn Leipold an, natürlich metaphysische, ideelle und religiöse Fundamente mit in den Diskurs einbeziehen. Hierzu würde ich gerne Ihre Position kennen lernen.

Lentz: Ich denke, es handelt sich um ein Missverständnis. Ich sagte lediglich, dass, wenn wir historisch denken, wir die Erklärungsgeschichte nicht aus der Perspektive der Funktionalitäten, die die betreffenden Institution oder Ideologie heute hat, formulieren dürfen. Das wäre eine teleologische Denkweise, die uns das genuin säkular-historische Verstehen von gesellschaftlichem Wandel verbaut. Das bedeutet aber nicht, dass ich mich nicht als Ethnologin oder überhaupt als Wissenschaftlerin auch damit auseinander setzen kann und soll, welche Rolle Glaubensvorstellungen, religiöse Praktiken usw. für das Leben der Menschen und auch für geschichtliche Entwicklungen haben. Es hat also nichts damit zu tun, dass Metaphysik oder religiöse Fundamente von Handeln nicht als eine Ebene der Analyse wichtig sein können. Brauche ich eine anthropologische Grundlegung für das Verständnis historischer Prozesse? Ich bin mir nicht sicher. Ich möchte es einfach als Frage umformulieren: Wie viel anthropologische Grundannahmen muss ich machen, um ein gegenüber einer vorherrschenden Ideologie oder dominanten Lebens- und Handlungsweise differentes Handeln zu erklären? Nehmen wir das Beispiel der Menschen in Afrika, die trotz der Betonung der Gleichheit und des historisch gut begründeten Misstrauens gegen Akkumulation von Reichtum Profit machen. Wenn man Kultur als determinierendes, geschlossenes System versteht, das handlungsdeterminierend wirkt, dann kann man nicht mehr erklären, wo differentes Handeln herkommt und wieso man als Politiker Hoffnungen auf irgend welche innovativen Gruppen setzen kann, wie das NEPAD-Programm auf die bisher oftmals als korrupt und nepotistisch diskreditierten afrikanischen Eliten. Anthropologische Annahmen machen anderes Verhalten als das von dem dominanten System nahegelegte unplausibel. Interessant ist, dass wir geneigt sind, das für unsere Kultur sofort zuzugeben und zu sagen: Na ja, bei uns macht letztlich sowieso jeder, was er will, und das wird jetzt institutionell begrenzt. Dass wir übersozialisiert sind durch Kultur, würde keiner von uns behaupten. Das wäre immer nur bei den anderen der Fall, bei den Afrikanern – die können nicht anders, weil ihnen ihre Kultur das eben vorschreibt.

Seele: Ich möchte einen Vorschlag machen, wie man aus der Institutionenökonomik heraus das Verhältnis zwischen solchen sich scheinbar im interdisziplinären Diskurs widersprechenden Phänomenen wie Ökonomie und Kultur durch ein gemeinsames Spektrum von Regeln und Handlungsleistungen analysieren kann. Und zwar wird in der Institutionenökonomik zwischen verschiedenen Institutionen unterschieden: Systeme von formgebundenen Regeln (Verträge oder Konstitutionen) sowie, am anderen Ende des Spektrums, von formlosen oder impliziten Regeln im Sinne von Sitten und Gebräuchen. Man kann nun einerseits Teile des Spektrums, d.h. einzelne Institutionen und ihre Wirkungen auf die Ökonomie, isoliert betrachten (die „Containerhaftigkeit", wenn man das so fassen möchte). Andererseits ist jede Institution Teil eines Spektrums und daher mit den anderen auf einem Kontinuum verbunden.

Leipold: Meiner Ansicht nach müssen wir, je nach Fragestellung, mit unterschiedlichen Kulturverständnissen arbeiten. Bezüglich der Frage der Institutionen und Regelwerke lassen sich m.E. kulturelle Einflussfaktoren relativ präzise benennen. Wenn ich mir etwa im Kontext der Institutionenökonomik solche Kernfragen stelle wie: Wie entstehen Institutionen, wie wandeln sie sich, wie wirken sie sich aus? Inwieweit wird eine Vielfalt kulturell diversifizierter Institutionen bestehen bleiben oder werden sie sich im Zuge der Globalisierung mehr und mehr angleichen? Damit verbindet sich jeweils auch die Frage, warum bestimmte Institutionen in einem bestimmten Kontext gerade nicht entstehen. Warum bekommt man in vielen afrikanischen Ländern keinen funktionierenden Markt oder Staat zustande? Da beginnt dann unmittelbar die Frage nach kulturellen Einflussfaktoren und man kann auch die Brücke zwischen Ökonomie und Kultur einigermaßen solide konstruieren.

Merkel: Ich möchte gerne kurz aufzeigen, wie der Kulturbegriff bei der UNESCO sich in einem ständigen Wandel befindet und dabei jeweils die Entwicklung im öffentlichen Bewusstsein von Kultur spiegelt: Im Kontext des Wissenstransfers, der tatsächlich heute in dieser beschleunigten Phase von Globalisierung seit zehn, fünfzehn Jahren eine neue Qualität gewinnt, hat die UNESCO bisher drei wesentliche Instrumente entwickelt. Das Erste kennen Sie wahrscheinlich am ehesten: die Weltkulturerbekonvention, die seit 1972 besteht. Sie legt durchaus einen sehr spezifischen Kulturbegriff zugrunde: Sie schützt Kultur- und Naturstätten, aber auch Kulturlandschaften. Mit der UNESCO-Konvention von 2003 wird auch das immaterielle Kulturerbe, also das, was Menschen traditionell tun, was sie produzieren, ihre Feste und Bräuche, aber auch traditionelle Wissensformen, in den Schutz einbezogen. Und kulturpolitisch hatte man sich 1982 in der „UNESCO Mexico City Declaration on Cultural Policies" bereits weltweit auf einen sehr weiten und demokratisch aufgeklärten Kulturbegriff verständigt. Es ist eben nicht mehr der Hochkulturbegriff etwa der höfischen Zeit und der Opernhäuser und Museen des 19. Jahrhunderts; es ist ein Begriff des 20. und 21. Jahrhunderts, der auf möglichst breite Partizipation abhebt. Jetzt stehen wir in diesem globalisierten Gespräch über Kultur in einer Übergangsphase, in der natürlich auch neue Stimmen ganz deutlich zu Gehör kommen müssen. Da landen wir dann bei dem „Polylog", den Herr Wimmer noch ausführen wird.

Grohs: Meine Damen und Herren, ich fand den Vortrag sehr anregend, wie man auch an der Diskussion über verschiedene Kulturbegriffe sieht. Ich möchte nochmals den Begriff von Wolfgang Rudolph ins Spiel bringen. Für Rudolph ist Kultur das Ergebnis von Innovation. Dieser Begriff wäre zusammen zu bringen mit dem Begriff von Wimmer, welcher Kultur als eine Diskursebene versteht. Die Frage, warum Innovationen möglich sind bzw. warum sie verhindert werden oder scheitern, ist im afrikanischen Kontext sehr wichtig. Ich nehme das Beispiel von Julius Nyerere, dem ersten Präsidenten von Tansania, der sehr viele Innovationen eingeführt hat. Davon sind viele gescheitert. Die Einführung von Suaheli als gemeinsamer Landessprache ist allerdings gelungen. Die Diskussion um das Gelingen und

Scheitern von Innovationen und Reformen wird bis heute in Tansania geführt. Geht man dieser Frage nach, kommt man auf die Handlungsebene und zugleich auf die ideologische Ebene. Es gibt viele kulturelle Mechanismen, die z.B. Unternehmertum oder Innovationsfreudigkeit bremsen. Ein Beispiel wäre der Faktor Erziehung: Zwar gibt es durchaus das Übergewicht der Älteren, aber letzten Endes ist die Erziehung in Afrika sehr weitgehend auf Gleichheit ausgerichtet. Das bedeutet oft, dass derjenige, der sich nach unserer Wettbewerbsideologie besonders hervortut, recht bald zurückgepfiffen und zur Ordnung gerufen wird. Es gibt auch andere Faktoren: Zum Teil wird der redliche Erwerb von Reichtum in Frage gestellt. Man vermutet, dass Hexerei eine Rolle spielte. Von daher finde ich den Kulturbegriff, der nach den Faktoren für das Gelingen oder Scheitern von Innovation fragt, recht nützlich.

3 Kultur als Einflussfaktor für wirtschaftliche Entwicklung in Afrika

Schmiedel: Frau Lentz, Sie haben eine Tendenz, die Analyse der wirtschaftlichen Entwicklung Afrikas etwas „kulturfreier" zu gestalten, obwohl das Beispiel zu Anfang Ihres Vortrags mit dem Kulturfestival in Ghana die Verschränkung zwischen Kultur und Ökonomie ganz deutlich zeigt. Sie haben darauf hingewiesen, dass vieles davon abhängt, was man unter Kultur versteht, und Sie haben auf die Komplexität des Begriffsinhaltes und des Zusammenhangs zwischen Ökonomie und nichtökonomischen, darunter auch kulturellen Aspekten, hingewiesen. Sie haben auch sehr klar gesagt, dass Kultur und Ökonomie erst in jüngerer Zeit gesonderte Gebiete der Analyse geworden sind. Die entscheidende Frage des Kulturbegriffs muss sicherlich durch die Frage nach dem Verständnis von positiver wirtschaftlicher Entwicklung ergänzt werden. So lange wir wirtschaftliche Entwicklung nur im Sinne eines globalen Anstieges des Bruttosozialproduktes verstehen, kommen wir sicherlich zu ganz anderen Ergebnissen, als wenn wir auch die Verteilungsgerechtigkeit in den Begriff einer guten wirtschaftlichen Entwicklung mit einbeziehen. Ich würde gerne die Frage stellen, weniger an Sie, Frau Lentz, als an das Auditorium: Wie kann man diese beiden Aspekte der Ökonomie auf der einen und nichtökonomischer, darunter auch kultureller Aspekte auf der anderen Seite, in einer geeigneten Art und Weise wieder zusammendenken, so dass man da zu relativ konkreten Ergebnissen im Hinblick auf Einflussgrößen kommt? Wir dürfen nicht vergessen, dass Ökonomie und Kultur sich letzten Endes beide im Menschen und seinem Handeln abspielen. Dies erfordert ein ganzheitliches Denken. Die Auseinanderbetrachtung kultureller und ökonomischer Aspekte muss letzten Endes im Handeln des Menschen zusammenkommen.

3 Kultur als Einflussfaktor für wirtschaftliche Entwicklung in Afrika 43

Leipold: Ihren Ausführungen zu Kultur als komplexem, vielschichtigem Faktor kann ich zustimmen. Allerdings bin ich nicht mit Ihrer Hauptthese einverstanden, dass man letztlich auf Kultur als Einflussfaktor verzichten könne. Am Beispiel Afrikas haben Sie vier Faktorenbündel aufgezeigt: geographische, historische, Marktfaktoren und den Staat als schwachen Faktor. Von den geographischen Faktoren abgesehen sind alle anderen Faktoren der institutionellen Ebene zuzurechnen. Was sind Institutionen? Die moderne Institutionenökonomik definiert sie als gewachsene oder gesetzte Beschränkungen des selbstinteressierten Verhaltens. Institutionen sind beim Ökonomen ein knappes Gut. Was mir in Ihrer Analyse gefehlt hat, ist die Frage: Was steckt hinter diesen Faktoren? Warum sind diese Institutionen so schwach? Warum funktionieren Märkte oder der Staat nicht? Warum haben sich bestimmte koloniale Strukturen erhalten und andere nicht? Wenn man diese Fragen beantworten will, muss man m.E. auch Kultur mitdenken. Hinter den von Ihnen genannten Faktoren stecken wieder Ursachen, bei denen man auf kulturelle Faktoren stößt. Dabei bevorzuge ich das heute auch als „kognitiv" bezeichnete Kulturverständnis, das dem Kulturverständnis von Max Weber sehr ähnlich ist, welcher Kultur als selbstgesponnenes Ideen- und Bedeutungssystem interpretiert. Kultur macht den ganzen Komplex an Einflussfaktoren aus, die Menschen für die Beantwortung von existentiellen Kernfragen brauchen. Da stößt man irgendwann einmal auf Religionen, auf die Rolle der Verwandtschaft als solidarer Gemeinschaft, auf die Rolle der Vernunft im Unterschied zum Glauben oder im Unterschied zu Emotionen. Ich behaupte: Ohne kulturelle Faktoren können Sie Ihre Fragen bezüglich Afrika nicht hinreichend beantworten.

Lentz: Sie haben sehr schön vorgeführt, Herr Leipold, warum ich sage, die Neoinstitutionelle Ökonomie behandle Kultur als Blackbox. Sie sagen, hinter den ökonomischen Institutionen und den anderen Faktoren muss einfach etwas stecken. Was das genau ist und wie das funktioniert, müsste man im Einzelnen ausführen. Aber ich bezweifle, ehrlich gesagt, dass es unbedingt immer etwas dahinter gibt.

Bogner: Ihre Behauptung, Kultur spiele für das Verstehen der ökonomischen Entwicklung in Afrika keine oder keine wichtige Rolle, scheint mir auf eine kulturalistische Verengung des Kulturbegriffs zurückzuführen sein. Ich frage mich, ob man aus dieser Sackgasse nicht herauskommt, indem man nochmals auf den Kausalitätsbegriff reflektiert, den Sie implizit unterstellen, und der Frage nachgeht, wie Kultur denn wirkt oder nicht. Ist Ihr Kulturbegriff nicht letztlich mechanistisch? Könnte man das ganze nicht bereits dynamisieren, indem man in den einzelnen Formulierungen in Ihrem Vortrag jeweils den Begriff „kausale Verursachungen" von Kultur für etwas anderes durch das einfache deutsche Wort „prägen" ersetzt – also Mentalitäten, Traditionen, Gewohnheiten, kulturelle Fragestellungen etc. prägen ein gewisses Verhalten?

Lentz: Ich habe, um das Missverständnis klarzustellen, eigentlich keinen engen Kausalitäts- und Kulturbegriff. Da haben Sie, Herr Bogner, mir etwas zugedacht, was ich gerade kritisiere. Ich habe Ihnen Kulturbegriffe vorgestellt, die ich gar nicht teile – z.b. den kulturrelativistischen Begriff, der deterministisch davon ausgeht, dass die Menschen das tun, was ihnen von der Kultur vorgeschrieben wird. Was ist denn das geteilte Netz von Bedeutungen, was da irgendwie Handlungsmöglichkeiten eröffnet oder einschränkt? An dieser Schiene müsste man weiterentwickeln.

Eibl: Ich stoße mich ebenfalls an Ihrer Aussage, Kultur spiele bei der Analyse dessen, was jetzt in Afrika in der Wirtschaft läuft, gar keine große Rolle. Vielleicht wäre allerdings, ergänzend zu Ihrem Vortrag, aus der Geschichte noch einiges näher zu beleuchten: Wie haben große, vorkoloniale Reiche in Afrika (Ghana, Mali usw.) erfolgreich gewirtschaftet – man denke etwa an den Goldhandel am Golf von Guinea; was waren ihre Wertvorstellungen und welche Formen des Zusammenlebens haben sie gepflegt? Warum funktioniert das heute nicht?

Lentz: Zu Ihrer letzten Frage, was mit den vorkolonialen Staaten in Afrika war und welche Prägungen sie hinterlassen oder eben nicht hinterlassen haben: Hier müsste man sehr konkret regional analysieren, wie sich die politische Machtentfaltung in der Vernetzung mit Händlergruppen gestaltet hat. Inwiefern waren die Händlergruppen im Goldhandel unter politischer Kontrolle, oder hatten sie Spielräume, unabhängig zu agieren, und wie stand das wiederum mit dem Welthandel in Verbindung? Die nächste Frage, die man stellen müsste: Inwiefern hat die Existenz einer kleinen Gruppe von wohlhabenden Händlern und Machthabern sich in irgendeiner Weise in einer Transformation der Lebensweise der Menschen in dem ganzen Staat niedergeschlagen? Das war in der Regel nicht nachhaltig. Diese politische Herrschaft beruhte eben gerade – und das wäre jetzt das heute noch relevante Erbe – auf einer Abschöpfung des Fernhandels und nicht auf einer Besteuerung der Landwirtschaft als produktiver Kapazität. Diese Außenorientierung ist gewissermaßen die große Tradition, die sich in der Kolonialzeit verstärkt und bis heute fortgesetzt hat. Nach wie vor stammt das größte Steuereinkommen afrikanischer Staaten in der Regel aus dem Export/Import und relativ wenig aus dem Wirtschaftseinkommen der einzelnen Haushalte.

Diesfeld: Ich glaube, wenn wir über die Situation in Afrika und in diesem Zusammenhang über Kultur sprechen, dürfen wir nicht vergessen, die eigene Kultur und unseren Umgang mit dem Rest der Welt zu thematisieren. Ich halte es für eine Schutzbehauptung, immer nur von Folgen des Kolonialismus zu sprechen. Was jetzt als Neokolonialismus passiert – wir nennen das heute Globalisierung –, ist mindestens genauso wichtig.

Lentz: Der globale Kontext und der Zusammenhang mit der europäischen Welt sind natürlich alles auch Faktoren, die den Kontext prägen, innerhalb dessen dann wiederum das innerafrikanische Handeln stattfindet. Man kann sich darüber unterhalten, wie die Gewichtungen sind. Ich habe hier zugegebenermaßen mehr Gewicht auf die institutionellen Rahmenbedingungen in Afrika selbst gelegt. Man könnte aber auch noch einmal deutlicher zeigen, inwiefern der internationale Kontext die institutionellen Bedingungen in Afrika immer wieder beeinflusst und entwicklungshemmende Faktoren wie die Außenorientierung verstärkt.

Reder: Meine Frage bezieht sich auf die Deutung des Titels „Kultur und Ökonomie": Es scheint mir, auf globaler Ebene haben wir sehr viele Vereinheitlichungen, und wenn man dann die systemanalytische Brille aufsetzt, würde man sagen, es entstehen gerade ein politisches Weltsystem, ein einheitliches ökonomisches System mit einer einheitlichen Logik usw. Kultur ist demgegenüber etwas, womit man Vielfalt betonen kann. Genau das, was Sie mit Ihrer Dekonstruktion eigentlich auch intendiert haben. Diese Vielfalt ist für die Menschen sehr wichtig. Wäre dann der Titel „Kultur und Ökonomie" nicht auch gerade der Versuch, Pluralität in diesen Diskurs zu integrieren?

Lentz: Ich möchte Ihre Anregung aufgreifen, Kultur als Kampfbegriff zu verstehen, um gegenüber gewissen Vereinheitlichungstendenzen der Globalisierung Pluralität einzufordern. Ich frage zurück: Aber um welchen Preis? Hier kommt es auf das Kulturverständnis an, mit dem für Pluralität geworben wird. Wir sind ja nicht die Einzigen, die von Kultur reden. Erinnern Sie sich an die hochproblematische Argumentation einer Frankfurter Richterin, die in einem Scheidungsverfahren zwischen zwei türkischen Eheleuten eheliche Gewalt mit Bezug auf den Koran gerechtfertigt und sich kulturpatriachalische Normen zu eigen gemacht hatte. Das ist ein Ergebnis einer Multikulturalitätsdebatte, die ständig kulturessentialistische „Containerboxen" postuliert. Man könnte auch an das Beispiel von gewissen Politikern in Afrika anknüpfen, die einen Begriff von afrikanischer politischer Kultur pflegen, der ihrer eigenen Machtstellung außerordentlich nützlich ist und der alles andere als unafrikanisch diskreditiert.

Dies vielleicht noch als Schlussbemerkung: Man muss sich wegen der Pluralität keine Sorgen machen. Ich glaube nicht, dass Globalisierung bislang zu kultureller Homogenisierung in Afrika geführt hat – was immer man jetzt unter kultureller Homogenisierung versteht. Es gibt sehr viel Widerständigkeit und eigene Entwicklung, und es kommt zu sehr unterschiedlichen und innovativen Synthesen.

Zur wirtschaftlichen Relevanz des Islam

Helmut Leipold

1 Religion und Wirtschaft in kontroversen Thesen

Die Frage nach einem kausalen Bedingungszusammenhang zwischen Religion und wirtschaftlicher Entwicklung wurde und wird spätestens seit der berühmten Studie von Max Weber (1920) über „Die Protestantische Ethik und der Geist des Kapitalismus" quer durch alle Sozialwissenschaften kontrovers diskutiert (vgl. zum Stand der Debatte Maurer 2007). Deshalb sollte es auch nicht verwundern, dass diese Frage mit Bezug zur islamischen Religion unterschiedlich beantwortet wird. Die Antworten lassen sich auf zwei Positionen reduzieren.

In der einen Position wird die These vertreten, der Islam sei sowohl historisch als auch aktuell irrelevant für die relative institutionelle und wirtschaftliche Stagnation, die für den Großteil der islamischen Länder empirisch nicht in Frage gestellt wird (**Irrelevanzthese**). Als der hauptsächliche Grund dafür werden nicht religiöse Faktoren, sondern vielmehr autoritäre Herrschaftssysteme, also historisch-politische Faktoren, verantwortlich gemacht (vgl. z.B. als Vertreter der Irrelevanzthese Rodinson 1986, 157; Nienhaus 1997, 367). Die andere Seite betont dagegen die Relevanz des Islam für die nach der glorreichen Frühzeit ab dem 12. Jahrhundert einsetzende und danach anhaltende ideelle, institutionelle und wirtschaftliche Stagnation. Wobei die Tatsache nicht übersehen wird, dass der Koran und die Sunna in den expliziten wirtschaftsethischen und rechtlichen Bezügen keine entwicklungshemmenden Postulate enthalten. Die Begründung der **Relevanzthese** fokussiert v.a. auf die in der Frühgeschichte des Islam erfolgte Auslegung der wichtigen religiösen Quellen und deren Dogmatisierung zu einem geschlossenen religiös geprägten Denk- und Regelsystem (vgl. z.B. Weber 1976, 643; Lipson 1993, 258f.; Lewis 2002; Diner 2005).

Eine einvernehmliche Klärung dieser Relevanz- bzw. Irrelevanzdebatte ist aus verschiedenen Gründen ein schwieriges Unterfangen. Denn erstens gibt es weder den einheitlichen Islam noch die einheitliche islamische Welt. Als Einheit existiert sie allenfalls im Ideal der *umma*, also in der angestrebten globalen Gemeinschaft der Gläubigen. Tatsächlich unterscheiden sich die der islamischen Welt zurechenbaren Länder durch eine Vielfalt an Gesellschafts- und Staatsordnungen und deren Vermischung mit arabischen, afrikanischen, iranischen, zentral- und südostasiatischen Kultureigenarten sowie durch die Kluft zwischen islamischer Lehre und politischer sowie alltäglicher Praxis. Diese Verschiedenheit erschwert das Vorhaben, religionsspezifische Prägungen des Institutionengefüges und der Wirtschaft bestimmen zu wollen. Mögliche Prägungen lassen sich nur unter der Prämisse eines gemeinsam von der großen Mehrheit der Gläubigen geteilten Ideen- und Glaubenssystems identifizieren. Ein solches System existiert aufgrund der im Koran offenbarten Glaubensbotschaft und der in der Sunna verbrieften gottgeleiteten Worte und Taten des Propheten. Mit Krämer (2005a, 474) lässt sich daher sagen: „Islam ist, was in Koran und Sunna steht. Keine Idee, Handlung, Tugend oder Institution kann als islamisch (und daher als legitim und authentisch) gelten, wenn sie sich nicht auf den Koran, gegebenenfalls ergänzt durch die Sunna, zurückführen läßt". In diesen beiden Quellen und in deren in Form der Scharia gesammelten Auslegung ist die hier interessierende religiöse Prägekraft der institutionellen und wirtschaftlichen Entwicklung in der islamischen Welt und vor allen in den arabischen Kernländern des Islam verwurzelt.

Die kontroversen Erklärungen reflektieren zweitens **methodische Unterschiede**, die in einem konfliktträchtigen Verhältnis stehen. Die Vertreter der Irrelevanzthese konzentrieren sich auf die religiös verbindlichen Quellen und durchforsten sie auf ihre wirtschaftliche Relevanz. Diese Methode sei deshalb als **quellenexegetische Methode** bezeichnet (Kap. 3)

Die andere Methode analysiert die durch die nachfolgende Auslegung der primären religiösen Quellen entstandenen Ideen- und Institutionensysteme und deren meist unintendierten wirtschaftlichen Folgen. Diese Methode sei als **ideenexegetische** Methode bezeichnet (Kap. 4).

Eine Synthese zwischen beiden Vorgehensweisen erscheint am ehesten möglich, wenn die historischen Umstände sowohl der Entstehung der islamischen Religion als auch der späteren Auslegung und Dogmatisierung der Quellen einer kritischen Analyse unterzogen werden, wenn die Exegese also den Prinzipien der historisch-kritischen Methode verpflichtet ist. Dieses methodische Postulat stößt jedoch auf einen geradezu dogmatischen Widerstand.

Verantwortlich dafür ist erstens der Anspruch der islamischen Religion, dass der Koran das authentische Wort Gottes, damit die letzte und exklusive göttliche Wahrheit sei und dass die Handlungen und Anweisungen des Propheten Ausdruck des gottgeleiteten Willens seien. Der göttliche Ursprung und Wille verbieten es für die islamische Theologie, nach den historischen und biographischen Umständen der göttlichen Offenbarung zu suchen oder auch nur zu fragen (vgl. dazu den informativen Bericht über eine islamische Theologentagung in Medina von Wild 2006, 13). Es wird später noch zu zeigen sein, dass die islamische Theologie in ihrer Frühzeit durchaus offen für methodenkritische Exegesen und Diskussionen war.

Die historisch-kritische Methode gilt jedoch zweitens selbst innerhalb der Islamwissenschaft westlicher Prägung als verdächtig. Bekanntlich eskalierte hier der Methodenstreit in dem von Said (1978) erhobenen Vorwurf des „Orientalismus", der primär an die Vertreter der Relevanzthese adressiert war und ist. Sie würden sowohl die geschichtliche als auch die aktuelle Entwicklung in der islamischen (orientalischen) Welt aus westlicher Perspektive untersuchen und anhand westlicher Maßstäbe bewerten. Kritisiert wird also die Vorgehensweise, die Unwandelbarkeit des Islam zu unterstellen und die institutionelle und wirtschaftliche Stagnation mittels einer binären Argumentationskette als Gegenbild zum Westen zu begründen, dessen Entwicklung *per se* als fortschrittlich ausgegeben werde.

Der „Orientalismus-Vorwurf" von Said ist nicht sonderlich originell, denn er findet sich in subtileren Versionen in der Kulturanthropologie, in der vergleichenden Religionssoziologie und in anderen komparativen Disziplinen wieder (vgl. ausführlicher Leipold 2006b, 8 ff.). Jeder komparativ vorgehende Wissenschaftler sollte sich dessen bewusst sein, dass eine möglichst allgemeine, kulturübergreifende theoretische Fundierung für die Auswahl und für die kategoriale und explikative Erfassung der Forschungsobjekte unentbehrlich ist, weil ansonsten nur ein Berg von zusammenhanglosen Einzelinformationen kumuliert wird (vgl. Landes 1999, 421 ff.). Deshalb sei die den folgenden Ausführungen zugrunde liegende Erklärung des Bedingungszusammenhangs zwischen kulturellen, religiösen und wirtschaftlichen Faktoren in der gebotenen Kürze vorgestellt.

2 Der Erklärungsansatz der kulturvergleichenden Institutionenökonomik

Aus der Perspektive der kulturvergleichenden Institutionenökonomik interessiert primär die Erklärung des unterschiedlichen wirtschaftlichen Entwicklungsstandes einzelner Länder, die einem gemeinsamen Kulturkreis zugeordnet werden. Als grobe Indikatoren der Unterschiede dienen üblicherweise die Höhe des Pro-Kopf-Einkommens, das langfristige wirtschaftliche Wachstum sowie die relativen Anteile am Weltsozialprodukt. Mit Bezug zum islamischen Kulturraum seien hierzu schlaglichtartig nur einige Indikatoren angeführt.

Die zum islamischen Kulturkreis gehörenden Länder steuern mit einem Anteil an der Weltbevölkerung von ca. 22% ganze 6% des Weltsozialprodukts bei (vgl. Kuran 2004, 124; ferner Weltbank 2005). Die wirtschaftliche Stagnation ist besonders in den arabischen Kernländern des Islam evident. Hier betrug das reale Wirtschaftswachstum im Zeitraum 1981-90 real im Jahresdurchschnitt 0,1% und 1991-2000 1,3%. Zugleich weisen diese Staaten im Jahre 2005 weltweit mit 13,2% die höchste regionale Arbeitslosenquote auf, von der in einigen Ländern bis zu 40% der Jugendlichen besonders betroffen sind.

Die wirtschaftliche Situation und v.a. die Stagnation der 22 Staaten der Arabischen Liga werden in dem vom Entwicklungsprogramm der Vereinten Nationen veröffentlichten und von einer Gruppe unabhängiger arabischer Experten verfassten *Arab Human Development Report* (AHDR) dokumentiert (UNDP 2002; vgl. mit analogen Ergebnissen auch den Vergleichsreport von Lopez-Claros/ Schwab 2005). Die 22 Mitgliedsstaaten mit ihren 280 Mio. Einwohnern erwirtschafteten 1999 ein gemeinsames Sozialprodukt (BIP) in Höhe von 531,2 Mrd. US Dollar, was unterhalb des Sozialprodukts von Spanien, einem mittelgroßen europäischen Land mit 40 Mio. Einwohnern, lag (595,5 Mrd. US Dollar). Wie angeführt erzielte die arabische Welt während der letzten 20 Jahre mit ca. 0,6% ein geringes jährliches Wachstum des Pro-Kopf-Einkommens. Nur die afrikanischen Länder südlich der Sahara schnitten noch schlechter ab. Der AHDR von 2002 stellt fest, dass die arabischen Länder angesichts des hohen Bevölkerungswachstums bei gleichbleibender Wirtschaftsentwicklung ca. 140 Jahre benötigen werden, um das Pro-Kopf-Einkommen zu verdoppeln. Asien hat diese Verdoppelung in 10 Jahren geschafft. Diese relative wirtschaftliche Rückständigkeit ist erklärungsbedürftig.

Unter Ökonomen besteht erstens seit A. Smith weitgehend Konsens, in den unterschiedlichen Graden der wirtschaftlichen Arbeitsteilung, der Spezialisierung und des Tauschhandelns die tiefer liegenden Ursachen für wirtschaftliche Entwicklungsunterschiede zu sehen. Denn davon hängt die Arbeitsproduktivität und daher die Menge an Gütern ab, die mit den gegebenen Faktorbedingungen produziert werden und zum Austausch, zur Verteilung und damit zur Investition und zum Verbrauch anstehen (North 1992; Locay 1990). Unter Institutionenökonomen besteht zweitens wiederum seit A. Smith Konsens darüber, in der Beschaffenheit und Akzeptanz der Regeln oder Institutionen der wirtschaftlichen und sozialen Zusammenarbeit die maßgebliche Ursache für die Entwicklungsunterschiede zu vermuten. Denn arbeitsteiliges Tauschhandeln basiert stets auf wechselseitigen

Absprachen über Leistungen und Gegenleistungen, die alleine aufgrund der Vorleistungen einzelner Produktions- und Tauschpartner Abhängigkeiten und Möglichkeiten der opportunistischen Ausbeutung implizieren. Deshalb ist ein Mindestmaß an wechselseitigem Vertrauen in die Verlässlichkeit der vertraglichen Absprachen Grundvoraussetzung aller Produktions- und Tauschtransaktionen, wobei die jeweiligen Vertrauensgrade ja nur das Spiegelbild für die Verlässlichkeit der Befolgung gemeinsamer Regeln des Zusammenlebens sind.

So einsichtig dieser Bedingungszusammenhang auch sein mag, so schwierig fällt es den Menschen, ihm zu genügen. Denn zur Urerfahrung der menschlichen Existenz gehört die Tatsache, dass gemeinsam geteilte und befolgte Regeln des friedfertigen und produktiven Zusammenlebens entweder fehlen oder geltende Regeln missachtet werden. Deshalb ist aus der Perspektive der kulturvergleichenden Institutionenökonomik im Ordnungsproblem und d.h. in der Existenz und Geltung wechselseitig geteilter und verlässlich befolgter Regeln des Zusammenlebens das eigentliche Knappheitsproblem zu verorten.

Diese Einsicht ist keineswegs originell. Es sei an Kant (1784/1968, 22f.) erinnert, der in der Erreichung einer rechtlich und wirtschaftlich wohlgeordneten Gesellschaft das „schwerste" und „größte" Problem der Menschengattung erachtete, weil jedes Individuum zwar Gesetze und Regeln zur Einschränkung der individuellen Freiheit wünsche, jeder sich aber von der individuellen Befolgung ausnehmen wolle. Dieses Bestreben gelte auch und gerade für die staatlichen Souveräne, die für Recht und Ordnung zu sorgen haben, weshalb eine vollkommene Auflösung des Ordnungsproblems unmöglich sei. Von daher wird verständlich, weshalb Kant dem moralischen Gewissen, das dem kategorischen Imperativ verpflichtet ist, eine unverzichtbare Ordnungsfunktion eingeräumt hat.

Denn gerade in sozial problematischen Interessenbeziehungen, bei denen gemeinsame, aber auch konfligierende Interessen existieren, fallen die Einigung und Befolgung von Regeln deshalb schwer, weil sie für alle Beteiligten den Verzicht auf die situativ bestmögliche Vorteilsnahme verlangt. Es sind also Beschränkungen des Selbstinteresses, mithin moralische Bindungen gefragt. Nach Mackie (1981, 133) bedeutet Moral nichts anderes als ein System von Verhaltensregeln, „[...] deren Hauptaufgabe die Wahrung der Interessen anderer ist und die sich für den Handelnden als Beschränkungen seiner natürlichen Neigungen oder spontanen Handlungswünsche darstellen". Gemäß diesem Moralverständnis sind Regeln und speziell bindungsbedürftige Institutionen als ein knappes Moralgut, mithin als ein Gut *sui generis* zu verstehen (Leipold 2006b, 63ff.).

Das provoziert für Ökonomen die Frage, was potentiell eigeninteressierte Individuen dazu bewegen kann, sich auf moralische Bindungen und damit auf den Verzicht auf die situativ potentiell bestmögliche Verhaltensweise einzulassen? Das in der Institutionenökonomik vorherrschende Argument von der rationalen Selbstbindung, die von der Einsicht in die „Nützlichkeit der Uneigennützigkeit" motiviert sei, und das damit verbundene Motiv der Minimierung der Transaktionskosten vermögen nicht gerade zu überzeugen und sind als ökonomistische bzw. rationalistische Verkürzungen zu bewerten. Das Ordnungsproblem ist mehr als ein reines Kostenproblem. Es ist im Kern ein Moralproblem. Denn die Bereitschaft zu moralischen Beschränkungen und Bindungen erwächst gerade größtenteils nicht aus rein ökonomischen, sondern aus außerökonomischen Motiven oder Einsichten. Gefragt waren und sind Motive wie Mitgefühl, Nächstenliebe, Gemeinschaftsgeist, Mitverantwortung, Pflichterfüllung, Regeltreue und andere ethisch-moralische Grundwerte. Da diese Werte außerökonomischer Natur und Herkunft sind, kommen Kultur und Religion als Einflussfaktoren ins Spiel. Damit stellt sich die Frage, wie diese Faktoren methodisch-analytisch erfassbar und handhabbar gemacht werden können.

Die Schwierigkeiten beginnen bereits bei dem begrifflichen Verständnis der Kultur. Kultur wird je nach dem Erkenntnisinteresse mal als normative Kategorie im Sinne verfeinerter Lebensformen, mal als wertneutrale Kategorie zur Charakterisierung ethnischer oder länderspezifischer Sitten, Gewohnheiten und künstlerischer sowie technischer Fähigkeiten verstanden (zu den Kulturverständnissen Leipold 2006b, 3ff.; Reckwitz 2000, 64ff.)

Aktuell vorherrschend ist das kognitive Kulturverständnis (Strauss/Quinn 1997; Geertz 1991). Danach wird Kultur als selbstgesponnenes Wahrnehmungs-, Bedeutungs- und Sinngewebe verstanden, das Menschen raum- und zeitspezifisch gestrickt, also konstruiert haben. Gemäß diesem Verständnis wird Kultur als das von Mitgliedern einer Gemeinschaft oder Gesellschaft geteilte System von Deutungen, Bedeutungen und Bewertungen ihrer Welt verstanden, das den Bereich des gemeinsamen Denkens und alltäglichen Handelns bestimme.

Dieses Verständnis deckt sich weitgehend mit jenem von Max Weber (1922). Er begriff Kultur als das Resultat der inneren Nötigung der Menschen als vernunftbegabte Wesen, ihre Welt zu deuten, zu bewerten und zu ordnen. Kultur erwuchs universal aus dem Bedürfnis, Antworten auf die grundlegenden Existenz- und Sinnfragen des Woher, des Wie und des Wohin der menschlichen Existenz zu geben. Daraus entstanden wissens-, zeit- und umweltabhängig konstruierte und deshalb divergierende Weltbilder. In dem Maße, in dem sie von Mitgliedern einer Gemeinschaft geteilt, verinnerlicht und akzeptiert wurden, beeinflussten sie deren alltägliche Lebensführung und damit die Regeln des sozialen Zusammenlebens.

Die Annahme, dass Weltbilder ideelle Konstruktionen seien, impliziert auch die Möglichkeit ihrer Wandelbarkeit. Den Wandel hat Max Weber als Prozess der Rationalisierung in kulturvergleichender Absicht analysiert, wobei er Rationalisierung als die Emanzipation der Vernunft von tradierten Gewohnheiten und heiligen Glaubensvorstellungen begriff. Die Wegbereiter dafür waren die religiösen und geistigen Eliten, die Antworten für die ewig existierenden Sinn- und Existenzfragen formulierten. Allein aufgrund der stets präsenten Diskrepanzen zwischen der mehr oder weniger vollkommen vorgestellten transzendenten Welt und der unvollkommen erlebten realen Welt mussten tradierte Welt- und Glaubensvorstellung überprüft, revidiert und neu konzipiert werden. In der langfristigen Rückschau lässt sich der Rationalisierungsprozess als allmählicher Wandel vom holistisch-teilspezialisierten und hierarchisch geordneten Weltbild hin zum funktional-ausdifferenzierten und hochspezialisierten Weltbild interpretieren. Dieser Wandel verlief freilich aufgrund der Verkettung der ideellen und materiellen Umstände historisch und interkulturell sehr verschieden ab. Im Erfolgsfall führte er zum Wandel der hierarchisch-teilspezialisierten Ordnungen zu funktional-hochspezialierten Gesellschafts-und Wirtschaftsordnungen, in denen es zur Trennung von Glauben und Wissen, von Kirche und Staat, von Moral und Recht sowie von Staat, Wirtschaft und anderen sozialen Teilsystemen kam. Die von der intensivierten Arbeitsteilung, Spezialisierung und Tauschtransaktionen angetriebene Wirtschaftsentwicklung setzte also eine komplementäre gesellschaftliche Arbeits- und Regelteilung voraus, die wiederum einer ideellen Rationalisierung bedurfte (vgl. Weber 1924; Szücs 1994; Leipold 2006b).

Dieser hier nur grob skizzierte Bedingungszusammenhang zwischen ideellen, institutionellen und wirtschaftlichen Entwicklungsfaktoren behält auch aktuell in der zunehmend global vernetzten und zusammenwachsenden Welt seine Relevanz. Die erfolgreiche Teilnahme an der weltwirtschaftlichen Entwicklung war und ist an die Existenz verlässlicher institutioneller Rahmenbedingungen gebunden, die wiederum offene und anpassungsbereite kulturelle Weltbild- oder Ideensysteme voraussetzen.

So plausibel das weberianische bzw. das kognitive Kulturverständnis erscheint, wonach alles menschliche Zusammenleben von gemeinsam geteilten Wahrnehmungen, Deutungen und Bewertungen der Welt geprägt war und ist, so stellt sich doch die Frage, welche davon kulturspezifisch und welche sozial und wirtschaftlich verhaltensbestimmend sind. Diese Frage hat Max Weber (1922, 180) mit dem Verweis auf die sich aus dem Erkenntnisinteresse des Forschers ergebende „Wertbeziehung", also seiner jeweiligen forschungsleitenden Problemstellung, beantwortet. Insofern sei Kultur stets vom Standpunkt sowohl der Mitglieder eines Kulturraumes als auch des externen Forschers aus ein „[...] mit Sinn und Bedeutung bedachter endlicher Ausschnitt aus der sinnlosen Unendlichkeit des Weltgeschehens". Weil Kultur eine doppelt konstruierte Kategorie repräsentiert, deren Verständnis je nach den verschiedenen Fragestellungen differenziert ausfällt, wird man auch mit verschiedenen Kulturverständnissen leben müssen. Für die kulturvergleichende Institutionenökonomik sollten deshalb nur solche Erklärungsansätze als seriös bewertet werden, denen theoriegeleitete Kriterien für die Identifizierung und Erklärung von kulturellen Eigenarten und deren wirtschaftliche Relevanz zugrunde liegen.

Mit Bezug zur hier interessierenden Frage gilt es also zu klären, ob und inwieweit sich für den islamischen Kulturraum ein eigenständiges, religiös geprägtes Weltbild identifizieren lässt und – wenn ja – welche Relevanz es für die Lösung des ewig aktuellen institutionellen Ordnungsproblems und des davon abhängigen wirtschaftlichen Knappheitsproblems hat. Dazu sollen zunächst die Vorgehensweise und die Argumente der Vertreter der quellenexegetischen Methode vorgestellt werden, die sich auf die verbindlichen Vorschriften des Koran, der Sunna und des darauf gegründeten islamischen Rechts beziehen.

3 Befunde gemäß der quellenexegetischen Methode

Das islamische Recht ist in der frühen und expansiven Phase nach dem Tod des Propheten Mohammed entwickelt worden. Das sich seitdem herausgebildete und dogmatisierte Rechtssystem macht den Korpus der Scharia, also des islamischen Rechts aus (vgl. zum Folgenden Leipold 2001; 2006b und 2007).

Als primäre Quellen des Rechts gelten der Koran, die Sunna und der Konsens der islamischen Rechtsexperten. Der Koran besitzt als Quelle des göttlichen Rechts die höchste Autorität. Die hierin enthaltenen Rechtsnormen und Pflichten beanspruchen als das authentische Wort Gottes das Siegel ewig gültiger Regeln. Der Koran (45, 19) stellt dazu fest, dass Gott seinen Gesandten Mohammed für das göttliche Gesetz auserwählt habe, das deshalb zu befolgen sei. Von den koranischen Suren enthält ein knappes Drittel rechtlich relevante Postulate und Normen, die zumeist in Form von Geboten, daneben auch in Verbotsform formuliert sind. Charakteristisch ist die Anweisungsform, wie z. B. „Haltet die Verträge!", „Wenn ihr meßt, so gebt volles Maß und wiegt mit richtigem Gewicht!", „Seid gut zu Witwen und Waisen!", wobei die Nichtbefolgung der Anweisungen nur fallweise mit Sanktionen verbunden ist. Es sind primär Appelle an ein moralisch gottgefälliges Verhalten, dessen Bilanz vom Jüngsten Gericht erstellt und bewertet wird.

Einen vergleichbaren Status wie der Koran genießt die Sunna als Gesamtheit der verbürgten Aussagen und Handlungen des Propheten, die als gottgeleitete Anweisungen gelten. Die beiden wichtigsten Quellen werden durch den Konsens der

Rechtsgelehrten um eine weitere primäre Rechtsquelle ergänzt, deren Hauptfunktion in der Klärung strittiger Vorgaben des Korans und der Sunna besteht.

Als sekundäre Rechtsquelle gilt das Prinzip des Analogieschlusses, nach dem die Regelung neuer Rechtsprobleme sich zuerst an ähnlich gelagerten Präzedenzfällen in den originären Quellen zu orientieren hat und analog auszulegen ist. Für diejenigen Rechtsprobleme, für deren Lösung sich keine analogen Präzedenzfälle finden lassen, wird als ergänzende Rechtsquelle das Prinzip der eigenständigen Rechts- und Urteilsfindung (*Idschtihad*) durch gläubige Rechtsgelehrte in Erwägung gezogen, das jedoch in den einzelnen Rechtsschulen der Sunniten und Schiiten kontrovers bewertet wird. Während die orthodoxe sunnitische Rechtsmeinung der Zulässigkeit einer eigenständigen Urteilsfindung eher ablehnend gegenübersteht, wird sie in der schiitischen Rechtsmeinung prinzipiell, wenn auch mit Einschränkungen bejaht. Die schiitischen Schulen betonen darüber hinaus die Urteilsfindungen ihrer geistlichen Führer. Abgesehen von diesen strittigen, für die rechtliche und zivilisatorische Entwicklung jedoch hochbrisanten Positionen, besteht zwischen den sunnitischen und schiitischen Rechtslehren weitgehender Konsens über die Gültigkeit der originären bzw. sekundären Rechtsquellen und deren Relevanz für die Rechtspraxis, wobei die Ge- und Verbote in den originären Quellen faktisch als veränderungsresistent gelten. Die diffizilen Unterschiede zwischen den klassischen Rechtsschulen können hier nicht ausgebreitet werden (vgl. Ghaussy 1986, 40 ff.; Endreß 1997, 81 ff.).

Abgesehen von den unterschiedlichen methodischen und verfahrensmäßigen Auffassungen und Prinzipien, überwogen bis heute der gegenseitige Respekt und Konsens der Rechtsgelehrten, die sich sämtlich als rechtgläubige Anhänger der Tradition verstanden. Auch in den später präsentierten Weiterentwicklungen der klassischen Rechtsschulen stand die Überschreitung des sakralen Rechts nie wirklich zur Diskussion und zur Disposition. Die vereinzelten Versuche, das islamische Recht als Vernunftrecht im Sinne des Gesellschaftsvertrags zwischen gleichberechtigten und rationalen Individuen zu konzipieren, wurden stets als religiöses Sektierertum oder sogar als Apostasie gebrandmarkt. Als gefährliches Einfallstor wurde instinktiv das in verschiedenen Rechtsschulen vorsichtig andiskutierte Prinzip der selbständigen Rechts- und Urteilsfindung erkannt, weil davon die Modifizierung oder gar die Verdrängung des heiligen Rechts durch das vernunftgeleitete Recht befürchtet wurde. Darauf wird noch einzugehen sein.

Zuvor sollen nur einige konkrete Rechtsnormen der Scharia vorgestellt werden, die sich auf die Ordnung der islamischen Wirtschaft beziehen (vgl. Ghaussy 1986; Nienhaus 2004). Das Wirtschaftsrecht ist nur rudimentär und unsystematisch geregelt. Die Wirtschaft gilt als organischer Bestandteil des islamischen Gemeinwesens und ist demgemäß nach den göttlichen Geboten zu ordnen. Das maßgebende Ordnungsprinzip ist das Prinzip der Einheit in Form der Einheit von Glaube und wirtschaftlichem Handeln, der Einheit von Religion, Staat und Wirtschaft, damit letztlich auch der Einheit von Diesseits und Jenseits. Aus dieser theonomen Einheitsidee lassen sich einige Grundsätze einer islamischen Wirtschaftsethik ableiten, die sich sowohl auf das Wirtschaftsverhalten als auch auf die Ordnung einzelner Teilbereiche wie der Eigentums-, Vertrags-, Steuer-, Sozial-, der Geld- und der Kreditordnung beziehen.

Der letzte Eigentümer aller Güter dieser Welt ist Allah, der den Menschen ein eingeschränktes Verfügungs- und Nutzungsrecht verliehen hat. Dieses Basisprinzip schließt die Anerkennung des kollektiven und des privaten Eigentums ein. Das Primat des Kollektiveigentums gilt für wichtige Naturressourcen, z. B. für Bodenschätze, Wasser oder Wälder. Gegenüber diesen Gemeinschaftsgütern genießt bei normalen Gütern das Privateigentum Priorität. Es ist für alle Güter legitim, die durch individuelle Leistungen produziert sowie auf legitime Weise erworben oder auch vererbt worden sind. Die privaten Verfügungs- und Nutzungsrechte sollen jedoch den Prinzipien des Gemeinwohls und der Solidarität verpflichtet sein, deren Gehalt sich aus der Befolgung religiöser Normen und Pflichten ergibt. So soll das Vermögen nicht für die Befriedigung überzogener luxuriöser Bedürfnisse verwendet werden. Der Konsum von Alkohol oder Drogen ist verboten. Der Koran mahnt generell zum mäßigen Konsum.

Die Unternehmer sollen gerechte Löhne zahlen, angemessene ortsübliche Preise verlangen und normale Gewinne anstreben. Ungerechtfertigte Gewinne auf Kosten anderer Geschäftspartner sind unzulässig. Dazu zählen Betrug, Diebstahl, Spekulation, Preistreiberei in Notsituationen und andere gewinnträchtige Irreführungen. Die einzelnen Verbote von Geschäfts- und Handelspraktiken reflektieren die Erfahrungen des Propheten in seiner Rolle als Karawanenhändler und als Gemeindeführer in Medina, wo er für die Existenzsicherung v.a. seiner nach Medina ausgewanderten Gefolgschaft verantwortlich war.

Zwei häufig und kontrovers diskutierte Besonderheiten seien noch kurz erwähnt (vgl. auch Pryor 1985; Ghaussy 1986; Nienhaus 2004). Die erste ist die Zahlung von **Zakat** als Teil der fünf Grundpflichten (neben Glaubenszeugnis, Gebet, Fasten und Pilgerfahrt). Es handelt sich um eine Abgabe, die sich am Vermögensbestand bzw. -ertrag bemisst und an die im Koran konkret benannten unterstützungsbedürftigen Personen abzuführen ist. Dazu zählen Arme und Bedürftige, Schuldner, die ohne Fehlverhalten in Not geraten sind, mittellose Reisende und Pilger, freizukaufende Sklaven, Konvertiten, Kämpfer für den Islam und schließlich die Verwalter der Abgaben. Neben dem allgemeinen Postulat der Solidarität erklärt sich die Abgabe durch die wirtschaftliche Notlage einiger und insbesondere der aus Mekka ausgewanderten Gemeindemitglieder, die auf Unterstützungen durch wohlhabende

Personen angewiesen waren. Die Abgabenhöhe ist im Koran selbst nicht genau festgesetzt. Ursprünglich waren 2,5% des Vermögens sowie abgestufte Abgabensätze der jährlichen Ernteerträge (z.b. bei Weizen 10%) abzuführen. Die Verwendung der Abgaben war und ist zweckgebunden. Sie dürfen also nicht zur Finanzierung beliebiger Staatsaufgaben verwendet werden. Heute ist *Zakat* an den Staat abzuführen und repräsentiert daher eine Art Sozialsteuer.

Die zweite Besonderheit des islamischen Wirtschaftsrechts stellt das **Zinsverbot** dar, das mehrfach im Koran ausgesprochen wird. Ursprünglich betraf das Verbot die Praxis der Notkredite, die etwa im Falle von Missernten aufgenommen werden mussten und deren Schuldsumme sich gemäß den Geschäftsusancen verdoppelte, wenn die Kredite am Fälligkeitstermin nicht zurückgezahlt werden konnten. Diese als Wucher empfundene Belastung trieb viele Schuldner in Not, häufig sogar in die Sklaverei. Der altarabische Begriff *riba* meint wohl diesen Wucherzins, der im Koran eindeutig verboten ist. Der lange Disput über die Auslegung des Begriffs hat insoweit zum Konsens geführt, als Kreditverträge nicht erlaubt sein sollen, die vorher festgesetzte Kapitalzuwächse oder vorher festgesetzte Zinsen beinhalten. Da Kapital auch in einer islamischen Wirtschaft ein knappes Gut ist, besteht das ökonomische Problem weniger im Zinsverbot als vielmehr im Finden eines Zinsersatzes und damit eines Preises für Kapital.

Als wichtigstes Substitut haben sich Vereinbarungen über prozentuale Erfolgsbeteiligungen entwickelt. So ist es erlaubt, dass ein Kreditgeber, z.B. eine Bank, ein spezifisches Projekt finanziert und nach dessen Fertigstellung prozentual am Gewinn oder Verlust beteiligt wird (*mudaraba* genannt). Im Falle mehrerer Kapitalgeber, also neben Banken auch Privatpersonen, gilt es als legitim, wenn die Gewinnbeteiligungen variabel vereinbart und die Verluste anteilig aufgeteilt werden (*musharaba* genannt). Eine zulässige und übliche Praxis bilden auch zinslose Handelsgeschäfte, bei denen der Kreditgeber für den Kreditnehmer Waren kauft und an diesen mit einem Preisaufschlag dann verkauft. Diese Form des Preisaufschlags wird als *murabaha* bezeichnet. Ähnlich gelagert ist der Kauf eines Wechsels, also eines Zahlungsversprechens zu einem niedrigeren Preis durch eine Bank, den sie dann zum Nominalpreis verkauft. Damit wird der Zins zwar formaljuristisch, nicht jedoch faktisch vermieden. Juristisch bedeuten diese Aufschläge keinen Zins, da ihnen kein Darlehensvertrag, sondern eine Preisstundung zugrunde liegt.

Derzeit sollen weltweit nahezu 300 islamische Banken und Finanzinstitutionen tätig sein, die ein Finanzvolumen von ca. 400 Mrd. US Dollar verwalten. Dabei werden konventionelle, halblegale Finanzierungsformen mit islamischen Finanzierungstechniken innovativ verbunden (vgl. El Qorchi 2005). Der kreativen Substitution fest vereinbarter Zinszahlungen standen und stehen bis heute also viele Wege offen. Deshalb ist im Zinsverbot wie auch in anderen Vorgaben der Scharia für die

Ordnung der Wirtschaft kein gravierendes Hindernis für die Wirtschaftsentwicklung zu vermuten.

Insgesamt ist der wirtschaftsordnungsrelevante Gehalt der originären Quellen und der Scharia als unspezifisch zu bezeichnen. Von den ca. 500 Gesetzesversen im Koran sind nur etwa 10 unmittelbar wirtschaftsrechtlicher Natur. Es dominieren ethische Appelle für ein gottgefälliges Verhalten der Wirtschaftssubjekte in ihrer Rolle als Produzenten, Händler, Makler, Konsumenten oder als Verwalter der Gemeindeangelegenheiten. Die wirtschaftsethischen Gebote und Verbote lassen sich mit Ghaussy (1986, 274) dahingehend zusammenfassen, „[...] daß die aus den Inhalten der klassischen Lehre abzuleitende Wirtschaftsordnung des Islams weitgehend einer Marktwirtschaft mit dem Imperativ des sozialen Ausgleichs – also der ‚sozialen Marktwirtschaft' – am nächsten kommt."

4 Befunde gemäß der ideenexegetischen Methode

Die Schlussfolgerung, dass die islamische Glaubensbotschaft und das daraus abgeleitete islamische Recht die Entfaltung einer unternehmerischen und marktorientierten Wirtschaftsordnung begünstige, erscheint in einem anderen Licht, wenn die Entwicklung des religiös geprägten Ideen- und Institutionensystems in den islamischen Ländern als Maßstab für die wirtschaftliche Entwicklung herangezogen wird. Damit ist die von Max Weber (1976, 643) formulierte These angesprochen, wonach nicht der Islam als Religion der Gläubigen, sondern das religiös geprägte Staats- und Institutionengebilde die frühe Industrialisierung behindert habe.

Im Folgenden soll diese These dahingehend erweitert und begründet werden, dass in dem spezifisch islamischen Ideen- und insbesondere Institutionensystem bis heute der maßgebliche Hemmschuh für die wirtschaftliche Modernisierung zu vermuten ist. Die islamische Religion lässt wenig Freiraum für die Entfaltung einer pluralen zivilgesellschaftlichen Öffentlichkeit und für die vernunftgeleitete Gestaltung des Rechts in Staat, Wirtschaft und anderen gesellschaftlichen Teilordnungen. Zivilgesellschaft und Recht bleiben Schattengewächse des nach wie vor dominant religiös geprägten Institutionengefüges. Die islamische Religion bildet also ein Hindernis für die Entwicklung der gesellschaftlichen Regelteilung in Richtung eines funktional differenzierten Regelwerkes und der damit korrespondierenden gesellschaftlichen Teilordnungen, die wiederum die Voraussetzung für die Entfaltung einer arbeitsteiligen und entwickelten Marktwirtschaft ausmachen (vgl. ausführlicher dazu Leipold 2002 und 2006b, 176 ff.).

4 Befunde gemäß der ideenexegetischen Methode

Dabei ist daran zu erinnern, dass es sich bei den religiös gebundenen Institutionen nicht nur um formaljuristische Regeln, sondern ebenso um verinnerlichte, informelle Werte und Normen handelt, durch die die Weltbilder der gläubigen Muslime maßgeblich vorstrukturiert wurden und bis heute werden. In dieser religiös geprägten Weltsicht weisen Religion, Staat, Recht und andere gesellschaftliche Bereiche eine enge Einheit auf, die sich erst aufgrund der Entstehungs- und der nachfolgenden Entwicklungsbedingungen des Islams näherungsweise erschließen lässt. Der Islam war von Anfang an mehr als die Botschaft von der Existenz des einzigen Gottes. Er war auch eine religiöse Anleitung für eine neue, die tribalen Gegensätze überwindende Gesellschaftsform. Dies kommt in dem Satz zum Ausdruck, wonach der Islam zugleich Religion und Politik sei (*Al-Islam din wa-daula*). Der Prophet Mohammed war nicht nur ein virtuoser Religionsstifter. Er musste sich notgedrungen zugleich als politischer und militärischer Führer bewähren, um das Überleben der religiösen Gemeinde in Medina zu sichern. Für dieses politische Ziel nutzte er die Religion, wie er umgekehrt die Politik für die Durchsetzung seiner religiösen Botschaft einsetzte.

Im Zuge der nach seinem Tode erfolgten raschen Expansion des Islams wurde die wechselseitige Indienstnahme von Religion und Politik noch dringlicher. Denn nun galt es ja, nicht nur die Stämme der arabischen Halbinsel, sondern Völker mit ganz unterschiedlichen Kulturen von der Westküste Nordafrikas über Vorder- bis hin nach Zentralasien zu einem Reich und zu einer religiösen Gemeinde zu integrieren. Dieses gigantische Projekt ließ sich nicht nur mittels des Korans und des Schwertes realisieren. Gefragt war die Mithilfe der intellektuellen Eliten, also v.a. der Theologen und Rechtsgelehrten sowie der Dichter und Künstler. Gemessen an dem damals in anderen Herrschaftssystemen üblichen Dogmatismus, zeichnete sich die Herrschaft der frühen islamischen Kalifen durch eine bemerkenswerte Toleranz für intellektuelle und theologische Auseinandersetzungen aus. Der Rückblick auf die frühen theologischen und rechtswissenschaftlichen Debatten ist deshalb aufschlussreich, weil in dieser Phase die bis heute unverrückbaren religiösen Grundlagen der islamischen Gesellschafts- und Rechtsordnung geschaffen wurden. Denn die Nutzung der Religion für politische Zwecke führte ungewollt zu der für die islamische Weltsicht charakteristischen Einheit von Glaube und Vernunft, die wiederum die Verfestigung des Denkens und der gesellschaftlichen Entwicklung in den nachfolgenden Jahrhunderten begünstigt hat.

Die Verquickung von Religion und Politik lässt sich am Beispiel der frühen theologischen Kontroversen aufzeigen. Deren Auslöser war das im Koran angelegte Spannungsverhältnis zwischen der göttlichen Vorherbestimmung allen Lebens und der individuellen Willensfreiheit und Verantwortung. Wenn alles irdische Geschehen und menschliche Handeln vorbestimmt, also durch den allmächtigen Gott prädestiniert sei, wie sollte dann Gott noch gerecht und vorurteilsfrei über das menschliche Handeln urteilen? Diese Frage stand bekanntlich auch im Christentum und dessen Reformbewegungen im Zentrum der theologischen Debatten, die freilich im Vergleich zum Islam anders verliefen und ganz unterschiedliche soziale Wirkungen nach sich zogen (vgl. dazu Leipold 2006b, 126 ff.).

Die erste theologische Debatte wurde in der islamischen Gemeinde zu Beginn des 8. Jahrhunderts durch die Schule der Qadariten ausgelöst (vgl. Nagel 1994, 95 ff.; Halm 2000; Krämer 2005b, 89 ff.). Sie postulierten eine prominente Rolle der Willensfreiheit und der Verantwortlichkeit, wobei dieses Postulat primär gegen die Dynastie der Omaijaden gerichtet war, die ihre Herrschaft als Kalifen mit der Anmaßung als „Stellvertreter Gottes" legitimierten. Dieser Anspruch wurde von den Qadariten bestritten, indem sie die für alle Gläubigen geltende Verantwortlichkeit des Handelns vor Gott auch für die Herrscher einforderten. Die Ablösung der Herrschaft der Omaijaden durch die Dynastie der Abbasiden (750 n. Chr.) beendete die erste theologische Debatte, die zugleich auch eine Debatte über die legitime politische Herrschaft war.

Das offen gebliebene Spannungsverhältnis zwischen Willensfreiheit und Vorherbestimmung wurde von der Schulrichtung der rationalen Theologie aufgegriffen, deren Vertreter schon früh als „Mutaziliten" bezeichnet wurden, was als „die sich Absondernden" verstanden werden kann. Ihr Antrieb war primär theologischer Natur (vgl. Nagel 1994 und 2001). Eine vernunftgemäße Auflösung des Spannungsverhältnisses zwischen göttlicher Allwirksamkeit und menschlicher Selbstverantwortlichkeit erachteten sie nur als möglich, wenn göttliches Sein vom irdischen Sein getrennt werde. Gott als Schöpfer, Lenker und Richter müsse also wesensmäßig anders als das irdische Sein und seine Geschöpfe verstanden werden. Gott schaffe und bestimme nur die Seinsbedingungen, die für die Menschen dann vorteilhaft seien, wenn sie ihr irdisches Dasein gottgefällig und gesetzeskonform gestalten. Darüber hinaus lasse sich die wahre Beschaffenheit Gottes mit der begrenzten menschlichen Erkenntnismöglichkeit nicht erfassen. So sei der Koran zwar das authentische Wort Gottes. Er habe jedoch den Status des für den begrenzten menschlichen Verstand offenbarten und geschaffenen Werks.

Letztlich wollten also die Mutaziliten die menschliche Selbstverantwortung mit der Allmacht Gottes vereinbaren. Das war zugleich ein Plädoyer dafür, strittige Interpretationen und Auslegungen religiöser Fragen mit Hilfe des Verstandes zu klären. Vor dem Hintergrund der Bürgerkriege und religiösen Spaltungen wurde ein Einheitsislam angestrebt, weil doch alle Menschen unabhängig von der Zugehörigkeit zu Stämmen oder Völkern mit dem gleichen Verstand ausgestattet seien. Das Streben nach einem Einheitsislam erklärt, weshalb die Lehre der Mutaziliten Anfang des 9. Jahrhunderts zum Staatsdogma erklärt wurde. Als heikles Problem erwies sich jedoch bald ihr Gottesbild, das partiell im Widerspruch zu den Offenbarungen des Korans stand, wonach Gott ja als allmächtiger Schöpfer, Lenker und Richter des Weltgeschehens fungiert. Deshalb erwies sich die Überzeugung als wirkmächtiger, wonach der Mensch als Teil der göttlichen Schöpfung nicht selbst als eigenverantwortlicher Schöpfer seines Handelns und erst recht nicht seiner Regeln des sozialen Zusammenlebens vorstellbar sei. Vielmehr sei von der göttlichen Vorbestimmung für jedes Tun oder Lassen der Menschen auszugehen, womit den Menschen indirekt eine Gestaltungsohnmacht unterstellt wurde. Die Ideen der Transzendenz und der Immanenz Gottes ließen sich nicht vereinbaren, denn Gottes Gericht und Urteil über das Heil der Individuen bezogen und beziehen sich ja auf das irdische Dasein und Verhalten der Menschen. Damit war das Scheitern der rationalen Theologie vorgezeichnet. Thesenhaft formuliert, ist darin im Nachhinein die eigentliche Ursache für die ideelle und institutionelle Erstarrung der islamischen Welt zu vermuten. Denn mit Nagel (2001, 47) ist davon auszugehen, dass der Islam eine ganz andere Religion geworden wäre, hätte das mutazilitische Denken in den frühen theologischen Kontroversen triumphiert. Diese Einsicht aus der innerislamischen Theologie- und Ideengeschichte in die potentielle Offenheit des Islam dürfte für die aktuelle Diskussion über dessen Reformfähigkeit von Belang sein (vgl. zur aktuellen Reformdiskussion Heller/Moshabi 2001; Amirpur/ Ammann 2006).

Die theologische Gegenrichtung, die zwischen dem 9. und 11. Jahrhundert zum Sunnitentum zusammengefasst und dogmatisiert wurde, interpretierte die Willensfreiheit im Sinne der Unterwerfung des Willens und Verstandes der Gläubigen unter das allmächtige Walten Gottes. Der Verstand sollte dafür genutzt werden, die Offenbarungen Gottes, wie sie im Koran und in den überlieferten Aussprüchen und Handlungen des Propheten zugänglich seien, zu interpretieren und zu befolgen. Die Offenbarung sei Ausdruck der göttlichen Rationalität, die der menschlichen Vernunft und Philosophie überlegen sei. Vernunft wurde also für den Glauben instrumentalisiert, so dass Vernunft und Glauben verschmolzen. Mit dem Dogma, dass Vernunft sich im Glauben vollendet, war ein Argument geschmiedet, mit dem sich die unbedingte Geltung der göttlichen Regelwerke absichern und die vernunftgeleitete Gestaltung der Regeln durch die Menschen blockieren ließen.

Die Lehre der Mutaziliten konnte nur in der frühen Herrschaftszeit der Abbasiden zum Staatsdogma aufsteigen. Ab Mitte des 9. Jahrhunderts setzte sich das Sunnitentum durch. Es versprach eine überzeugendere theologische Grundlage, um die Einheit innerhalb der islamischen Glaubensgemeinschaft zu sichern. In dem sunnitisch geprägten Gottes- und damit auch Weltbild findet die große Mehrheit der Muslime bis heute ihre Orientierung. Aber auch die Schiiten und andere Glaubensgemeinschaften waren und blieben Gegner der rationalen Theologie. Wie Nagel (1988, 16) feststellt, konnte das Sunnitentum zwar ein kohärentes Gottesverständnis formulieren und die im Koran angelegten Widersprüche zwischen Selbstverantwortung und Vorherbestimmung intellektuell vereinbaren, allerdings nur um den Preis der beklemmenden Beschneidung der Möglichkeiten der freien und vernunftgeleiteten Deutung und Gestaltung menschlichen Handelns. Koran und Sunna wurden folgerichtig als göttliche Offenbarungen und damit als veränderungsresistente Wahrheiten dogmatisiert. Die wichtigsten Vorschriften des islamischen Rechts sind in Kap. 3 dargestellt worden. Hier kommt es darauf an, die Ursachen für die Erstarrung des Rechts und darüber hinaus des kritischen Denkens aufzuzeigen.

Der kurze Exkurs in die Geschichte der islamischen Theologie sollte darauf aufmerksam machen, dass der Islam im Laufe der Zeit ein spezifisches Gottesbild und damit auch ein religiös geprägtes Weltbild herausgebildet hat. Plakativ formuliert, lässt es sich als theonom-kommunitär, zugespitzt als theonom-totalitär bezeichnen. Es ist dem Glauben verpflichtet, dass es perfekte göttlich vorgegebene und damit unveränderbare Regeln des menschlichen Zusammenlebens gebe, denen sich die Gemeinschaft der Gläubigen zu unterwerfen habe. Dieser Glaube wird im Koran (3, 111) mit der Aussage bekräftigt, dass die muslimische Gemeinde die beste sei, die je unter Menschen entstand. Diese Überzeugung, die durch die sunnitischen und die schiitischen Theologen und Rechtsgelehrten untermauert wurde, musste die Erstarrung und Versiegelung der Denkens und damit der Institutionen begünstigen (vgl. auch Diner 2005, 25 ff.; ferner die autobiographisch geprägte Kritik von Hirsi Ali 2006).

Die Entwicklung des islamischen Rechts bietet dafür das beste Beispiel. Die Erstarrung kommt in der Vorstellung, deren Ursprung auf das 10. Jahrhundert zurückdatiert wird, zum Ausdruck, für die islamische Rechtswissenschaft sei das Tor der selbständigen Rechtsauslegung und Urteilsfindung geschlossen (vgl. Nagel 1988, 9). Die große Mehrheit der Rechtsgelehrten, die sich ja zuerst als Religionsgelehrte verstanden, war schon früh der Überzeugung, alle wichtigen Rechtsfragen seien geklärt, weshalb aktuelle Fragen stets im Geiste der bereits systematisierten religiösen Vorgaben zu lösen seien. Die eigenständige Veränderung der göttlichen Regeln musste daher als häretische Verfehlung angesehen werden. Auch andere Religionen waren und sind anfällig für den absoluten Wahrheitsanspruch. Im Islam war und ist dieser deshalb charakteristisch, weil er einen von der Glaubenslehre nicht trennbaren Entwurf einer neuen, universalen Gesellschaftsordnung enthält.

Mit Klingmüller (1980, 406) ist daher der eigentliche „Geburtsfehler" des islamischen Rechts darin zu sehen, dass es im Unterschied zum europäischen Recht nicht aus der Staatsräson, sondern aus der Religion entstanden ist. Das islamische Recht ist das Produkt von Rechtstheologen, die text- und traditionsbezogen und nicht primär praktisch-problembezogen gedacht haben. Damit verbindet sich die Vorstellung, dass die Rechtssicherheit sich am besten aus der Befolgung der göttlich offenbarten Regeln durch die Gemeinde der Gläubigen einstelle. Daraus ergibt sich ein islamspezifisches Staatsverständnis. Ungeachtet der in den verschiedenen islamischen Ländern meist als koloniales Erbe übernommenen Idee eines säkularen Rechtsstaats, ist doch die Vorstellung vom Gottesstaat nach dem Muster der Urgemeinde in Medina als Idealbild im islamischen Weltbild tief verwurzelt. Die Urgemeinde wird deshalb als Vorbild angesehen, weil sie den göttlich offenbarten Regeln entsprach und weil der Prophet sie unter göttlicher Anleitung geführt habe. Die prophetische Führung galt und gilt als Inbegriff der legitimen Herrschaft, weil sie mit dem göttlichen Willen vollständig übereinstimmte. Die staatliche Herrschaft kann daher nur in dem Maße als legitim und gottgefällig gelten, in dem sie dem Vorbild der prophetischen Führung zu entsprechen vermag.

Auch hier wird wieder die religiös geprägte Vorstellung evident, dass sich die Einheit zwischen den staatlichen Herrschern und den Beherrschten in der Befolgung der religiösen Regeln quasi von selbst einstelle. Dabei erscheint die konkrete Gestalt der Staats- oder Herrschaftsverfassung als nachrangige Frage. Die Einheit kann innerhalb autoritärer, oligarchischer, monarchischer oder auch demokratischer Herrschaftsformen zustande kommen, vorausgesetzt, die Souveräne und das Volk befolgen die im Koran und in der Sunna offenbarten und in der Scharia dogmatisierten göttlichen Regeln. Nagel (1981, 259) bringt dieses dem islamischen Weltbild eigene Staatsverständnis auf den Punkt: „Im Islam dagegen ist nur die Aufrechterhaltung der gottgewollten Ordnung von Belang, und man hat keine Form des Staates, die dies *a priori* am besten leisten könnte."

In der hier exemplarisch für das islamische Rechts- und Staatsverständnis aufgezeigten religiösen Gebundenheit des Denkens ist das eigentliche Hindernis für die gesellschaftliche Regelteilung und für die davon abhängige marktwirtschaftliche Entwicklung und Arbeitsteilung zu sehen. Gemäß diesem Verständnis besteht der rechte Gebrauch der menschlichen Vernunft darin, sich den göttlichen Regeln des Zusammenlebens zu unterwerfen. Falls Änderungen des Regelwerkes erforderlich sind, haben sie im Einklang mit den göttlichen Vorgaben zu erfolgen, wobei der vernunftgeleitete Beitrag sich darin erschöpft, den Weg für den Einklang zu weisen. Die gelegentlich vertretene These, wonach dem Islam wegen des Glaubens an die göttliche Vorherbestimmung allen Weltgeschehens eine leichte Neigung zur fatalistischen Lebensführung innewohne, macht nur Sinn in Bezug auf die Regelebene, also in Bezug auf die vernunftgeleitete Gestaltung des Rechts und der Staatsverfassung. Die Verfassungs- und Rechtspolitik soll und kann deshalb im Islam nicht aus dem Schatten der göttlichen Vorgaben treten. Indirekt kommt diese religiöse Gebundenheit in den für viele islamische Länder charakteristischen verfassungsmäßigen Beschränkungen zum Ausdruck, wonach Recht und Gesetz nicht im Gegensatz zur Scharia stehen dürfen und wo die Kontrolle darüber speziellen Gremien und d.h. stets rechtstheologischen Autoritäten obliegt (vgl. Röhrich 1999, 90ff.). Die mehr oder weniger offene oder verdeckte Aufsicht der rechtstheologischen Autoritäten über Politik und Gesellschaft ist also eine ungebrochene und fast durchgängige Eigenart islamischer Länder. Das Verhältnis zwischen Scharia und dem geltenden Recht lässt sich daher als Koexistenz zwischen religiösem und säkularem Recht kennzeichnen. Da die Scharia einem holistischen, theonom-kommunitären Staats-, Rechts- und Gesellschaftsverständnis verpflichtet ist, das zudem von der Mehrheit der intellektuellen Eliten wie auch der großen Bevölkerungsmehrheit geteilt wird, stößt die institutionelle Entwicklung in Richtung einer pluralen und säkularen Teilung der Regelwerke auf inhärente dogmatische Hindernisse (vgl. zu empirischen Belegen Voigt 2005). Aufgrund des theonom-kommunitären Ordnungsideals kann die unübersehbare Dominanz autoritärer Herrschaftsstrukturen in der islamischen Welt nicht als historischer Zufall gewertet werden. Im Verständnis der Ökonomen sind autoritäre Herrschaftsstrukturen der fruchtbare Nährboden für rentensuchende Gesellschaften, zu denen die islamischen Länder durchweg zu zählen sind (vgl. Nienhaus 1997). Die Kategorie der Rentensuche steht für das Bestreben, mittels staatlicher Macht partikulare Vorteile in Gestalt von leistungslosen Renten, also Geld- und Vermögenstransfers, zu Lasten anderer Gruppen zu erzielen. Das Ausmaß der Rentensuche dürfte überall dort intensiv sein, wo Religion, staatliche Herrschaft, Recht und Wirtschaft in enger Allianz stehen. Da diese Einheit in der Geschichte der islamischen Welt häufig der Fall war und bis heute ist, sollte es auch nicht überraschen, dass die systematische Rentensuche hier eine lange Tradition hat. Die Wurzeln lassen sich in die frühe Phase der islamischen Geschichte zurückverfolgen, in der die Produktion der Güter die Sache der unterworfenen ungläubigen Völker und Regionen war, deren Erträge die herrschenden Muslime als die wahren gläubigen Herrscher und Verwalter legitimerweise abschöpfen zu können glaubten. Dieses frühe Anspruchs- und Rentendenken hat sich im rückwärtsgewandten islamischen Weltbild verfestigt. Wie Simson (1998, 163) feststellt, kreist bis heute in der islamischen Welt das Denken um die Frage, wie man Mitglied der herrschenden Schichten wird, die sich Teile des Sozialprodukts ohne eigene Leistungen aneignen können. Allein die Erfahrung der Bevölkerungsmehrheiten, dass der Zugang zu rententrächtigen Positionen im staatlichen Bereich limitiert ist, schürt das Misstrauen gegenüber den wenigen und privilegierten Amtsinhabern, von denen eine willkürliche Amtsführung als Normalverhalten erwartet und befürchtet wird. Damit schließt sich der Wirkungszusammenhang zwischen dem islamischen Ideen- und Institutionensystem und der wirtschaftlichen Entwicklung. Weil das Vertrauen der großen Mehrheit der Bevölkerung in Staat und Recht gering ist und weil die staatlichen Amtsinhaber mangels einer klaren Gewaltenteilung und mangels einer freien zivilgesellschaftlichen Öffentlichkeit nur unzulänglich kontrolliert werden, ist der Grad des Vertrauens in die Verlässlichkeit von Staat und Recht und – dadurch mitverursacht – auch in die Verlässlichkeit anonymer Geschäfts- und Tauschpartner gering, wodurch der Grad der Arbeitsteilung begrenzt und damit letztlich die wirtschaftliche Entwicklung behindert wird.

5 Schlussbemerkungen

Die im vorangehenden Kapitel dargelegte These, dass die islamische Religion aufgrund ihrer holistisch-theonomen Gesellschaftskonzeption die institutionelle und wirtschaftliche Entwicklung beeinträchtigt, entspricht nicht der in der Islamwissenschaft vorherrschenden Auffassung von der entwicklungsfördernden, zumindest aber neutralen Wirkung der islamischen Religion. Als ein Vertreter dieser Auffassung sei der anerkannte Islamexperte Rodinson (1986, 157) angeführt, der die wirtschaftliche Stagnation in der islamischen Welt historisch auf die politisch vorgegebenen hohen Abgabelasten der Bauern und sonstigen Produzenten zurückführt: „Noch einmal, nichts von all dem hängt mit der mohammedanischen Religion zusammen." Die etwas abgeschwächte Version in Gestalt der Neutralitätsthese vertritt der deutsche Islamkenner Nienhaus (1997, 367), für den die wirtschaftliche Misere in vielen islamischen Ländern mit dem Islam „nichts zu tun" hat. Ähnlich argumentiert Weede (2000, 171), für den es „[...] nicht der Inhalt der Religion [ist], sondern die politische Ordnung, die für die Rechtsunsicherheit im Islam verantwortlich ist."

In diesen exemplarisch angeführten Erklärungen werden also politische Einflussfaktoren bemüht, ohne jedoch die dafür mitverantwortlichen religiösen und ideellen Faktoren angemessen zu berücksichtigen. Die Erklärungen beruhen weitgehend auf der oben knapp erläuterten engen quellenexegetischen Methode. Die verbindlichen religiösen Texte und rechtlichen Gebote werden auf ihren wirtschaftlichen Gehalt hinterfragt und als faktisch verhaltensbestimmende Maßstäbe unterstellt. Dabei bleiben die Genese und Struktur des Ideen- und Institutionensystems einschließlich der Einbettung der Wirtschaft in dieses System unterbelichtet. Deshalb ist die quellenexegetische Methode durch einen ideen- und institutionenexegetischen bzw. -genetischen Erklärungsansatz zu ergänzen. Wählt man diesen methodischen Zugang für die Analyse des Zusammenhangs zwischen islamischer Religion und wirtschaftlicher Entwicklung, so gelangt man zu der eher kritischen Schlussfolgerung, dass die ideelle Erstarrung und die dadurch bedingte institutionelle und wirtschaftliche Stagnation zwar nicht ausschließlich, aber doch ursächlich in religiösen Faktoren zu verorten sind. Der im Zuge der frühen theologischen, rechtlichen und politischen Debatten erfolgte Ausbau des Glaubens zur Festung der islamischen Gemeinde hat zur Verfestigung und Versiegelung des Denkens beigetragen und die flexible und vernunftgeleitete Ausgestaltung der institutionellen und wirtschaftlichen Teilordnungen behindert.

Die normative Schlussfolgerung aus diesem ideengeschichtlich gewonnenen Befund ist evident: Das Tor der eigenständigen Auslegung der religiösen Quellen, das vor gut tausend Jahren aufgrund einer Verkettung historischer Umstände geschlossen wurde, ist wieder zu öffnen. Wie im vorhergehenden Kapitel gezeigt, stand dieses Tor in der glorreichen Frühzeit des Islam über Jahrhunderte offen. Die erneute Öffnung erscheint am ehesten möglich, wenn die religiösen Quellen in ihrem historischen Kontext angemessen reflektiert und zeitgemäß interpretiert werden. Dazu gibt es ja eine Reihe von Reformansätzen (vgl. dazu Amirpur/ Ammann 2006). Warum sollte also in einer wissenschaftlich aufgeklärten und zunehmend zusammenwachsenden Welt nicht das möglich sein, was vor mehr als tausend Jahren möglich war?

Literatur

Amirpur, K./Ammann, L. (Hg.) 2006. *Der Islam am Wendepunkt. Liberale und konservative Reformer einer Weltreligion,* Freiburg u.a.
Diner, D. 2005. *Versiegelte Zeit. Über den Stillstand in der islamischen Welt,* Berlin.
El Qorchi, M. 2005. *Islamic Finance gears up,* in: Finance and Development, Dec., 46-49.
Endreß, G. 1997. *Der Islam. Eine Einführung in seine Geschichte,* 3. überarb. Aufl., München.
Geertz, C. 1991. *Dichte Beschreibung: Beiträge zum Verstehen kultureller Systeme,* 2. Aufl., Frankfurt/M.
Ghaussy, A.Gh. 1986. *Das Wirtschaftsdenken im Islam. Von der orthodoxen Lehre bis zu den heutigen Ordnungsvorstellungen,* Bern/Stuttgart.
Halm, H. 2000. *Der Islam. Geschichte und Gegenwart,* München.
Heller, E./Moshabi, H. (Hg.) 2001. *Islam, Demokratie, Moderne: Aktuelle Antworten arabischer Denker,* 2. Aufl., München.
Hirsi Ali, A. 2006. *Mein Leben, meine Freiheit. Die Autobiographie,* München.
Kant, I. 1784/1968. *Idee zu einer allgemeinen Geschichte in weltbürgerlicher Absicht,* in: Kants Werke (Akademie Textausgabe), Bd. VIII, Berlin, 15-32.
Klingmüller, E. 1980. *Entstehung und Wandel rechtlicher Traditionen im islamischen Recht,* in: Fikentscher, W. (Hg.), Entstehung und Wandel rechtlicher Traditionen, Freiburg i. Br. und München, 375-414.
Krämer, G. 2005a. *Wettstreit der Werte: Anmerkungen zum zeitgenössischen islamischen Diskurs.* in: Joas, H./Wiegandt, K. (Hg.), Die kulturellen Werte Europas, Frankfurt/M., 469-493.
Krämer, G. 2005b. *Geschichte des Islam,* München.
Kuran, T. 2004. *Islam and Mammon. The Economic Predicament of Islamism,* Princeton.
Landes, D.S. 1999. *Wohlstand und Armut der Nationen. Warum die einen reich und die anderen arm sind,* Berlin.

Leipold, H. 2001. *Islam, institutioneller Wandel und wirtschaftliche Entwicklung,* Studien zur Ordnungsökonomik, Nr. 27, Stuttgart.

Leipold, H. 2002. *Kulturspezifische Zusammenhänge zwischen der gesellschaftlichen Regelteilung und der wirtschaftlichen Arbeitsteilung,* in: Eger, Thomas (Hg.), Kulturelle Prägungen wirtschaftlicher Institutionen und wirtschaftspolitischer Reformen, Berlin, 17-46.

Leipold, H. 2003. *Wirtschaftsethik und wirtschaftliche Entwicklung im Islam,* in: Nutzinger, H.G. (Hg.), Christliche, jüdische und islamische Wirtschaftsethik, Marburg, 131-149.

Leipold, H. 2006a. *Religion, institutioneller Wandel und wirtschaftliche Entwicklung. Max Weber und D.C. North im Vergleich,* in: Schmidt, H. (Hg.), Ökonomie und Religion. Fatal Attraction – Fortunate Correction, DWI-Info Sonderausgabe, Heidelberg, 54-75.

Leipold, H. 2006b. *Kulturvergleichende Institutionenökonomik. Studien zur kulturellen, institutionellen und wirtschaftlichen Entwicklung,* Stuttgart.

Leipold, H. 2007. *Religiöse Faktoren der institutionellen und wirtschaftlichen Stagnation im Islam,* in: Held, M. u.a. (Hg.), Ökonomie und Religion, Jahrbuch Normative und institutionelle Grundfragen der Ökonomik, Bd.6, Marburg, *181-203.*

Lewis, B. 2002. *What went wrong? The clash between Islam and modernity in the Middle East,* London.

Lipson, L. 1993. *The Ethical Crises of Civilization: Moral Meltdown or Advance,* Newbury Park/London/New Dehli.

Locay, L. 1990. *Economic development and the division of production between households and markets,* in: Journal of Political Economy, Vol. 98, 965-982.

Lopez-Claros, A./Schwab, K. (Hg.) 2005. *The Arab World Competitiveness Report 2005,* Basingstoke.

Mackie, J.L. 1981. *Ethik. Auf der Suche nach dem Richtigen und Falschen,* Stuttgart.

Maurer, A. 2007. *Der Geist des Kapitalismus – Eine institutionentheoretische Interpretation der Protestantischen Ethik,* in: Held, M. u.a. (Hg.), Ökonomie und Religion, Jahrbuch Normative und institutionelle Grundfragen der Ökonomik, Bd.6, Marburg, 63-87.

Nagel, T. 1981. *Staat und Glaubensgemeinschaft im Islam. Geschichte der Politischen Ordnungsvorstellungen der Muslime,* Bd. II, Zürich und München.

Nagel, T. 1988. *Die Festung des Glaubens. Triumph und Scheitern des islamischen Rationalismus im 11. Jahrhundert,* München.

Nagel, T. 1994. *Geschichte der islamischen Theologie. Von Mohammed bis zur Gegenwart,* München.

Nagel, T. 2001. *Islam. Die Heilsbotschaft des Korans und ihre Konsequenzen,* Westhofen.

Nienhaus, V. 1997. *Wirtschaftsordnung und wirtschaftliche Entwicklung: Islamische Religion und Tradition als Ursache wirtschaftlicher Unterentwicklung?,* in: Paraskewopoulos, S. (Hg.), Wirtschaftsordnung und wirtschaftliche Entwicklung, Stuttgart, 361-376.

Nienhaus, V. 2004. *Der Islam – Bremse oder Motor der wirtschaftlichen Entwicklung?,* in: Hauff von, M./Vogt, U. (Hg.), Islamische und westliche Welt, Marburg, 227-253.

North, D.C. 1992. *Institutionen, institutioneller Wandel und Wirtschaftsleistung,* Tübingen.

Pryor, F.L. 1985. *The Islamic Economic System,* in: Journal of Comparative Economics, Vol. 9 (2), 197-223.

Reckwitz, A. 2000. *Die Transformation der Kulturtheorien. Zur Entwicklung eines Theorieprogramms,* Weilerszwist.

Rodinson, M. 1986. *Islam und Kapitalismus,* Frankfurt/M.

Röhrich, W. 1999. *Die politischen Systeme der Welt,* München.

Said, E. W. 1978. *Orientalism,* London u.a.

Simson, U. 1998. *Kultur und Entwicklung. Studien zur kulturellen Dimension der nachholenden wirtschaftlichen Entwicklung und der Entwicklungspolitik,* Zürich.

Strauss, C./Quinn, A. 1997. *A Cognitive Theory of Cultural Meaning,* Cambridge.

Szücs, J. 1994. *Die drei historischen Regionen Europas,* Frankfurt/M.

UNDP – United Nations Development Programme 2002. *Arab Human Development Report 2002. Creating Opportunities for Future Generations,* New York.

UNDP – United Nations Development Report 2004. *Arab Human Development Report 2004. Towards Freedom in the Arab World,* New York.

Voigt, S. 2005. *Islam and the Institutions of a Free Society,* in: The Independent Review. A Journal of Political Economy, Vol. X, No. 1, 59-82.

Weber, M. 1920. *Die protestantische Ethik und der Geist des Kapitalismus,* in: Ders., Gesammelte Aufsätze zur Religionssoziologie, 1. Bd., Tübingen, 17-206.

Weber, M. 1922. *Die Objektivität sozialwissenschaftlicher und sozialpolitischer Erkenntnis,* in: Ders., Gesammelte Aufsätze zur Wissenschaftslehre, Tübingen, 146-214.

Weber, M. 1924. *Wirtschaftsgeschichte,* 2. Aufl., München/Leipzig.

Weber, M. 1976. *Wirtschaft und Gesellschaft,* 5. rev. Auflage, Tübingen [Orig. 1921].

Weede, E. 2000. *Asien und der Westen. Politische und kulturelle Determinanten der wirtschaftlichen Entwicklung,* Baden-Baden.

Weltbank 2005. *World Development Indicators database,* Washington.

Wild, S. 2006. *Drei Tage in Medina. Als Ungläubiger unter Korangelehrten,* in: Frankfurter Allgemeine Zeitung vom 30. Nov., Nr. 279, 33.

Diskussion

Helmut Leipold

1 Reform oder Erstarrung: eine Frage der Interpretation?

Lentz: Vielen Dank für einen sehr provozierenden Vortrag, der mich anregt, kritische Kommentare auf zwei Ebenen zu formulieren. Die erste Ebene wäre die interne Widersprüchlichkeit Ihrer Argumentation. Wenn Sie denn tatsächlich von einem Modell ausgehen wollen, das Weltbilder und religiöse Überzeugungssysteme als letztinstanzlichen Faktor auch für die Entwicklung institutioneller Arrangements annimmt, dann glaube ich, bringen Sie sich in enorme Argumentationsschwierigkeiten. Es dürfte nach Ihrer Vorstellung der letztinstanzlichen Prägung gar nicht zu den Reformbewegungen im 8. und 9. Jahrhundert gekommen sein. Sie müssten jetzt erklären, wie innerhalb dieser, wie Sie dann später sagten, versiegelnden, autoritären und keinen Widerspruch duldenden Systematik überhaupt so etwas wie die Bewegung der Mutaziliten möglich war. Ferner müssten Sie auch erklären, warum die Reformer unterlegen waren. Weder die Entstehung dieser Reformbewegung noch ihr Ende können Sie m.E. aus innerreligiösen Gründen erklären. Jedenfalls nicht ausschließlich. Dafür müsste man auch Machtfaktoren, Dynastienkämpfe etc. und damit ein großes Faktorenbündel anführen. Sie führen dann – weil Sie ins Schwanken kommen – auch noch vorislamische Prägungen, den so genannten „Stammesfaktor" ein.

Die zweite Ebene der Kritik betrifft die von Ihnen in mehrfacher Hinsicht behauptete Kontinuität. Zunächst sehen Sie die Abschließung gegen Reformgedankengut im 9. Jahrhundert als bis heute prägend an. Diese von Ihnen unterstellte Kontinuität müssen Sie erklären, weil sich ja sonst in dieser Zeitspanne enorm viel an Kontextbedingungen verändert hat. Auch blenden Sie die enormen Differenzen zwischen den islamischen Ländern aus. Ich bin keine große Kennerin von islamischen

Ländern, aber die Islamexperten, mit denen ich eng zusammenarbeite, würden Ihre generalisierende Diagnose der Erstarrung sicherlich ablehnen. Sie blenden schließlich v.a. aus, dass die kernarabischen Länder ja zwei bis drei Jahrhunderte europäische Kolonialregime hinter sich haben. Hier hat eine massive Interaktion gerade im Bereich der institutionellen Gefüge stattgefunden. Zudem ist zu berücksichtigen, dass die Kontinuität bestimmter institutioneller Arrangements im europäischen Interesse stand – und zwar ganz massiver macht- und rohstoffpolitischer Interessen.

Leipold: Frau Lentz, Sie haben Schwierigkeiten mit der Frage, ob man letzte Faktoren mit, wenn man so will, letzten Faktoren schlüssig erklären kann. Das ist in der Tat eine gute Frage, über die ich so genau auch noch nicht nachgedacht habe. Ich bin auch kein Anhänger einer einseitigen Erklärung. Das war übrigens Max Weber auch nicht, er hat immer von dem komplexen Bedingungs- oder Wechselverhältnis zwischen ideellen und materiellen Faktoren gesprochen. Dennoch muss man sich m.E. irgendwann einmal entscheiden. Ich würde Ihren Einwand zurückweisen: Man kann auch Veränderungen der religiösen Weltbilder religiös erklären. Nehmen Sie das, was in Europa durch die Reformation passiert ist. Hier wurde doch primär das katholische Denken und Weltbild über eine rigide Bibelexegese, d.h. mittels einer religiösen Diskussion um die gleichen religiösen Quellen, uminterpretiert. Was ich Ihnen gerne konzediere, ist beispielsweise, dass Mutaziliten damals stets politische Faktoren mitgedacht haben. Sie wollten – wie ich in meinem Beitrag ausführe – durch den Appell an die allgemein und unabhängig von der jeweiligen politischen Herrschaft anzutreffende menschliche Vernunft, Frieden schaffen. Ähnlich wurde auch die Reformation im christlichen Bereich politisch genutzt.

Schmiedel: Sie haben die tatsächliche wirtschaftliche Situation in islamischen Ländern mit dem Islam als normativem Gebilde in Verbindung gebracht. Diese Kausalität ist eigentlich mit nichts zu begründen. Frau Lentz brachte vorhin das Argument, dass Sie den europäischen Einfluss auf die islamische Welt während der letzten drei- bis vierhundert Jahre außer Acht gelassen haben. Dieser Einfluss hörte übrigens mit der Befreiung dieser Länder nicht auf, denn diese Länder mussten, um Entwicklungsgelder zu bekommen, strenge Kriterien der Wirtschaftsanpassung gemäß den Vorstellungen der Geldgeber erfüllen.

Müller: Ich darf kurz vorausschicken: Ich teile die These, dass Religion und Kultur im Hinblick auf wirtschaftliche Entwicklung relevant sind. Was ich in Ihrem Referat eigentlich am Wichtigsten fand, waren die Schlusssätze über die Notwendigkeit einer zeitgemäßen, eigenständigen Auslegung der religiösen Quellen des Islam in ihrem historischen Kontext. Darüber müsste man noch diskutieren und nachdenken. Ich denke, der springende Punkt bei unserer Diskussion, wenn

1 Reform oder Erstarrung: eine Frage der Interpretation?

wir im Bereich der Religion bleiben, ist in der Tat immer die Frage der Interpretation von religiösen Quellen. Sie haben z.B. auf die Tradition des Idschtihad im Islam sowie auf die später einsetzende Erstarrung hingewiesen, die im späten 19. Jahrhundert von wichtigen muslimischen Gelehrten in Frage gestellt wurde. Dazu wird heute eine große Diskussion geführt. Für die Frage der Interpretation ist zunächst wichtig festzuhalten, dass Texte als solche interpretationsoffen sind. Wenn man etwa die Geschlechterfrage im Islam erörtern will, so kann man Argumente für und gegen eine Diskriminierung der Frau finden. Ähnliches gilt für die Frage der Religionsfreiheit. Man kann Belege und Gegenbelege aufführen. Das ist im Christentum genauso. Also kommt es im Endeffekt auf die Interpretation an, und Interpretationen geschehen in komplexen Kontexten. Es spielen die jeweilige Kultur und die jeweiligen Herausforderungen, vor denen eine Gesellschaft steht, eine große Rolle: Muslime in Indonesien erleben manches anders als Muslime in Marokko oder in Katar. Es kommen natürlich auch ganz handfeste Interessen ins Spiel. Es ist also notwendig, genauer hinzuschauen und auf die jeweilige kulturelle Einbettung zu achten. Es folgt nämlich nicht aus einer bestimmten Vorstellung notwendig etwas Gutes oder Schlechtes. Hier wäre es wichtig, auch sehr differenziert über das nachzudenken, was ich als Ambivalenz von Kultur und Religion bezeichnen würde.

Ein zweiter Punkt vielleicht noch: Ich habe sehr viel Sympathien für den Kulturbegriff von Clifford Geertz, der an Max Weber anknüpft. In seinem berühmten Aufsatz „Religion als kulturelles System" erläutert Geertz seinen Kulturbegriff und macht eine wichtige Unterscheidung zwischen der theoretischen und der angewandten Religion. Er weist darauf hin, dass die Menschen Perspektiven wechseln: Sie leben und handeln nicht nur nach einer religiösen, sondern nach unterschiedlichen Perspektiven – oftmals etwa nach dem *common sense*. In Teilen Afrikas oder Südostasiens gibt es in bestimmten Kontexten zudem einen sehr starken Synkretismus, wo Perspektiven miteinander verbunden werden, die nach einer rationalen Logik unverbindbar erscheinen. Aber sie sind verbunden, also geht es. Daher scheint mir, man sollte gerade heute bei den Interpretationen sehr genau auf das schauen, was die Betroffenen selber sagen. Was sagen muslimische Frauen über die Rolle des Islam im Hinblick auf Frauen? Hier finden Sie eine ungeheure Vielfalt. Von daher ist bei der Interpretation ein sehr vorsichtiges Vorgehen geboten.

Leipold: Herrn Müller würde ich bei der Frage nach der Interpretation weitgehend zustimmen. Das islamische Weltbild wird man für Indonesier möglicherweise anders interpretieren müssen als für arabische oder auch für afrikanische Länder, folglich kommt es auf die Interpretation an. Aber bei einer These bleibe ich hart: Die islamspezifische Eigenart ist nun mal darin zu sehen, dass der Koran und die Sunna interpretationsresistent sind, weil es sich um die letzte gottgewollte Wahrheit handelt. Koran und Sunna sind Gottes Wort und das verbietet es, nach historischen oder biographischen oder auch kulturellen Faktoren zu fragen. Ich glaube, das ist die eigentliche Schwierigkeit mit dem Islam.

Vogt: Ihrer Grundthese, Herr Leipold, stimme ich zu. Die Relevanz des religiösen Faktors für die wirtschaftliche Entwicklung ist, denke ich, von den empirischen Belegen her relativ plausibel, weil innerhalb dessen sich erst definiert, zum einen, was der Nutzen ist, und zum anderen, was Institutionen und Regeln des Zusammenlebens sind. Das scheint mir aber relativ banal. Der Erkenntniswert der These fängt doch erst an, wenn man den Zusammenhang zwischen Religion und Wirtschaft genauer auf einzelne Faktoren zurückführt. Wenn Sie *das* Weltbild so allgemein als Basisbegriff nehmen, dann haben Sie sich eigentlich selbst mit der These des Bruchs im 9. Jahrhundert widerlegt. Denn *das* islamische Weltbild hat sich ja nicht geändert. Man muss exakter sagen, was sich geändert hat. Sie haben auch von dem Nichtzulassen der Kritik gesprochen. Es ist die Frage, ob sich das wirklich nachweisen lässt, dass genau in dieser Zeit, im 9. oder, wie ich es kenne, im 11. Jahrhundert ein Umbruch der wirtschaftlichen Wohlstandsentwicklung stattgefunden hat.

2 Wider die Ausblendung des asiatischen Islam

Müller: Herr Leipold hat sich hauptsächlich auf die so genannten islamischen Kernländer bezogen. Aber ich gebe Folgendes zu bedenken: Die Kernländer des Islam sind verhältnismäßig kleine Minderheiten der islamischen Welt. Die große Mehrheit der Muslime lebt in Asien.

Leipold: Zu Ihrem Vorwurf, ich würde die gewaltigen Unterschiede zwischen islamischen Ländern ausblenden: Wenn ich auf jedes Land eingehen sollte, müsste man mir eine Woche Vorlesungszeit geben. Ich habe mich hauptsächlich auf die arabischen Länder, die Länder des Nahen und Mittleren Ostens sowie Nordafrikas konzentriert, weil das nun einmal die islamischen Kernländer sind. Aber mir ist auch bewusst, dass sie nur ca. 20 % der islamischen Bevölkerung stellen. Die meisten Muslime leben in Indonesien, in Indien und Pakistan. Die enormen Unterschiede zwischen dem Islam in Indonesien, Kuwait oder Saudi Arabien und Nigeria sind eindeutig.

Schmiedel: Wir alle wissen, *den* Islam gibt es nicht. Es gibt eine Pluralität islamischer Länder und in jedem dieser Länder finden wir eine andere Situation vor. Sie haben wenig differenziert: Gemäß der von Ihnen behaupteten kausalen Verknüpfung müssten Sie eigentlich Indonesien, das größte islamische Land mit mittlerweile 220-240 Mio. Einwohnern, mit seinem enormen Wirtschaftswachstum von seit 20 Jahren jährlich etwa 10 % als leuchtendes Beispiel für die Wirksamkeit des

Islam auf die wirtschaftliche Entwicklung eines Landes zitieren. Aber das ist auch nicht in Ordnung, denn wir müssen die normativen Ansprüche, die der Islam als lebensdienliches Gesamtkonzept erhebt, einerseits und die Realität der gelebten Praxis, die von vielfältigen äußeren Einflüssen überlagert ist, andererseits auseinander halten.

3 Infragestellung der Kausalität: Der Islam als Ursache für Entwicklungsrückstände?

Wimmer: Mein Punkt betrifft Ihre meiner Ansicht nach falsch gestellte Frage nach dem *einen* letzten Faktor – bei Ihnen das Weltbild –, der wirtschaftliche Entwicklung in einer Gesellschaft oder Region erklären soll. Man hat mit den Weltbildern alles und nichts erklärt. Nehmen wir das Beispiel des Konfuzianismus, der zunächst als Erklärung für die Macht- und Wirtschaftsentfaltung Chinas herangezogen wurde, dann bei Max Weber eine Erklärung für Stagnation und in den letzten Jahrzehnten wieder vermehrt als Hintergrund für den Erfolg der ostasiatischen Tigerstaaten genannt wurde. Meine Gegenthese lautet daher, dass die verschiedenen Weltbilder miteinander in den einzelnen Gesellschaften auf unterschiedliche Weise konkurrieren und je nach Gesellschaftszustand in unterschiedlicher Weise wirksam sind.

Leipold: Sie meinen, der Bezug auf Weltbilder als Erklärungsfaktor sei eigentlich eine falsche Frage, weil es verschiedene Weltbilder gäbe und das provoziere wieder die Frage nach dem Kulturverständnis. Unsere Frage hier ist ja der Zusammenhang zwischen Kultur und Wirtschaft. Der Kulturbegriff wurde bereits andiskutiert. Ist Kultur identisch mit Weltbildern, mit Weltsicht, mit dem, was in der Neuen Institutionenökonomik heute *mental models* heißt, oder muss man differenzierter argumentieren? Gut, ich lasse darüber gern mit mir diskutieren. Meine Kontrahenten sind nicht die Theologen, sind nicht die Ethnologen, sondern ich habe immer die Ökonomen vor Augen, die mit ihrem simplen *homo oeconomicus*-Bild die Welt nur zur Hälfte erklären können. Damit kommt die Frage nach dem Menschenbild auf: Können wir als Substitut für den *homo oeconomicus* so etwas wie einen *homo culturalis* konstruieren? Ich habe Vorschläge, wie man so den knallharten *homo oeconomicus* etwas relativieren könnte.

Ich möchte aber auf einen Faktor hinweisen, den Herr Grohs bereits angeführt hat: Innovationen. Innovative Religionsstifter wie Jesus, Mohammed, Konfuzius waren religiöse Virtuosen, also Unternehmer, die etwas in die Welt gesetzt haben, das unglaubliche Wirkung hatte. Man kann auch durch die Einführung solcher Figuren bestimmte Dinge erklären, ohne Bezug auf den ‚letzten Faktor' zu nehmen.

Rehm: Ich möchte nach der islamistischen, von bestimmten Kreisen innerhalb der Moslembruderschaft oder Hamas vertretenen These fragen, dass das Verlassen des wahren Islam zumindest durch die herrschenden Eliten die Ursache für die Rückständigkeit gegenüber dem Westen sei. Das wäre gewissermaßen genau die Gegenthese zu Ihren Ausführungen über die durch den Islam bedingte Rückständigkeit.

Leipold: In der Tat gibt es Bewegungen, Sie nannten die Muslimbrüderschaft, die in der Abkehr von der ursprünglichen islamischen Gemeinde und von den Regeln, die dort galten, den eigentlichen Sündenfall sehen. So eine theonome Gesellschaft wie in der Frühzeit kann man aber im 21. Jahrhundert unter den Bedingungen einer funktional ausdifferenzierten Gesellschaft nicht mehr bauen. Das ist ein Traum von Fundamentalisten. Es gab eine wissenschaftliche, wirtschaftliche und künstlerische Blütezeit, insbesondere in den ersten zwei bis zweieinhalb Jahrhunderten. Ich behaupte allerdings, dass ein Großteil der wirtschaftlichen Blüte in den ersten Jahrhunderten schlicht und einfach auf Ausbeutung der nichtgläubigen Gemeinden zurückzuführen ist. Entsprechende Zahlen habe ich gelesen. Danach waren die muslimischen Eroberer offenbar wirtschaftlich kaum tätig und haben v.a. verwaltet, für eine Verbesserung der Infrastruktur gesorgt und entsprechende Abgaben verlangt. Damit konnten sie allerdings langfristig nicht erfolgreich bleiben. Nach Max Weber kommt es darauf an, alle Teilbereiche der Gesellschaft komplementär zu entwickeln. Bleibt ein Teilbereich zurück, ist das indirekt schädlich für alle anderen Teilbereiche. Bleibt die Wissenschaft zurück, kann meiner Ansicht nach die Wirtschaft nicht blühen. Bleibt die Wirtschaft zurück, können die Staatsverwaltung und die Infrastruktur nicht blühen. Bleibt die Staatsverwaltung oder das Recht zurück, kann die Wirtschaft wieder nicht blühen etc.

Vogt: Ist Ihre Hauptthese, die normative Schlussfolgerung, es bräuchte in islamischen Ländern für wirtschaftlichen Erfolg eine Zulassung von Demokratie, nicht zu pauschal? Es gibt ja auch viele asiatische Schwellenländer, die keine Demokratien und trotzdem sehr erfolgreich sind. Müsste man nicht genauer analysieren: Ist es die Stellung der Frauen? Ist es die Zulassung eines wissenschaftlichen Diskurses, die entscheidend wäre? Wenn man normativ schlussfolgern will, dann käme für den Dialog alles darauf an, dass man an innerislamische Elemente, die wirtschaftlich produktiv sind, anknüpft, z.B. an die traditionell in der islamischen Welt ausgeprägte Geschäftstüchtigkeit oder an eine Gruppensolidarität, wie sie Mohammad Yunus für sein Konzept der Grameen Bank nutzt.

Leipold: Ich habe nicht gesagt, der Islam bräuchte unbedingt Demokratie. Dafür gibt es genügend Beispiele, wo auch autoritäre Herrschaftssysteme erfolgreich waren oder sind. Das scheint mir nicht des Pudels Kern zu sein. Viel wichtiger erscheinen mir Tendenzen in Richtung einer funktionalen Ausdifferenzierung. Was sich da etwa in China tut und welche Anstrengungen beispielsweise im Bereich

Bildung und Wissenschaft gemacht werden, ist relativ erstaunlich. Ein weiterer Punkt: Ich behaupte sehr wohl, dass sich das islamische Weltbild im Laufe der ersten Jahrhunderte verändert hat. Das war ja nichts Vorgegebenes, sondern die Quellen mussten erst einmal in einem Prozess kontroverser Diskussionen und unter verschiedenen kulturellen Einflüssen ausgelegt werden, bevor diese Interpretation schließlich dogmatisiert wurde. Dann allerdings kam die Phase, die ich kurz versucht habe zu skizzieren, wo man gesagt hat: Schluss mit der Diskussion, jetzt haben wir diese Auslegung dogmatisiert und jetzt gilt sie ein für allemal. Aber hinsichtlich besonderer Faktoren, auf die Sie hinweisen, die man zusätzlich berücksichtigen muss, bin ich immer offen.

Zum Stichwort Indonesien: Wenn in Indonesien (oder ähnlich auch in Malaysia) das Wirtschaftswachstum um die 10% erreicht, muss man den Einfluss der Chinesen mitdenken. Dort wird die Wirtschaft zu 70 bis 80% von Chinesen dominiert. D.h. hier hat man einen ganz guten Erklärungsfaktor, warum es in Indonesien anders läuft. Auch bei wieder anderen Ländern könnte man durch Heranziehung zusätzlicher Faktoren meiner Ansicht nach den wirtschaftlichen Erfolg trotz islamischer Mehrheitsgesellschaft einigermaßen plausibel erklären.

4 Die Frage der Methodenwahl

Seele: Meine Frage betrifft die Methode der Untersuchung, und zwar vor meinem institutionenökonomischen Hintergrund. Es ist äußerst bemerkenswert und selten anzutreffen, dass sich jemand, wie Sie es hier getan haben, als Ökonom kultureller und religiöser Phänomene annimmt. Gleichwohl würde ich die Gretchenfrage ökonomischer Methodologie stellen wollen, nämlich erstens die nach dem Eigennutz-Axiom und zweitens die nach dem methodologischen Individualismus. Inwieweit gehen Sie von Individuen oder von kollektiven Akteuren aus? Da würde ich nochmals um einen kurzen Kommentar bitten.

Leipold: Ich bin schon durchaus ein Vertreter des methodologischen Individualismus. Für mich zählen nur Individuen – allerdings als *culturally bounded*, also kulturell geprägte und gebundene Individuen. Individualität ist abhängig von kulturellen Bedingungen und Beschränkungen. Das läuft dann auf ein Menschenbild hinaus, das man in der neuen Institutionsökonomik *bounded rationality* nennt, in meinem Fall eben durch kulturelle Faktoren. Da sehe ich keinen Widerspruch.

Krotz: Ich möchte bezüglich des Umgangs mit Kultur und des Kulturbegriffs zwei Dinge ansprechen, die sowohl die Abgrenzung zwischen Ökonomie und Kultur als auch die sozialwissenschaftlich-kulturanthropologische Methode betreffen. Zum ersten Punkt: Man kann immer wieder feststellen, dass für viele Menschen zu bestimmten Zeiten der Unterschied zwischen Ökonomie und Kultur nicht existiert. Hier ein Beispiel aus meinem lateinamerikanischen Hintergrund, genauer gesagt Mexiko, wo ich seit vielen Jahren lebe und lehre: Es geht ein Anthropologe, der eine Analyse über wirtschaftliche Anthropologie machen will, zu einem Bauern und fragt ihn: „Wie pflanzen Sie Mais?". Er antwortet: „Ich nehme den Hund und dann gehe ich mit dem Hund auf das Feld und bete zum Herrn des Waldes." „Ja Moment, sagt der Anthropologe, ich möchte wissen, wie Sie Mais pflanzen." „Das habe ich Ihnen doch schon gesagt, ich gehe mit dem Hund in den Wald und bete zum Herrn des Waldes." Für den Bauern bestand zwischen Ökonomie und Religion keine Trennung. Ich verstehe nichts davon, aber es kann im Islam ja auch so ähnlich sein, dass die Trennungen zwischen den Sphären ganz anders zugeschnitten sind. Daher müsste die Analyse vielleicht auch anders gemacht werden. Dann ist auch darauf zu achten, dass wir nicht alles, was anders ist, als noch nicht richtig ausdifferenziert ansehen. Anders ist manchmal auch Anderes, und nicht nur Zurückgebliebenes.

Das zweite Element: Auf der Suche nach dem richtigen Kulturbegriff, mit dem wir für das Thema „Kultur und Ökonomie" Erkenntnisse gewinnen können, dürfen wir uns m.E. nicht darauf beschränken, diese ganze Reihe von Kulturbegriffen durchzugehen und diese sicher sehr wertvollen Überlegungen über Kultur als Aushandeln innerhalb einer Gruppe zu betrachten. Wir können Kultur nur verstehen, wenn wir in die jeweilige Kultur hineinsehen, sie aber immer auch in Beziehung zu anderen Kulturen setzen. So unterscheidet sich beispielsweise der Islam in der spanischen Zeit sicher auch unter wirtschaftlichen Aspekten von zeitgenössischem Islam, der nicht im Austausch mit dieser anderen Kultur stand.

Lee-Peuker: Ich möchte meinem Vorredner danken; auch mein Beitrag gilt der Methodik der sozialwissenschaftlichen Forschung und ihrer Theoriebildung. Aus meiner Sicht ist die Feldforschung durchaus notwendig. Man muss vor Ort gehen und die Menschen, die Betroffenen befragen, wie das auch von Herrn Müller bereits angesprochen wurde (vgl. S. 71). Sozialwissenschaftliche oder kulturwissenschaftliche Forschung ist als etwas Dynamisches zu begreifen, das in seinen Ergebnissen immer wieder der Anpassung unterworfen ist: So macht Generalisierung – etwa von Weltbildern – nur dann Sinn, wenn sie sich über die Feldforschung immer wieder auch neu darstellen kann. Hier bieten sich Fallstudien über die Wirksamkeit von religiösen Weltbildern in bestimmten islamischen Kontexten an.

Leipold: Die beiden von Herrn Krotz genannten Thesen kann ich nur unterschreiben. Ich interpretiere das eher als Ergänzung. Das gilt auch für das Plädoyer von Frau Lee-Peuker für Feldforschung: In der Tat sind Fallstudien in den betroffenen Ländern und Kulturen immer unverzichtbar, dennoch sollte man als Wissenschaftler bedenken, dass jede Fallstudie einer theoretischen Anleitung bedarf.

Kulturelle Zentrismen – Zum Umgang mit kulturellen Differenzen in der Philosophie

Franz Martin Wimmer

1 Einleitung

Das Verbum „rauben", so berichtet im 16. Jahrhundert der Missionar Franz Xaver aus Indien, wird dort „in allen Modi konjugiert" und einer seiner Mitbrüder wird mehr als hundert Jahre später in einer feierlichen Predigt erläutern, wie dies zu verstehen und dass es auch diesseits des Kaps der Guten Hoffnung nicht anders sei. Der biblische Text, den Antônio Vieira (1655) seiner Predigt zugrunde legt, ist die Kreuzigung des Jesus von Nazareth gemeinsam mit zwei Räubern. Der eine von ihnen (in der christlichen Ikonographie der „linke Schächer") bleibt aggressiv und fordert: „Bist du nicht der Christus? Rette dich und uns." Der andere (der „rechte Schächer" hingegen bereut und bittet: „gedenke meiner, wenn du in dein Reich kommst." Zu ihm sagt Jesus nach dem Bericht des Lukas: „Wahrlich, ich sage dir: Heute wirst du mit mir im Paradies sein."

Es gibt gute Räuber und böse Räuber. Es gibt Räuber, die einen König in die Hölle bringen können, und andere, die der König in seinen Dienst nimmt und ins Paradies führt. Der theologische Anlass führt zur Reflexion über die richtige Räuberei. Der Prediger spricht nicht von solchen, die aus Armut oder Gemeinheit rauben, sondern von denen, die „eigentlich und verdientermaßen" Räuber sind:

> „Es sind diejenigen, denen die Könige ihre Heere und Legionen anvertrauen oder die Regierung von Provinzen oder die Verwaltung von Städten, die schon am Morgen und mit Macht die Völker berauben und ausplündern. […] andere, wenn sie stehlen, werden gehängt. Sie stehlen und hängen."
> [eigene Übersetzung FMW]

Das tun alle, die im Dienst des Königs stehen, aber es gibt doch unter ihnen gute und böse Räuber.

Pater Vieira erläutert dem König von Portugal und seinen Großen, was die einen und die andern auszeichnet, aber zuvor beseitigt er jeden Zweifel daran, dass das, was Portugal in seinen Kolonien betreibt, Räuberei ist – es wird nur eben darauf ankommen, gute Räuber einzusetzen und diese rauben zu lassen, dann wird das Reich blühen. Doch in welchen „Modi" wird das Verb „rauben" im portugiesischen Kolonialreich konjugiert? Ich will den Passus aus dem „Sermão do Bom Ladrão" von 1655 ausführlich zitieren, denn die grammatischen Formen beschreiben eine ganze Reihe von Ausbeutungsweisen:

> „Man konjugiert das Verb „rapio" in allen Modi; denn man stiehlt nach allen Arten der Kunst, nicht zu reden von neuen und gefinkelten, von denen weder Donatus noch Despauterius [die beiden ‚Schächer', FMW] etwas wussten. Sobald man dort ankommt, beginnt man zu stehlen im Indikativ, denn die erste Information, die man von dem Lotsen verlangt, ist, dass er einem die Wege weist und zeigt, wo man alles überblicken kann. Man stiehlt im Imperativ, denn sowie man die reine und gemischte Befehlsgewalt hat, wird sie ganz und despotisch für die Ausführung von Raubzügen eingesetzt. [...] Gestohlen wird auch im Optativ, denn was einem gut erscheint, das wünscht man; und indem man die gewünschten Dinge ihren Besitzern gegenüber lobt, übereignen sie einem diese aus Höflichkeit, ohne es zu wollen. Man stiehlt im Konjunktiv, denn man vereinigt sein geringes Vermögen mit demjenigen derer, die über viel verfügen [...]. Gestohlen wird auch im Potentialis, denn ohne Vorwand oder weitere Umstände gebraucht man seine Kraft. Man stiehlt im permissiven Modus, denn man erlaubt, dass andere stehlen, und diese kaufen die Erlaubnis dazu. Man stiehlt im Infinitiv, denn das Stehlen ist nicht zu Ende mit dem Ende der Regierung und man lässt immer Wurzeln dort, aus denen sich die Diebstähle wieder erneuern werden [...]." (Vieira zit. nach Martins 1992, 195; eigene Übersetzung FMW)

Woher kommt das Recht des Königs, überall rauben zu lassen und welchem „König" steht dieses Recht zu?

2 Drei Urteile über die Wertigkeit des Eigenen und des Anderen

Es sind m.E. drei Urteile über die Wertigkeit der eigenen und der anderen Kultur oder Gesellschaft möglich, gemäß denen sich das Rauben, das bei gegebener Möglichkeit zwischen ihnen stattfindet, modifiziert. Das erste Urteil behauptet die

2 Drei Urteile über die Wertigkeit des Eigenen und des Anderen

exklusive Gültigkeit und Wertigkeit des Eigenen, und dieses Urteil liegt der zitierten Predigt zugrunde. Eine zweite Beurteilung, realistischer als die erste, behauptet ein **egalitäres** Verhältnis zwischen den differenten Kulturen, zumindest zwischen einigen von ihnen oder in einigen Lebensbereichen. Sie würde das Rauben daher auch Anderen zugestehen oder zumindest mit dieser Möglichkeit rechnen. Drittens kann das Verhältnis zwischen Kulturen als **komplementär** angesehen werden, wobei ebenfalls die einen von den andern nehmen, wenn auch deklarierterweise nicht, ohne zu geben.

2.1 Exklusivität

Pater Vieira hatte aus seiner Lektüre alttestamentlicher Propheten, des Isaias und des Daniel, auch die Gewissheit gewonnen, dass Portugal und nur Portugal die Weltherrschaft zusteht. So schreibt er in seiner „Geschichte der Zukunft" folgerichtig:

„[...] weil die meisten der künftigen Seligkeiten, die zu erwarten sind, und die herrlichsten davon der portugiesischen Nation nicht nur zu eigen sind, sondern einzig und ausschließlich ihr." (Vieira zit. nach Chaui 2000, 78)

Das war realpolitisch im 17. Jahrhundert nicht besonders klarsichtig. Neben Ereignissen wie der Vertreibung der portugiesischen Missionare aus Japan zu Beginn des Jahrhunderts und einer ähnlichen Maßnahme im Mogulreich 1632 ist auch das Vordringen der niederländischen und englischen Handelsgesellschaften in zuvor portugiesisch dominierte Gebiete nicht mehr zu übersehen. Aber darauf kommt es mir nicht an. Wesentlich ist, dass hier mit einer Absolutheit und Gewissheit von der exklusiven Wertigkeit und Gültigkeit des Eigenen gesprochen wird, die jedes Eigenrecht Anderer nur nach der Maßgabe zugesteht, dass es den eigenen Interessen entspricht. Diese eigenen Interessen werden freilich zuletzt nicht als solche erklärt – das Rauben ist nicht Selbstzweck oder purer Egoismus –, sondern als Sendung und Vollzug eines göttlichen Willens, den der gute Räuber vollzieht.

Die Idee und Rede von einer exklusiven Gültigkeit der eigenen Lebensform und einer entsprechenden Bestimmung oder Sendung zur Lenkung und Beherrschung der Welt ist nicht mit dem portugiesischen Theologen verschwunden. So schreibt etwa John L. O'Sullivan 1845, zur Zeit des Krieges der USA gegen Mexiko (dessen Rechtmäßigkeit auch im Kongress höchst umstritten war): „[It is] our manifest destiny to overspread the continent allotted by Providence for the free development of our yearly multiplying millions" (O'Sullivan zit. nach Flexner 1979, 144). 1865 findet sich im Editorial des *New York Herald* der Satz: „It is our manifest destiny to lead and rule all nations." (James Gordon Beunet zit. nach Flexner 1979, 144). In den manichäisch-eindeutigen Unterscheidungen auch des derzeitigen Präsidenten der USA zwischen dem Bösen und dem Guten finden sich dieselben Stereotype wieder.

Auch die Philosophie hat Exklusivitätsurteile gefällt. Philosophen haben nicht nur afrikanischen und amerikanischen Kulturen jede Philosophie abgesprochen, sondern oft überhaupt allen außer der okzidentalen. So sagt Daya Krishna (1989, 73) im Zusammenhang mit „vergleichender Philosophie":

„Comparative philosophy [...] has been bogged down from the very beginning with the question of whether there is anything that can be called ‚philosophy' outside the western tradition. It took a fairly long time for scholars to realize that the so-called histories of philosophy they were writing about were mainly histories of western philosophy and not of philosophy outside the western hemisphere. Bertrand Russell was the first person to acknowledge explicitly, in the very title of his work relating to the history of philosophy, that it was a history of western philosophy and not of philosophy in general."

Die Rede, wonach „Philosophie im strengen Sinne" ein exklusiv griechisch-abendländisches Geistesprodukt sei, hat eine eindrucksvolle Tradition – wenn sie auch, was oft vergessen wird, nicht uralt ist. Unter den Philosophiehistorikern Europas hat sich diese Ansicht erst im 18. Jahrhundert durchgesetzt. Zuvor spielt die *philosophia barbarica* eine wichtige Rolle. Darunter hatten europäische Historiker der Philosophie Denktraditionen verstanden, die sie der griechischen gegenüber und zuweilen im Rang über diese stellten: die „chaldäische", ägyptische, hebräische, aber auch keltische, „hyperboräische" und andere mehr. Die *philosophia barbarica* wurde deshalb hoch geschätzt, weil sie angeblich auf eine ursprüngliche, göttlich inspirierte Weisheit der Zeit vor der Sintflut zurückging.

Das Exklusivitätsurteil der Philosophie tritt im Wesentlichen in dreierlei Gestalt auf: Einmal soll es besagen, dass es sich bei der „Philosophie im strengen Sinne" um ein Kulturmerkmal handelt, das ebenso wertfrei wie andere Merkmale zu betrachten sei; Richard Rorty etwa ist ein Vertreter dieser Ansicht. Zweitens kann sie als Bezeichnung einer Bürde gesehen werden, wie Martin Heidegger das getan hat. Drittens, und dies ist die Mehrzahl der Fälle, wird damit eine Überlegenheit der okzidentalen Kultur über alle anderen behauptet. Ein wichtiges Ergebnis ist in allen drei Sichtweisen gleich: „Außereuropäische" Denktraditionen sind in „philosophischen" Diskursen von vornherein nicht als ernstzunehmende Stimmen vorhanden. Deren Ideen, Begriffe oder Argumentationen sind in jeder dieser Sichtweisen weder notwendig noch hilfreich bei der Klärung irgendwelcher Fragen der Philosophie.

Dennoch fand Erforschung fremder Denktraditionen, auch philosophischer Traditionen statt. Kann es sein, dass sie immer noch zuweilen in einem jener Modi geschah, in denen Pater Vieira das Verbum „rauben" konjugierte? Im **Indikativ** stiehlt man, wenn man den Punkt einnimmt, „wo man alles überblicken kann" und diesen Punkt für sich allein besetzt. Beispielsweise hat die Erforschung der Philosophien Indiens in dieser Hinsicht nicht immer eine unschuldige Geschichte, sofern sie oft von einer einseitigen Betonung der arisch-vedischen Tradition bestimmt war und damit auch in den Dienst einer rassistischen Ideologie gestellt werden konnte. So lesen wir 1944 bei Erich Frauwallner (1944, 168f.):

> „Wir können […] aus der Übereinstimmung des wissenschaftlichen Charakters der indischen und europäischen Philosophie die […] Folgerung ziehen, daß Philosophie als Versuch methodisch wissenschaftlicher Welterklärung […] eine typische Schöpfung arischen Geistes ist."

Eine derartige Feststellung findet sich in Frauwallners „Geschichte der indischen Philosophie" (1953) natürlich nicht mehr, wenngleich eine nähere Untersuchung seiner Periodeneinteilung dort denselben Gesichtspunkt in der Sache vermuten lässt. Es handelt sich jedoch um etwas Allgemeineres, was die indologischen Forschungen insgesamt betrifft, wie Margret Chatterjee (1988, 67) festgestellt hat:

> „Der Gegenstand, den man im Westen Indologie nennt, hat im unabhängigen Indien keine Anerkennung gefunden. Die Auffassung hinter dieser Ablehnung ist vielleicht den Gedanken ähnlich, die Edward Said in seinem Buch über den Orientalismus vorbringt." [eigene Übersetzung FMW]

Ram Adhar Mall (2002, 275) sieht in vielen Bemühungen um die Kenntnis der indischen wie auch der chinesischen Denktraditionen ein Interesse, das nicht auf das Andere als solches geht, sondern auf die Möglichkeit, dieses Andere besser beeinflussen zu können:

> „Wo alles nur dem Wunsch, daß man verstanden werden will, untergeordnet ist, dort wird das Andere in seinem Eigenrecht erst gar nicht wahr- und ernstgenommen. In diesem Sinne studierten die Missionare und auch manche Ethnologen mit viel Mühe die fremden Sprachen wie z.B. Chinesisch oder Sanskrit nicht so sehr, um die Fremden zu verstehen, sondern in der Hauptsache, um von ihnen verstanden zu werden." [eigene Übersetzung FMW]

Man stiehlt zweitens im **Optativ**, sagte Vieira, wenn man die Anderen dazu bringt, einem das zu übereignen, was einem gefällt. Wieder ein Beispiel: Die Kenntnis der „Bantu-Philosophie" hat für einen ihrer prominentesten Erforscher, den belgischen Missionar Placide Tempels, in der Zeit der Neuorganisation des Kolonialreichs nach dem Zweiten Weltkrieg eindeutig politischen Wert: Wenn die Kolonialverwaltung die Denkform der Verwalteten besser versteht, so wird sie die eigenen Ziele besser verfolgen können (Tempels 1956). Dieses Erkenntnisinteresse liegt auf Seiten der Kolonialmacht, es liegt aber auch ein Interesse des Missionars vor, die Adressaten seiner Missionsbemühungen bei deren eigenen Vorstellungen zu packen, die er ihnen allerdings erst klar machen muss:

„Es wäre die schönste Leistung unserer überlegenen Intelligenz, in dem gegenwärtigen Heidentum der Bantu zeigen zu können, wie gewisse Gebräuche und Lehren, die für uns nun falsch sind, dies ausgehend von einer anderen Tradition oder Lehre auch sind, welche gänzlich eingeboren, originell und antik ist. Man muß das argumentum ad hominem finden, den Schwarzen dazu zu führen, die Falschheit gewisser Praktiken ausgehend von seinen eigenen exakten Prinzipien anzuerkennen."
(Tempels 1978, 155; eigene Übersetzung FMW)

Damit ist die Vereinnahmung gelungen, das Andere stellt sich als unerkannte Form des Eigenen heraus und scheinbare Unterschiede sind Missverständnis oder Verirrung. Jede Entwicklung kann an ein und demselben Maßstab gemessen werden und was diesem nicht entspricht, hat nie Wert gehabt: Die exklusive Gültigkeit und Wertigkeit des Eigenen ist somit gerade in dieser Begegnung mit dem Anderen bestätigt.

Die wenigen Beispiele sollen hier ausreichen, um die Wirkung der Beurteilung des kulturell Eigenen als letztlich exklusiv Relevantem in der Philosophie zu belegen. Diese Wirkung besteht z.B. darin, dass auch in Projekten komparativer, also kulturvergleichender Philosophie, wie Kuno Lorenz (1998, 30) feststellen musste, die „universale Rolle der dabei eingesetzten ‚eigenen' Wissenschaftssprache [...] fraglos vorausgesetzt [wurde], statt auch sie als Ergebnis einer Auseinandersetzung mit den untersuchten ‚fremden' Gegenständen erst schrittweise zu gewinnen". Dies gilt etwa ganz explizit auch für Tempels „Bantu-Philosophie". Wir haben es also mit einer bestimmten Form von Kulturzentrismus zu tun, wobei sich allerdings bei näherem Hinsehen zeigen wird, dass die exklusivistische Form noch einmal in zwei unterschiedlichen Varianten oder Typen auftritt – expansiv oder integrativ – dass aber beiden Varianten gemeinsam ist, Alternativen ernsthaft nicht zuzulassen. Geht es denn überhaupt anders? Ist es möglich, eine Vielheit von Begriffssystemen, von Wissenschaftssprachen für die Erfassung derselben Gegenstände bestehen zu lassen oder noch einmal neu zu beginnen und eine neue Wissenschaftssprache erst zu gewinnen? Hatte der Historiker Karl Lamprecht 1910 etwa Unrecht, wenn er „eben die wissenschaftliche Expansion als die sieghafteste und gründlichste aller Ausdehnungsarten des europäischen Kulturkreises" (Lamprecht 1910, 617) bezeichnete? Oder hatte er zwar Recht im Sinn einer Faktenaussage, nicht aber in dem Sinn, dass diese „sieghafteste" Expansion auch wirklich aufgrund einer transkulturellen Gültigkeit dessen geschah, was hier expandierte?

Zumindest für einige der bisher angesprochenen Sachverhalte gilt, dass Behauptungen von exklusiver Geltung und Überlegenheit nicht einmalig und unwidersprochen geblieben sind.

2.2 Egalität

Etwa gleichzeitig mit dem zitierten portugiesischen Theologen hat auch ein Gelehrter in Peru den Beweis dafür angetreten, dass Isaias und David die Weltherrschaft vorausgesagt haben, allerdings diejenige Spaniens (vgl. Martins 1992, 156). Auch ohne dass wir an weitere derartige Behauptungen noch von anderen Seiten erinnern müssten, ist klar, dass schon daraus die Idee entstehen konnte, dass zumindest einige – und warum nicht alle? – der als different wahrgenommenen Kulturen sich gegenseitig egalitär verhalten. Seit Winckelmann und Herder ist es eine sehr verbreitete Maxime in der Kulturtheorie geworden, dass die Leistungen der Einen nicht mit den Maßstäben der Anderen gemessen werden dürften.

Mit den Worten Vieiras würde solche Gleichheit besagen, dass eben viele „Könige" gleichermaßen das Recht haben, zu rauben und rauben zu lassen. Allerdings werden sie in Konflikte miteinander geraten, aber es wird dann lediglich eine Frage der Macht sein, wie weit sie ihr behauptetes Recht auf Raub ausüben können.

Führen wir die Überlegung weiter und dehnen sie auf Weltanschauungen oder Kulturen aus, so stoßen wir auf die Denkmöglichkeit, Ansprüche auf Allgemeingültigkeit oder Wahrheit aufzugeben oder solche nur mehr in einem regional beziehungsweise mental abgegrenzten Bereich zu erheben. Dies kann sogar, angesichts erkannter Ungleichheit hinsichtlich der realen Verfügbarkeit von Mitteln zur Meinungsbildung, ein Gebot des Zwanges sein, denn die „Verteilung von kulturellen Impulsen auf globaler Ebene ist kein Prozess des emanzipierten Dialoges, sondern bestimmt durch eine Struktur der Asymmetrie und hegemonialen Ungleichheit", wie Clemens Six (2001, 22) mit Bezug auf den „Hindu-Nationalismus" feststellt. Eine „Emanzipation" von der „hegemonialen Ungleichheit" könnte aber doch auch darin bestehen, den eigenen – regional oder mental abgegrenzten – Raum möglichst frei von äußeren Einflüssen zu halten. Da würde dann das „Rauben", von dem Pater Vieira sprach, ein Ende haben – oder etwa doch nicht? Wenn jeder sich in seine Festung zurückzieht und dem andern auch dessen Festung überlässt, wie sollte da noch Raub stattfinden?

Samuel Huntington (1993, 22-49) empfiehlt dem „Westen", in dessen von ihm prognostizierten Konflikt mit dem Rest der Welt: „to promote greater cooperation and unity within its own civilization". Daneben schlägt er andere strategische Maßnahmen wie z.B. die Ausnutzung von Konflikten zwischen konfuzianisch oder islamisch dominierten Staaten vor. Letzteres geht nach Außen, Ersteres nach Innen – und jede Festung hat diese beiden Problemzonen. Jede Festung hat ihren äußeren Feind und zugleich das Problem, innerhalb ihrer Mauern Einigkeit aufrecht erhalten zu müssen. Die Entwicklung beziehungsweise Einschränkung von bürgerlichen Freiheitsrechten zu Gunsten der Sicherheit nach dem 11. September 2001, insbesondere in den USA, ist ein Beispiel dafür.

Werden Kulturen gleichsam egalitär nebeneinander gesehen, wie Huntington dies tut, so sind theoretisch zwischen Vertreterinnen und Vertretern jeweils unterschiedlicher Kulturen keine Argumentationen, sondern nur Manipulation, Drohung und Verlockung anzunehmen, soweit Einfluss der Einen auf die Anderen überhaupt stattfindet. Eine kulturphilosophische Theorie in dieser Perspektive hat um die Zeit des Ersten Weltkriegs Oswald Spengler entworfen. In Spenglers Sicht ist die Weltgeschichte **nicht ein Kontinuum**, sondern **eine Reihe von Kontinua**, die voneinander grundsätzlich getrennt, miteinander grundsätzlich nicht in Beziehung sind: Es handelt sich bei der Geschichte der Menschheit nicht um *eine* Entwicklung, wenngleich in jeder dieser angenommenen Einheiten Entwicklung stattfindet. Diese grundlegenden Einheiten der Geschichte nennt Spengler „Kulturen". Sie treten nebeneinander oder nacheinander in eigenständiger Weise auf und sind jeweils für sich Ausdruck eines bestimmten „Seelentums". So kennt Spengler etwa aus der Vergangenheit Europas drei solche „Kulturen": die griechische als Ausdruck der „apollinischen Seele", die arabische, die für die „magischen Seele" steht, und die germanisch-abendländische Kultur, deren Träger die „faustische" Seele ist. Zwischen ihnen, wie zwischen irgendwelchen „Kulturen" echten Austausch zu pflegen oder gar Dialoge über grundlegende Fragen führen zu wollen, wäre in seiner Sicht illusorisch und unmöglich: „Die Erscheinung andrer Kulturen redet eine andre Sprache. Für andere Menschen gibt es andere Wahrheiten. Für den Denker sind sie alle gültig oder keine." (Spengler 1975, 34)

Diese Spengler'schen Kulturen – es sind, wie bei Huntington, acht Fälle – verhalten sich durchgehend wie Pflanzen: Sie sind ortsgebunden, wachsen, bringen Blüte und Frucht hervor, welken und sterben. Ihre durchschnittliche Vegetationszeit beträgt 1000 Jahre. Nach dieser Frist treten Kulturen, wenn ihre Träger nicht von einer neu aufstrebenden Kultur vernichtet werden, in ihr letztes, steriles Stadium ein, die Phase der „Zivilisation": Sie sind nicht mehr schöpferisch, breiten sich allerdings in organisatorischer und materieller Hinsicht ins Gigantische aus. Im Vergleich zur Zivilisationsphase etwa der ägyptischen Kultur ist diejenige des Abendlandes tatsächlich weltumspannend, jedoch sind andere Merkmale hier wie dort identisch. Ein Vergleich und zugleich eine Prognose für die Gegenwart ist nach Spengler möglich durch das Aufsuchen von Parallelen zwischen den einzelnen Kulturen, die stets wiederkehrende Gestalten und Rhythmen aufweisen. Dieses Verfahren führt ihn zu der Diagnose, dass in seiner Gegenwart der Untergang der faustisch-abendländischen Kultur bereits stattgefunden habe und ihr Fortbestehen nur noch in einer gigantischen, der erstmals weltumspannenden „Zivilisation" zu erwarten sei.

Sofern aber innerhalb einer solchen Zivilisation immer noch kulturelle Differenzen auftreten, ist gemäß einer derartigen Sicht durchaus die „Gefahr eines globalen Kultur-Apartheid-Systems" (Forstner 1999, 97) gegeben. **Interkulturalität** in irgendeinem Bereich wäre ein illusorisches Unterfangen, die „menschliche Fähigkeit zum Perspektivenwechsel" (Holenstein 1998, 257) müsste auf den jeweiligen kulturellen Raum beschränkt bleiben, Dialoge und Argumentation über derartige Grenzen hinweg wären schlicht unmöglich. Das würde u.a. auch bedeuten, dass nur eine Art von **Multikulturalität** möglich wäre, die unter Umständen „bad for women" (vgl. die Titelfrage von Moller Okin 1999) und ebenso auch für Mitglieder anderer qualitativer oder quantitativer Minderheiten sein könnte: Wenn nämlich traditionell verankerte Gruppenrechte jenseits möglicher Kritik stünden.

In Beschreibungen der Geschichte menschlicher Gesellschaften wurden nicht nur Kulturen als egalitär zueinander beschrieben, sondern auch **Rassen**. Keineswegs alle Rassentheoretiker haben nämlich die Auffassung vertreten, es gebe überhaupt eine „höchste Rasse". Sogar einer der in den 1930er-Jahren bekanntesten einschlägigen deutschen Autoren, Ludwig Ferdinand Clauß (1926, 16), schreibt:

„Jede Rasse stellt in sich selbst einen Höchstwert dar. *Jede Rasse trägt ihre Wertordnung und ihren Wertmaßstab in sich selbst* und darf nicht mit dem Maßstab irgendeiner anderen Rasse gemessen werden. [...] Über den Wert einer Menschenrasse „objektiv" zu entscheiden vermöchte ja nur der Mensch, der über den Rassen stünde. Den aber gibt es nicht, denn Mensch sein heißt, rassisch bedingt sein."[1]

Es erübrigt sich fast von selbst der Hinweis, dass nicht nur im „praktischen Leben", sondern auch in der Rechtsordnung und in der Politik diese Einsicht verletzt und andere „Rassen" durchaus, so Clauß, „mit den Augen der nordischen Rasse" gesehen und „nach nordischer Wertordnung" in einem „Verstoß gegen die billigste Logik" bewertet wurden. Tatsächlich ist hier der Übergang von einem Konstatieren von **Differenzen** zur Behauptung einer **Defizienz** die Regel und nicht die Ausnahme (Wimmer 1989). Wesentlich bleibt auch dieser Sichtweise das Ziehen von Grenzen, damit uns nicht am Ende, wie Clauß 1939 im Vorwort zur dritten Auflage seines Buches schreibt, „auf allen Straßen" die „Affen der Nordheit" beggenen. In ihren jeweiligen Grenzen bleiben die „Rassen", säuberlich getrennt und jeweils „artgerecht" lebend, in ihren je eigenen Wertwelten und manche von ihnen werden „ihr Bestes nur dann tun können, wenn sie dienen können und zwar in der ihnen eigenen besonderen Weise des Dienens [...]."

2.3 Komplementarität

Da Herren Diener und Diener Herren brauchen, ist bei aller behaupteten Egalität zumindest in dieser Hinsicht doch auch schon eine Form von Komplementarität gegeben, der dritten möglichen Sichtweise.

---

[1] Zu Clauß, der 1942 aus der NSDAP ausgeschlossen und später wegen der Rettung seiner jüdischen Mitarbeiterin als „Gerechter unter den Völkern" ausgezeichnet wurde, vgl. Weingart 1995.

In der Tat könnte das dritte mögliche Urteil über das Verhältnis des Eigenen zum Anderen schließlich in der Behauptung liegen, dass die differenten Kulturen und Lebensformen sich, zumindest in Teilbereichen, gegenseitig nicht ausschließen, vielmehr einander ergänzen und vervollkommnen. Was die Einen entwickelt haben, fehlt den Anderen und diese sind imstande, dessen Wert zu schätzen. Das Verhältnis ist gegenseitig oder sogar allseitig und eine Entwicklung bei der einen Seite führt zum möglichen Austausch mit der anderen.

Die Vorstellung der Komplementarität setzt voraus, dass es eine Komplettheit menschlicher Lebensform gibt, die jedoch in keiner besonderen Kultur oder kulturellen Ausprägung, wohl aber in einem allseitigen Lernen aller von allen erreicht wird. Es gibt unterschiedliche theoretische Ansätze dazu, von denen ich einige in Erinnerung bringen will.

So setzt beispielsweise die Kulturtheorie der so genannten *Négritude*-Bewegung voraus, dass der Mensch erst durch die Entwicklung von Rationalität *und* von Emotionalität zur Entfaltung gelangt. Wenn, wie einer ihrer Proponenten, Léopold Sedar Senghor sagt, die Ratio sei okzidental, die Emotion hingegen afrikanisch, so scheint auf der Hand zu liegen, dass nur in einer **Ergänzung** des Einen durch das Andere das Ganze erreicht werden kann. Wenn Afrikaner sich westliche Rationalität und Okzidentale sich afrikanische Emotionalität aneignen, so scheint da keinerlei „Raub" stattzufinden, weil alle nur gewinnen würden, was sie jeweils für sich allein nicht hätten. Fragwürdig bleibt in einer derartigen Sicht allerdings die Zuschreibung von gleichsam naturgegebenen Eigenschaften (vgl. Senghor 1971; ders. 1972, 11-38). Hier werden in der Tat die behaupteten „kulturellen" deutlich mit „rassischen" Eigenschaften korreliert, was an sich schon wegen dieses fragwürdigen „Begriffs" problematisch ist. Zudem wurde hinsichtlich der politisch-emanzipatorischen Brauchbarkeit einer solchen Vorstellung der Einwand von Marcien Towa, Paulin Hountondji und anderen formuliert, dass eine ethnisch (oder „rassisch") begründete Zuschreibung einer bestimmten Vernunftform ein illusorisches Bewusstsein von der eigenen, im Vergleich zu Europa gänzlich andersartigen kulturellen Identität voraussetzt und dadurch als Ideologie des Kolonialismus im Neokolonialismus weiterlebt.

Eine Komplementaritätsvorstellung kommt – durchaus überraschend – zuweilen sogar in missions- oder religionstheoretischen Zusammenhängen vor. So schreibt Wolfgang Krautz (1995, 328) in seinem Nachwort zu Peter Abaelards „Gespräch eines Philosophen, eines Juden und eines Christen" beispielsweise:

„Alle Menschen sind [...] ebenso auf die religiösen Überlieferungen ihres Volkes oder Kulturkreises wie auf einen universalen interreligiösen Dialog angewiesen, weil ihnen sonst wegen der historischen Zufälligkeit, Beschränktheit und Kürze ihrer Existenz wesentliche Offenbarungen der Menschheit zum Schaden ihrer eigenen sittlichen Entwicklung entgingen.

Sie müßten sonst auf dem mühsamen Weg der Selbsterziehung jene Einsichten wiedergewinnen, die anderen vor ihnen bereits offenbar geworden sind." (vgl. auch Weiße 1996, 175; Margull 1992, 304)

Wenn dies wörtlich zu verstehen ist und tatsächlich *alle* Menschen wie auch *alle* Religionen gemeint sind, so werden damit Bedingungen für allseitige interreligiöse Dialoge über *alle* Inhalte von Religionen angesprochen. Ich bezweifle, dass für religiöse Menschen eine derartige Komplementaritätsidee im Allgemeinen attraktiv oder akzeptabel ist. In der Realität dürfte eine solche Ansicht in den seltensten Fällen leitend sein, sondern die andere, wonach von differenten Glaubensüberzeugungen jedenfalls *eine* falsch sein müsse; oder aber die unter Gläubigen jeder Religion üblichere Ansicht, wonach die eigene Überzeugung jedenfalls richtig sei. Eine realistischere Erfahrung hat darum wohl Hans Küng formuliert, wenn er als eines der Ergebnisse der Dialoge zwischen Theologen verschiedener Religionen über ein **Weltethos** festhält, dass erst nach deren jeweiligen Vorstellungen vom *divinum*, also dem Göttlichen, auch ihre Vorstellungen vom wahren *humanum* gebildet werden (vgl. Küng 1993, 38-39; Wimmer 1997, 317-325).

Interkulturell orientiertes Philosophieren allerdings kann nur in der Überzeugung betrieben werden, dass die verschiedenen philosophischen Traditionen einander in Aufgeschlossenheit und in Kritik etwas zu geben haben, dass sie komplementär sind. Dies aber setzt nicht nur voraus, dass Philosophierende aus verschiedenen Kulturtraditionen einander wahrnehmen (d.h. dass sie auch die jeweils „anderen Traditionen" studieren) sondern darüber hinaus, dass sie bei allen bestehenden Differenzen des Inhalts und der Form des Denkens einander als Gleiche begegnen. Es setzt, mit anderen Worten, **polylogisches Vorgehen** zumindest der Absicht nach voraus. Jedoch werden auch philosophierende Menschen sich selbst, ihre Tradition und Überzeugung, jeweils als „Zentrum" betrachten und werden nicht davor gefeit sein, im fremden Anderen mehr als nur eine Differenz, nämlich eine Defizienz wahrzunehmen. Darum haben wir uns mit möglichen idealtypischen Formen zentristischen Verhaltens zu befassen.

3 Vier Typen kultureller Zentrismen

Es gibt drei gewöhnliche Strategien. Die eine besteht in Lenkung und einseitiger Veränderung einer schwächeren durch eine faktisch mächtigere Gesellschaft. Nach einer zweiten Strategie genügt es, die eigene Lebensform überzeugend zu praktizieren, denn diese wird als derart attraktiv angesehen, dass alle differierenden sich von selbst ihr anpassen werden. Die dritte Strategie besteht in der Isolierung des Differenten, das dann sich selbst überlassen wird, wobei dabei das Maß und die Form der Isolierung durch die jeweils mächtigere Gesellschaft bestimmt wird. Es gibt aber noch eine vierte Strategie, die darin besteht, das Eigene zwar zu behaupten, aber in Interaktion mit dem anderen zu treten und nichts aus dieser Interaktion auszuschließen, somit nichts als absolut endgültig oder normal zu betrachten. Ich sehe diese vier Strategien als unterschiedliche Formen kultureller Zentrismen an.

3.1 Expansiver Zentrismus

Gemäß der ersten Strategie ist, soweit überhaupt möglich, Entwicklung nur durch einseitige Einwirkung zu erreichen, sie ist von vornherein nicht eine Sache gleichberechtigter Zusammenarbeit.

Eine expansiv zentristische Sicht und Strategie können wir so verstehen, dass von einer absoluten Gültigkeit und Richtigkeit der eigenen Anschauungen, Werte und Handlungsweisen ausgegangen wird. Auch wird angenommen, deren Verbreitung „unter allen Völkern" ohne Veränderung der Inhalte sei sowohl notwendig als auch möglich.

Ein expansiver Zentrismus beruht auf der Idee, dass „die Wahrheit" über eine bestimmte Sache, oder „das Optimum" in einer bestimmten Lebensform irgendwo bereits endgültig gegeben sei und darum lediglich verbreitet werden müsse. Diese Idee findet sich im Neuen Testament ebenso wie in Thesen über die Notwendigkeit der Modernisierung und Zivilisierung der nicht-europäischen Menschheit im Gefolge der Aufklärung. Im Zentrum steht hier jeweils der wahre Glaube oder das sichere Wissen, der objektive Fortschritt oder der allein seligmachende Glaube. An der Peripherie gibt es Heidentum und Aberglaube, Unwissenheit oder Rückständigkeit und Unterentwicklung. Die Anstrengung des Zentrums besteht strategisch darin, sich stets weiter auszudehnen und so das jeweils Andere schließlich zu beseitigen. Dies ergibt die Vorstellung von einem monologischen Prozess im Sinn einer religiösen oder säkularen Heilsverkündigung. Zu denken ist als Idealvorstellung dieses Typus, dass alle einflussnehmenden Kräfte in diesem Prozess in einer Richtung verlaufen – vom Zentrum aus in alle Peripherien, ohne dass Einflüsse in umgekehrter Richtung anzunehmen wären.

Die Grundvorstellung eines expansiven Zentrismus kann in folgender Weise verbildlicht werden:

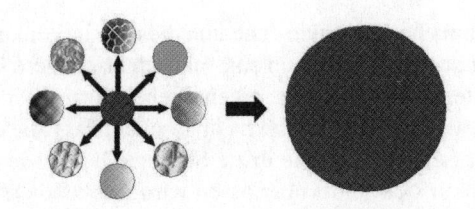

3.2 Integrativer Zentrismus

Ein integrativer Zentrismus geht von derselben Überzeugung einer objektiven Überlegenheit des je Eigenen aus, wobei aber angenommen wird, dass dessen Attraktivität als solche bereits ausreicht, um alles Fremde anzuziehen und einzuverleiben. Diese Idee findet sich etwa im klassischen Konfuzianismus ausgeführt im Zusammenhang mit der Frage, wie „Herrschaft" zu erlangen sei. Die Anstrengung des Zentrums nach dieser Strategie besteht darin, die als richtig erkannte oder erfahrene Ordnung aufrechtzuerhalten bzw. immer wieder herzustellen. Eine weitere Anstrengung des Zentrums wird *idealiter* nicht als notwendig gedacht, da auf dessen Attraktionsfähigkeit so sehr zu vertrauen ist, dass alle weiteren Aktivitäten von den Peripherien selbst ausgehen werden. Auch dies ergibt, wie im ersten Typus, einen monologischen Prozess – im Sinn des Angebots eines guten Lebens, zu dem allerdings ebenso wenig Alternativen gedacht werden wie im ersten Fall. In beiden Fällen gibt es nur die vollständige Entgegensetzung des Eigenen und einzig Richtigen einerseits und andererseits des Fremden mit derselben Zielvorstellung – dass das Fremde schließlich ohne Rest verschwindet.

Eine bildliche Verdeutlichung dieses zweiten Typus wäre:

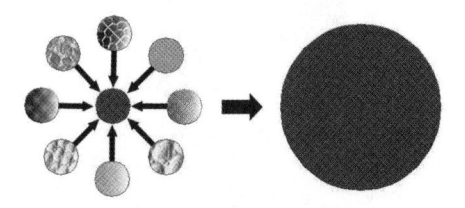

3.3 Separativer Zentrismus

Von einem expansiven wie von einem integrativen unterscheidet sich ein separativer oder multipler Zentrismus, der wieder eine andere Strategie begründet: Damit ist jene Haltung gegenüber differenten Kulturen und Gesellschaftsformen gemeint, in der keine absolute Superiorität irgendeiner über irgendeine andere behauptet wird, zumindest nicht in der Theorie. In der europäischen Geistesgeschichte wird diese Idee zumeist mit dem Relativismus von Michel de Montaigne, deutlicher aber mit den Arbeiten von Giambattista Vico und Johann Gottfried Herder in Verbindung gebracht. Sie hat als Idee bis heute in Multikulturalitätsdiskursen nicht an Einfluss verloren.

Als theoretisch reine Form gedacht, handelt es sich um die Annahme wirklicher Gleich-Gültigkeit von differenten Weltbildern. Praktisch kann das Vorherrschen einer solchen Auffassung immerhin zu gegenseitigem Tolerieren vieler möglicher Denkformen, im besten Fall sogar zur gegenseitigen Hochschätzung führen. In dieser Perspektive ist grundlegend die Annahme von Verschiedenheit und Vielheit, nicht von Homogenität und Einheit. Dies ist, wiederum theoretisch rein gedacht, jedoch mit der Gefahr verbunden – die zumindest für Philosophie und Wissenschaft fatal wäre –, dass differente Denkformen nicht mehr selbst als möglicher Gegenstand von Diskursen, sondern als unüberwindbar, gleichsam natur-gegeben betrachtet würden. Die hauptsächliche Aufgabe der verschiedenen Zentren in einer solchen Perspektive besteht in der Erhaltung ihrer jeweiligen Identität und ihres Erbes, auch der Unterscheidung von den jeweils anderen. Solche Traditionen können bei gesellschaftlich-politischer Nähe doch deutlich von einander getrennt existieren. Wenn sie einander unter bestimmten Bedingungen tolerieren, so werden sie doch in jenen Dingen, die sie unterscheiden, nicht Fragen nach Wahrheit oder Gültigkeit zulassen. Die Situation kann in folgender Weise illustriert werden:

Diese drei Formen von expansivem, integrativem und separativem Zentrismus treten in realen Prozessen nicht als reine Fälle auf; sie sind nur idealtypisch unterscheidbar. Als solche können wir sie in Konflikten jedoch identifizieren. Denken wir z.B. an die Idee von menschlichen Grundrechten. Eine expansiv zentristische Strategie zu deren Durchsetzung wird darin bestehen, abweichende Traditionen mit verschiedensten Mitteln der Einflussnahme zur eigenen Überzeugung zu bringen, die als allgemein gültig postuliert wird. Eine integrative Strategie wird auf aktive Einflussnahme verzichten und darauf vertrauen, dass die eigene konsequent vorgelebte Überzeugung attraktiv genug ist, um Alternativen auf Dauer zum Verschwinden zu bringen. Ein separativer Zentrismus wird den jeweiligen ideologischen, religiösen oder kulturellen Kontext als die letzte Instanz möglicher Rechtfertigung betrachten. Die beiden ersten Strategien sind als Varianten des Universalismus zu betrachten, die dritte als Relativismus. Alle drei spielen in Debatten der Gegenwart eine Rolle (vgl. Wimmer 1993, 245-64; ders./Tanaka 2005, 345-360).

Philosophinnen und Philosophen können sich eigentlich mit keinem dieser drei Ansätze zufrieden geben. Sie können sich als Philosophinnen und Philosophen weiter auf nichts stützen als auf die Überzeugungskraft ihrer Argumente – und darum dürfen sie nichts außer Frage stellen, wenn sie anderen Überzeugungen begegnen. Sie können zweitens nicht darauf vertrauen, in der eigenen Tradition alles überhaupt Wertvolle schon zu haben – und darum müssen sie nach den Ideen der Anderen fragen und müssen sich mit diesen auf gleicher Ebene in Argumentation einlassen. Sie können sich drittens nicht auf eine ethnisch, kulturell, religiös, national oder wie immer begrenzte Gültigkeit zurückziehen – und darum werden sie der Absicht nach stets universalistisch sein müssen, allerdings im Bewusstsein einer durch die jeweils Anderen kritisierbaren Überzeugung.

3.4 Tentativer Zentrismus

Ein vierter Typus, den wir immer noch als Zentrismus beschreiben können, ist mit einer transitorischen oder tentativen Strategie zu kennzeichnen. Sie besteht darin, dass sowohl die Überzeugung, in einer Frage im Recht zu sein, als auch die Offenheit gegenüber den differierenden Ansichten anderer leitend ist, die gleicherweise überzeugt sind, im Recht zu sein. Es kann sogar eine notwendige Bedingung dafür sein, die Überzeugung des Anderen wirklich zu verstehen, dass ich meiner Überzeugung „absolut" gewiss bin. Auch in dieser Perspektive ist Vielheit und nicht Einförmigkeit als grundlegend gedacht. Jedoch so, dass jeder konkrete, historisch-kulturell erreichte Stand des Denkens nicht als endgültig, sondern als vorläufig gedacht wird. Nehmen wir an, es gebe mehrere Teilnehmerinnen und Teilnehmer an einem Dialog oder Polylog (s.u.) in einer bestimmten Frage, so kann jede und jeder von ihnen an den Anderen in unterschiedlichem Maß interessiert und für sie offen sein. Jede und jeder von ihnen handelt und denkt von einem jeweils anderen Feld von Evidenzen aus. Alle sind „kulturell geprägt" und wissen dies auch. Solche Bedingungen können zu Prozessen des Beeinflussens – zum gegenseitigen Manipulieren, Überreden oder Überzeugen[2] – führen, die auf die Entwicklung gegenseitiger Argumentation abzielen. Bildlich könnte die Situation so aussehen:

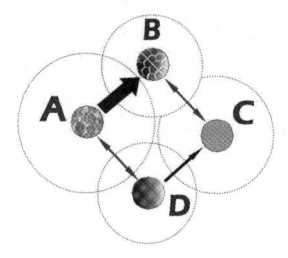

---

[2] Zu epistemologischen Merkmalen der drei zetetischen Verfahren des Manipulierens, Überredens und Überzeugens vgl. Wimmer 1990, 106-114.

Philosophieren gemäß einer solchen Einstellung im Umgang mit fremdem, anderem Denken wird nicht vom Anspruch absoluter Gültigkeit der eigenen Auffassung für alle Menschen ausgehen. Aber es wird dennoch im gemeinsamen Gespräch die Aufgabe verfolgen, eine solche Gültigkeit zu erreichen. Es wird darum die eigene Auffassung, den eigenen Standpunkt nicht auf den Kontext reduzieren oder relativieren, wie es dies auch nicht beim Anderen tun wird. Philosophie in diesem Sinn, als **polylogisches Verfahren** zwischen Gleichen bei inhaltlicher Differenz, kann eine Aufgabe im Orientierungsprozess unter den Bedingungen der Globalisierung sein.

In der Situation der Globalisierung Philosophie zu betreiben, erfordert ein offenes und zugleich kritisches Bewusstsein gegenüber früheren, regional begrenzten Denkweisen, einschließlich der jeweils eigenen. Es erfordert das Aufbrechen von Grenzen und das Eingehen auf Fremdes. Wir werden aber auch sagen müssen, dass ein solches Eingehen auf das Andere und Fremde stets mit den besonderen, eigenen Mitteln, den je eigenen Begriffen und Auffassungen geschieht und darum immer noch eine Form von Zentrismus darstellt.

4 Polylog als Leitbild für den Umgang mit kultureller Differenz

Abschließend will ich das Denkmodell eines „Polylogs" (Wimmer 2004, 66-74) als mögliche orientierende Idee in der Philosophie diskutieren, das sich aus dem **Dilemma der Kulturalität** jeder bestimmten philosophischen Tradition ergibt, die zugleich einen Universalitätsanspruch erheben muss und doch in grundsätzlicher Weise von je bestimmten kulturellen Faktoren bedingt oder zumindest geprägt ist.

4.1. Monolog

Nehmen wir an – was nicht illusorisch ist –, es gebe in einer philosophischen Frage vier differente philosophische Traditionen (A, B, C, D), die unterschiedliche oder sogar einander ausschließende Antworten darauf geben. Nehmen wir ferner an, dass es ein Interesse daran gibt, diese Frage zu klären, so könnten wir uns das dazu mögliche Verfahren zunächst als eine Art von **Monolog** vorstellen und grafisch so darstellen:

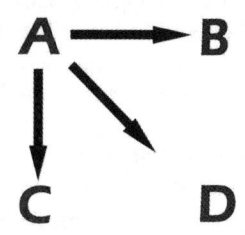

4 Polylog als Leitbild für den Umgang mit kultureller Differenz

```
A ──► B
│╲
│ ╲
▼  ▼
C   D
```

Alle Pfeile, mit denen Einflussnahmen symbolisiert werden sollen, sind in diesem Modell gleich stark, sie weisen somit auf ein gleichmäßiges Interesse von „A" an allen anderen Traditionen hin. Bereits dieses Merkmal zeigt, dass es sich hier lediglich um eine Denkmöglichkeit handelt, denn in jeder wirklichen Wahrnehmung fremder kultureller Traditionen, Denk- und Lebensweisen wird dies nicht zutreffen: Auch wenn „A" der festen Überzeugung ist, alle konkurrierenden Formen überwinden zu können, werden doch einzelne davon ein stärkeres Interesse hervorrufen als andere. Eine Vielzahl möglicher Varianten wäre hier denkbar, wie z.B.:

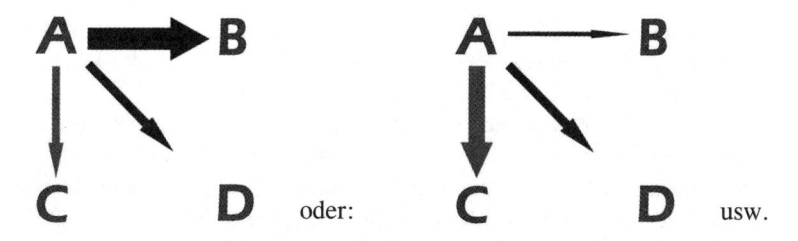

```
A ══► B        A ──► B
│╲             ║╲
▼ ▼            ▼ ▼
C  D   oder:   C  D   usw.
```

Wesentlich ist jedoch die **Voraussetzung** – dass die Position der Tradition „A" konkurrenzlos und gewiss wahr oder gültig für alle ist – wie auch das **Ziel** – dass Einheitlichkeit ausschließlich nach den Vorgaben von „A" anzustreben ist: Es gibt keine Einflüsse auf A, alle Pfeile weisen nur in eine Richtung. Im kulturtheoretischen Diskurs können diese Voraussetzung und dieses Ziel mit Ausdrücken wie „Zivilisierung", „Verwestlichung", „Kulturimperialismus" oder „Kulturzentrismus" bezeichnet werden. B, C und D können einander in diesem monologischen Modell ignorieren. Sie sind weder für A, noch füreinander von Interesse.

Ist diese Idee **praktikabel**? Die Idee eines monologischen Prozesses von Zivilisierung scheint hoch praktikabel. Das zeigen mehrere Großprojekte der Geschichte (China, Rom, Islam usw. bis zur heutigen Situation der Globalisierung). Aber **theoretisch** sind die Grundlagen eines solchen Prozesses sehr schwach:

- In diesem Modell wird verkannt, dass bei jedem kulturellen Einfluss **Gegenwirkungen** entstehen, die die beeinflussende Kultur wesentlich verändern. Es ist nicht mehr als ein Wunschtraum, wenn die Pfeile in den Grafiken so gedacht werden, dass sie lediglich von A ausgehen und keinerlei Gegenrichtung angenommen wird.
- Es muss außerdem in diesem Modell angenommen werden, dass **homogene** „Kulturen" aufeinander treffen. Dies ist eine unrealistische Annahme.
- Es kann bei einer derartigen Idee unmöglich behauptet werden, dass die vorausgesetzte **Allgemeingültigkeit** (der Position A) mit allen Mitteln in Auseinandersetzung mit konkurrierenden Positionen **geprüft** worden wäre.

4.2 Dialog

Realistischer als das monologische Modell zur Beschreibung von Prozessen, die zwischen kulturell differenten Traditionen ablaufen, ist darum ihre Interpretation als **Dialoge**.

Ein „Dialog" findet durch „Rede zwischen" statt, ein mögliches Ergebnis ist nicht die Leistung von nur einer Seite, sondern von beiden oder allen Beteiligten. Wir können uns wieder dieselben Fragen wie im Fall des Monologs stellen:

- Die **Voraussetzung** des Dialogs ist mehr als nur ein Tolerieren, vielmehr ein Interesse an der anderen Position; ferner der Verzicht auf die Behauptung der exklusiven Gültigkeit der jeweils eigenen Position.
- Das angestrebte **Ziel** in dialogischen Verfahren liegt in einer Synthese, in etwas Neuem, das sich nicht aus einer der zuvor gegebenen Positionen allein ergeben hätte. In interkulturellen Dialogen wird Ziel stets eine Art von Akkulturation sein, in der alle beteiligten Gruppen sich verändern.
- Auch die Frage nach der **Praktikabilität** ist zu stellen. Dialoge erfordern einen wesentlich höheren Aufwand an gegenseitiger Information – es müssen beispielsweise die jeweils anderen Gedanken etc. gegenseitig übersetzt und interpretiert werden, was in der Philosophie zur „komparativen Philosophie" geführt hat, von der schon die Rede war.

4.3 Polylog

„Diá" heißt also „zwischen". Im Deutschen und auch in anderen Sprachen assoziieren wir aber meistens damit „zwei" (griechisch: „dýo" mit Betonung auf „ý"). Aus diesem pragmatischen Grund der Assoziationsgewohnheit – als handle es sich um Gespräche „zwischen zweien" - ist es notwendig, in der gegenwärtigen Situation (der Philosophie, wahrscheinlich aber auch anderer Wissenschaften) von **allseitigen Dialogen** zu sprechen und diese Idee auch entsprechend zu benennen: als „Polyloge".

4 Polylog als Leitbild für den Umgang mit kultureller Differenz 95

Das Wort muss nun nicht mehr lange erklärt werden: Es handelt sich um Dialoge zwischen „vielen" (griechisch: „polý") und im theoretisch rein gedachten Fall zwischen „allen" möglichen Traditionen. Die Grafik des Idealfalls sähe so aus:

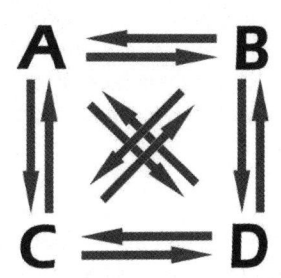

```
A ⇌ B
‖ ⨉ ‖
C ⇌ D
```

Dies stellt praktisch eine ebenso unmöglich durchzuführende Idee wie der Monolog dar:

> Es müsste zu *jeder* strittigen Frage unter *allen* Beteiligten die **gleiche Offenheit** für Argumente und das **gleiche Interesse** allen anderen Beteiligten gegenüber vorhanden sein. Es ist vermutlich keine Schwierigkeit, sich so etwas im eigenen Bekanntenkreis zu überlegen, um zu bemerken, dass hier von einer idealen, einer gedachten, nicht von der realen Welt die Rede ist. Auch hier, wie bei dem Modell des Monologs, müsste zumindest an eine Vielzahl von Varianten gemäß dem jeweils stärkeren oder geringeren Interesse gedacht werden. Die Idee hat aber eine für die Praxis fundamentale Schwierigkeit: In polylogischen Verfahren dürfte nichts außer Diskussion stehen, auch nicht Grundbegriffe oder die möglichen Methoden einer Klärung. Womit soll man aber dann beginnen?

Ist die Idee von Polylogen somit obsolet? Stellen wir uns wieder die drei Fragen wie beim Monolog:

- Was sind die **Voraussetzungen**? Die wesentliche Voraussetzung ist der Verzicht auf Absolutheitsbehauptungen, wie bei Dialogen im Allgemeinen. Dazu kommt aber noch, dass eine gegenseitige Anerkennung der Gleichrangigkeit aller gefordert ist, was z.B. bedeutet, dass *idealiter* keine „Repräsentanten", sondern alle in einer Frage Betroffenen gleicherweise zu hören sind und mit ihnen ein Dialog zu führen ist. Eine dritte Voraussetzung liegt darin, dass jederzeit ein erzieltes Ergebnis neu zur Disposition steht, wenn andere Gesichtspunkte als die bisher diskutierten zur Sprache gebracht werden.
- Was ist das **Ziel**, das angestrebt wird? Das Ziel liegt in einer gegenseitigen Entwicklung aller in möglichst großer Freiheit und Selbstbestimmung.

- Wie **praktikabel** ist die Idee? Auf Anhieb: überhaupt nicht. Aber sie kann nicht nur, sie soll bei der Intensivierung und Ausweitung von Dialogen als regulative Idee verfolgt werden.

Als regulative Idee ist der Polylog ebenso wenig eine Beschreibung der Wirklichkeit wie der Monolog. Er hat diesem gegenüber jedoch einen eindeutigen Vorzug: Es wird nichts als absolut gültig oder wahr vorausgesetzt, was tatsächlich vielleicht nur einer bestimmten Kultur immanent ist. Als **regulative Idee** kann die Idee des Polylogs **Praxisregeln** für den Umgang mit kulturell differenten Traditionen liefern, die negativ oder positiv formuliert werden können. Es handelt sich um folgende:

Zunächst und vor allem ist interkulturelle Philosophie eine Frage der Praxis, wofür eine Minimalregel in zweifacher Weise formuliert werden kann. In negativer Formulierung lautet die Regel:

„Halte keine philosophische These für gut begründet, an deren Zustandekommen nur Menschen einer einzigen kulturellen Tradition beteiligt waren."

Positiv formuliert lautet sie:

„Suche wo immer möglich nach transkulturellen ‚Überlappungen' von philosophischen Begriffen, da es wahrscheinlich ist, dass gut begründete Thesen in mehr als nur einer kulturellen Tradition entwickelt worden sind."

Bereits die Einhaltung solcher Minimalregeln würde zu verändertem Verhalten in der Wissenschafts-, Kommunikations- und Argumentationspraxis führen.

Literatur

Chatterjee, M. 1988. *Philosophie in Indien heute*, in: Wimmer, F.M. (Hg.), Vier Fragen zur Philosophie in Afrika, Asien und Amerika, Wien, http://www.homepage.univie.ac.at/franz.martin.wimmer/4fragen88.html.
Chaui, M. 2000. *Brasil – Mito fundador e sociedade autoritária*, São Paulo.
Clauß, L.F. 1926. *Rasse und Seele. Eine Einführung in die Gegenwart*, München (sowie Aufl. von 1939).
Flexner, S.B. 1979. *I hear America talking. An Illustrated History of American Words and Phrases*, New York.

Forstner, M. 1999. *Das Feindbild haben immer die Anderen. Der Konflikt der Kulturen aus arabisch-islamischer Sicht*, in: Dostal, W./Niederle, H./Wernhart, K.R. (Hg.), Wir und die Anderen. Islam, Literatur und Migration, Wien.
Frauwallner, E. 1944. *Die Bedeutung der indischen Philosophie*, in: Schaeder, H.-H. (Hg.), Der Orient in deutscher Forschung. Vorträge der Berliner Orientalistentagung, Herbst 1942, Leipzig.
Holenstein, E. 1998. *Kulturphilosophische Perspektiven*. Frankfurt/M.
Huntington, S.P. 1993. *The Clash of Civilizations*, in: Foreign Affairs, Sommer 1993, Bd. 72, Nr. 3, 22-49.
Krishna, D. 1989. *Comparative Philosophy: What It Is and What It Ought to Be*, in: Larson, G.J./Deutsch, E. (Hg.), Interpreting Across Boundaries. New Essays in Comparative Philosophy, Delhi.
Krautz, H.-W. 1995. *Nachwort*, in: Ders. (Hg.), Peter Abailard: Gespräch eines Philosophen, eines Juden und eines Christen, Frankfurt/M./Leipzig [beim Insel-Verlag „Abailard" in einer vom Text abweichenden Schreibweise].
Küng, H. 1993. *Das Humanum als ökumenisches Grundkriterium*, in: Südwind, Nr. 6, Juni 1993, 38-39.
Lamprecht, K. 1910. *Europäische Expansion*, in: Pflughk-Harttung von, J. (Hg.), Weltgeschichte. Neuzeit seit 1815, Berlin.
Lorenz, K. 1998. *Indische Denker*, München.
Mall, R.A. 2002. *Andersverstehen ist nicht Falschverstehen*, in: Schmied-Kowarzik, W. (Hg.), Verstehen und Verständigung, Würzburg.
Margull, H.J. 1992. *Zeugnis und Dialog. Ausgewählte Schriften*, mit Einführungen von Th. Ahrens u.a., Perspektiven der Weltmission Bd. 13, Ammersbek bei Hamburg.
Martins, W. 1992. *História da Inteligência Brasileira*, Bd. I (1550-1794), 4. Aufl., São Paulo.
Moller Okin, S. 1999. *Is Multiculturalism Bad for Women?*, Princeton N.J.
Rorty, R. 2000. *Wahrheit und Fortschritt*, Frankfurt/M.
Senghor, L.S. 1971. *The Foundations of "Africanité" or "Négritude" and "Arabité"*, Paris.
Senghor, L.S. 1972. *Pourquoi une idéologie négro-africaine?*, in: Présence Africaine, Bd. 82, 11–38.
Six, C. 2001. *Hindu-Nationalismus und Globalisierung. Die zwei Gesichter Indiens: Symbole der Identität und des Anderen*, Frankfurt/M.
Spengler, O. 1975. *Der Untergang des Abendlandes. Umrisse einer Morphologie der Weltgeschichte*, 3. Aufl., München.
Tempels, P. 1956. *Bantu-Philosophie. Ontologie und Ethik*, Heidelberg.
Tempels, P. 1978. *Mélanges de philosophie africaine*, herausgegeben von P. Smet, Kinshasa.
Vieira, A. 1655. *Sermão do Bom Ladrão*, http://www.cce.ufsc.br/~nupill/literatura/BT2803039.html (07.07.2008).
Weingart, P. 1995. *Doppelleben. Ludwig Ferdinand Clauss: Zwischen Rassenforschung und Widerstand*, Frankfurt/M.

Weiße, W. 1996. *Das Christentum und die Nachbarreligionen. Eine Frage der Toleranz? Anstöße für die Religionspädagogik durch ökumenische Dialogerfahrungen*, in: Broer, I./Schlüter, R. (Hg.), Christentum und Toleranz, Darmstadt.

Wimmer, F.M. 1989. *Rassismus und Kulturphilosophie*, in: Heiß, G. u.a. (Hg.), Willfährige Wissenschaft. Die Universität Wien 1938-1945, Wien, http://homepage.univie.ac.at/Franz.Martin.Wimmer/rassismus89.html (09.07.2008).

Wimmer, F.M. 1990. *Du sollst argumentieren*, in: Vetter, H./Potacs, M. (Hg.), Beiträge zur juristischen Hermeneutik, Wien.

Wimmer, F.M. 1993. *Die Idee der Menschenrechte in interkultureller Sicht*, in: Mall, R.A./Lohmar, D. (Hg.), Philosophische Grundlagen der Interkulturalität, Amsterdam.

Wimmer, F.M. 1997. *Sind religiöse Dialoge mögliche Polyloge?*, in: Schneider, N. u.a. (Hg.), Philosophie aus interkultureller Sicht. Philosophy from an Intercultural Perspective, Amsterdam.

Wimmer, F.M. 2004. *Interkulturelle Philosophie. Eine Einführung*, Wien.

Wimmer, F.M./ Tanaka, M. 2005. *Human Rights and Intercultural Ethics/Commentary*, in: Kühnhardt, L./Takayama, M. (Hg.), Menschenrechte, Kulturen und Gewalt. Ansätze einer interkulturellen Ethik, Baden-Baden.

Diskussion

Franz Martin Wimmer

1 Löst die Suche nach Überlappungen das Problem konkurrierender Geltungsansprüche?

Schmiedel: Wenn ich frage, welche Grundsätze für wirtschaftliches Handeln sich aus dem Islam ableiten lassen, dann müsste die so gewonnene islamische Wirtschaftsethik entsprechend dem Universalitätsanspruch des Islam doch im Prinzip mit vernunftethischen Grundsätzen für wirtschaftliches Handeln kompatibel sein. Das setzt allerdings voraus, dass man wirklich zunächst einmal Vergleichbarkeit herstellen kann und das scheint mir auf den ersten Blick nicht so einfach. Ich meine aber, wenn man sich wirklich auf die islamischen Prinzipien und nicht die Praxis beruft, müsste man eigentlich entweder zu dem Ergebnis kommen, dass die beiden zusammenpassen, womit der Universalitätsanspruch auch der Vernunftethik nach Ihrer Theorie eigentlich erst begründet wäre, oder dass sie eben nicht zusammenpassen.

Wimmer: Ich stimme Ihnen vollkommen zu. So wie Sie sehe ich das Problem, dass beiderseits der Universalitätsanspruch erhoben wird, aber die beiden Dinge sich nicht decken, sondern höchstens überlappen. Die Überlappung, nach der man in einer interkulturellen, analogischen Hermeneutik suchen soll, impliziert, dass es Prinzipien gibt, denen beide zustimmen. Man darf allerdings nicht nur bei den Prinzipien bleiben, sondern muss auch die jeweiligen Praktikabilitätskriterien anschauen. Aber auch wenn scheinbar besonders differente Gesprächspartner zustimmen, also die Überlappung sehr groß ist, bleibt immer etwas außen vor. Und dieses, was sich nicht überlappt, ist für mich eine Art Kritik einerseits, aber andererseits auch eine Chance. Die Grundvoraussetzung dieses Modells ist jedenfalls, dass die Vernunft auf allen Seiten in jeweils historisierter und kulturalisierter Gestalt auftritt, und niemand sie allein gepachtet hat. Ich bin nicht wahnsinnig optimistisch bei der Frage, ob dieses offene Gespräch in der Praxis auch dann noch realisierbar ist, wenn bestimmte Machtinteressen dahinter stecken. Deswegen spreche ich immer von der Fiktion der „nur Philosophierenden".

Ich bin auch nicht sehr überzeugt, dass die Beschreibung eines Kollegen aus Teheran zutrifft, er und ich würden uns in 95% unserer Auffassungen treffen: „Die Erde ist eine Kugel" und so weiter. Ich sagte ihm dann, die 95% könnten schon hinkommen, wenn wir bei Fragen beginnen, wie ob die Erde eine Kugel ist, aber es gehe eben um die restlichen 5%, z.B. darum, ob Männern und Frauen gleiche Rechte zugesprochen werden müssen. Die Frage der Überlappung ist in jeder einzelnen Sachfrage gesondert zu betrachten.

Brieskorn: Meine Frage betrifft noch einmal Ihre Überlappungsthese: Die „Goldene Regel" ist natürlich ein wunderbares Beispiel dafür, denn man findet sie im Konfuzianismus, im Islam, im Alten und im Neuen Testament etc. Trotzdem müsste man eigentlich sagen, dass es sicherlich Gutes gibt, das in keiner Kultur, und Schlechtes, das vielleicht in jeder Kultur auftaucht. Wir haben fast überall die Sklaverei, fast überall die Folter. Also ist das Entscheidende nicht die Überlappung, also dass etwas in ein, zwei, drei Kulturen und vielleicht auch in den Menschenrechten auftaucht, sondern wir müssen alles einer Prüfung unterziehen.

Wimmer: Ihrem Punkt stimme ich zu: Wenn etwas in keiner Tradition vorhanden ist, kann es trotzdem wahr sein. Die menschliche Vernunft kann zu einer neuen Einsicht kommen. Oder wenn etwas in allen oder vielen Traditionen vorkommt, muss es deswegen noch nicht gültig sein. Das ist aber mit dem Polylog auch nicht gemeint. Dazu erlaube ich mir ein Beispiel: In Wien gibt es ein so genanntes Integrationshaus für Familien, in welches auch eine Schule und ein mehrsprachiger Kindergarten integriert sind. Einer meiner Dissertanden hat dort vor einiger Zeit seinen Zivildienst gemacht. Nach einer Woche schrieb er mir ein ganz begeistertes E-Mail, der Umgang der Erzieher und Erzieherinnen mit den Kindergarten-Kindern sei polylogisch. Sie hätten sich selbst die Regel gegeben, nichts als Norm gelten zu lassen, was nur in einer Herkunftskultur als Norm akzeptiert ist. Ich bin gleich sehr skeptisch gewesen und habe ihn gebeten, nachzusehen, ob die Erzieher und Erzieherinnen auch die Buben zum Aufräumen oder Abwaschen anleiten, obwohl anzunehmen ist, dass das zumindest in einer der dort zahlreich vertretenen Traditionen als reine Frauenarbeit gilt. Natürlich wurden auch die Buben diesbezüglich nach unseren hiesigen Vorstellungen behandelt, was man ihnen allerdings auch versucht hat zu erklären und vermitteln. Ich wollte mit solchen Regeln zum polylogischen Umgang mit anderen Kulturen nie auch nur annähernd ein Wahrheits- oder Gültigkeitskriterium formulieren. Die Prüfung einer jeden philosophischen oder sonstigen wissenschaftlichen These nach iher Gültigkeit muss unabhängig von Traditionen oder kulturellen Dispositionen erfolgen. Das möchte ich betonen. Aber die europäische Aufklärung hat mit Autoren wie Descartes, Kant oder später Husserl – auch noch einen Aufklärer in dem Punkt – eine Abstinenz an Traditionen programmatisch zu ihrem Inhalt gemacht, und das, finde ich, ist falsch. Es kann aus einer Tradition kein inhaltliches Argument gewonnen werden, aber ohne die Traditionen ist gar nichts zu gewinnen, es sind keine Inhalte mehr da.

Ich denke also, dass der Universalitätsanspruch nicht aufgebbar ist. Es gibt allerdings zwei Fehlformen: Es gibt erstens einen Universalitätsanspruch, der sich aus einer oder wenigen Traditionen herleitet und daher *voreilig* ist. Und selbst wenn er sich weltweit durchsetzte, wäre er voreilig gewesen. Beispiel: Jemand erhebt Zweifel an der Allgemeingültigkeit des Satzes der Identität in der Logik, mit dem Argument, dass in einer Zen-buddhistisch tradierten Logik im Gegensatz zur aristotelischen keine Substanzannahme gegeben sei. Das wäre ein voreiliger Zweifel, denn ein buddhistischer Logiker im zweiten christlichen Jahrhundert hat ohne irgendeine Kenntnis der aristotelischen Tradition den Beweis sowohl dafür angetreten, dass es keine Substanz gibt, als auch dafür, dass der Satz der Identität gilt. Die zweite Fehlform neben dem voreiligen Universalismus wäre das, was ich *Ethnophilosophie* nenne. Der Begriff Ethnophilosophie wurde im Diskurs über afrikanische Philosophie entwickelt, um etwas Bestimmtes zu bezeichnen, was man gewöhnlich mit europäischen Traditionen nicht assoziiert. Ich verwende Ethnophilosophie als Bezeichnung all derjenigen philosophischen Inhalte, die eben ethno-kulturell geprägt sind. Es gibt auch eine deutschsprachige Ethnophilosophie und es gibt auch eine französische Ethnophilosphie etc.

Lee-Peuker: Ich finde das von Ihnen vorgestellte hypothetische Projekt des Polylogs sehr spannend. Mich bewegt die Frage, warum führen hypothetisch Philosophen diesen Polylog? Was ist das anthropologische Fundament für so einen Polylog, das Sie voraussetzen müssen?

Wimmer: Ja, warum tun sie das? Warum gehe ich davon aus, dass Philosophen unter Umständen Vertrauen haben, dass ein Polylog Sinn macht? Ich komme wieder auf die Menschrechtsbegründung zurück und verweise auf einen Aufsatz von Raimon Panikkar („Is the notion of Human Rights a Western Concept?", in: Diogenes 120 (1982), 75-102), in dem Panikar bezüglich der Individualrechte innerhalb der Menschenrechte über den „Nachteil" spricht, dass sie nicht universal gültig, nicht universalisierbar seien. Dagegen seien Gruppenrechte wie das Recht auf Bildung auf undeklarierte Weise überall anzutreffen. Die Individualrechte seien im Gegensatz dazu ein Ergebnis der europäischen Geistesströmung der Aufklärung im 18. Jahrhundert und auch in Europa lange nicht anerkannt. Diese Rechtsvorstellung von Individuen als Trägern von Rechten sei an eine bestimmte, keineswegs in allen Traditionen vorzufindenden Idee vom Menschen gebunden, die die menschliche Person mit einem Individuum gleichsetzt. So etwas kann aber nun Philosophen, meine ich, nicht kalt lassen. Sie können nicht sagen, es gebe gegen ein kulturell verwurzeltes Konzept kein Argument. Auf so eine Position, die mir gegenüber auf einer Konferenz von einem Ethnologen vertreten wurde, muss man entgegnen: „Und, wie machst Du das mit der Genitalverstümmelung oder mit der Witwenverbrennung?" Die Antwort des Ethnologen, er sei als Mensch dagegen, nicht aber als Ethnologe, kann man sich als Philosoph nicht leisten, wie ich meine. Bei solchen Fragen der Gerechtigkeit können wir uns nicht davonstehlen und das Feld dem gesunden Menschenverstand überlassen.

Tetzlaff: Zwar bin ich bereit, mich durch die Erfahrungen anderer Menschen und Kulturen immer wieder konstruktiv „verunsichern" zu lassen und zu gucken, was *best practice* ist, aber es gibt auch bei mir Grenzen. Ich bestehe auf manchen Institutionen und Werten, die ich für eine wichtige Errungenschaft unserer Kultur halte. Insofern bin ich ein Kulturevolutionist, denn ich glaube, dass es z.B. im rechtlichen Bereich einen Fortschritt in der Menschheitsgeschichte gibt, der sich vorrangig an den Menschenrechten festmacht. Das naturrechtliche Gleichheitspostulat, welches besagt, dass alle Menschen Träger von fundamentalen Rechten sind, nicht etwa, weil diese Rechte ihnen von einem Kollektiv oder einer Regierung zugebilligt wurden, sondern weil sie Mensch sind, finde ich einen Riesenfortschritt. Wir haben einen Begriff, der durch keine Herrschaftsinstanz in Frage gestellt werden kann.

2 Voraussetzungen für die Anwendung des Polylogs

Lentz: Meine Rückfragen erklären sich zum Teil daraus, dass ich Sozialwissenschaftlerin und Historikerin von ganzem Herzen bin und Sie Philosoph. Meine Frage richtet sich auf den Status dessen, was Sie uns hier eigentlich vorgetragen haben. Könnten Sie diese Ebenen für unsere Diskussion noch einmal auseinanderlegen? Was sind diese Modelle der verschiedenen kulturellen Zentrismen? Sind das Idealtypen, denen man möglicherweise empirisch-historische Beschreibungen zuordnen könnte, oder normative Modelle? Wer spricht und handelt hier eigentlich? Hier treffen sich also, wenn ich Sie recht verstanden habe, Philosophen irgendwo im Hotel oder im Konferenzraum oder in einer Universität und reden miteinander. Das ist mir zu fleischlos. Sie lassen da Ideen miteinander kommunizieren. Diese Ideen werden aber von Menschen formuliert, die sich mit Interessen treffen, in bestimmten institutionellen Kontexten. Was sind denn die institutionellen Voraussetzungen für Ihr normatives Modell des Polylogs, und was wird damit erreicht?

2 Voraussetzungen für die Anwendung des Polylogs

Ich gebe dabei zu bedenken, dass ja auch nicht in allen Gesellschaften dieser Welt überhaupt eine Ausdifferenzierung von Philosophie stattgefunden hat; viele könnten gar keine Philosophen zu Ihrer Konferenz hinschicken, weil sich philosophische Überlegungen nicht aus Ritualen und symbolischen Praktiken usw. gelöst haben. Wofür ist es also gut, wenn die Philosophen sich da treffen und miteinander reden? Das ist das Eine. Mein Einwand betrifft zweitens, dass Sie plötzlich Verschiebungen vornehmen und Kultur mit Gesellschaft gleichsetzen. Sie fangen mit einem interkulturellen Philosophieren an und landen bei einer Kommunikation der Kulturen, die es aber nicht gibt. Die Philosophie ist Ihre Domäne – obwohl ich auch hier das Gefühl habe, dass Sie einen Containerbegriff von Philosophie haben, denn es gibt nicht *die* westliche und auch nicht *die* afrikanische Philosophie, sondern sie sind in sich sehr differenziert – aber bei der Kultur und der Gesellschaft, da erlaube ich mir, Ihnen reinzureden.

Wimmer: Hier liegt ein Missverständnis vor: Den Containerbegriff von Philosophie habe ich vorgefunden und das ist etwas, wogegen ich meine Arbeiten seit sehr langer Zeit richte. Ein Containerbegriff von Philosophie liegt nach meinem Empfinden z.B. vor, wenn bei Routledge in London auf der einen Seite eine dreibändige Buchreihe mit dem Titel „History of Philosophy" erscheint, die von Thales und Pythagoras bis Wittgenstein und zur analytischen Philosophie geht und keinerlei „nicht-westliche" Philosophen enthält – *die* Geschichte *der* Philosophie hat dann eine Hautfarbe, ein Geschlecht, einen weltanschaulich-kulturellen Hintergrund, den hellenistisch-christlichen. Und auf der anderen Seite verkauft Routledge die Geschichte der Jüdischen oder der Afrikanischen oder der Islamischen Philosophie als Bücher und führt sogar eine Reihe mit dem Titel „Philosophy of Race and World Philosophy". Ich versuche innerhalb meiner Community, der Philosophie, das Bewusstsein zu vermitteln, dass wenn jemand über Chinesische Philosophie oder Lateinamerikanische Philosophie spricht, dass er dann über Philosophie spricht. Wenn ich bedenke, dass auch der Studienplan an der Kaiserlichen Universität Tokio für „Tetsugaku", also für das, was wir Philosophie nennen, genau nach dem Modell der Gleichsetzung von Philosophie überhaupt mit der Geschichte von Thales bis Heidegger oder von Thales bis Wittgenstein aufgebaut war und eigentlich noch immer ist, dann hat das wohl auch mit gesellschaftlichen Machtverhältnissen und mit der Geschichte von Kolonialisierung und Imperialismus zu tun. Im Fach Tetsugaku lernt man das Denken von Thales bis Wittgenstein als paradigmatisch; da kommt kein japanischer Denker vor, und dasselbe trifft für Lagos oder für Nairobi zu.

Zu Ihrer Frage nach dem Status meines Modells: Den Polylog halte ich für ein denknotwendiges Konzept, aber für etwas nie tatsächlich Verwirklichbares. Er stellt eine regulative, praxisleitende Idee dar, aber es ist unmöglich, ihn in Reinform zu praktizieren. Institutionelle Voraussetzungen, die das garantieren könnten, gibt es nicht: Es werden nie alle genau dasselbe Interesse aneinander und an einer Sache haben. Auch spielen Machtverhältnisse stets eine Rolle.

Bogner: Zunächst ist es mir sympathisch, dass Sie, wenn ich Sie richtig verstanden habe, durchgehend an dem erkenntnistheoretischen Universalismus, den Sie als Philosoph beanspruchen, festhalten. In ihrem vierten Punkt oder in diesem letzten Modell das Sie schildern, machen Sie im Grunde genommen so etwas wie ein Kommunikationsmodell auf, vermittelt durch eine – wie ich finde, kluge – Trennung zwischen der Wahrheit und ihrer symbolischen Vermittlung. Aber läge es dann nicht im Interesse dieses Modells, jetzt noch mal viel genauer hinzuschauen, wie dieses Kommunikationsmodell eigentlich aussehen müsste? Da wird es jetzt doch eigentlich erst interessant. Wenn wir also an der Wahrheit festhalten, ist damit auch klar, dass wir miteinander reden können. Geltungsansprüche drücken sich natürlich nicht immer nur in Form von Philosophenkonferenzen aus. Auch soziale Gruppen an der Basis sind Träger von Geltungsansprüchen, die auf eine bestimmte Art und Weise symbolisch vermittelt sind, sich aber benennen und somit auch kommunizieren lassen. Aber wie kann so eine Kommunikation stattfinden? Da sind Sie bei der Schilderung Ihres letzten Modells etwas dünn geblieben und darauf meine ich, käme es jetzt an.

Wimmer: In den Diskursen über interkulturelle Philosophie wird seit 15 Jahren die vorrangige Aufgabe betont, möglichst viele Stimmen hörbar zu machen. Diese Aufgabe halte ich für zentral – und seien es nur die Dialoge zwischen Philosophinnen oder Philosophen, die zu Gehör gebracht werden. Das ist tatsächlich eine mühsame Sache, denn da sind Prozesse zu intensivieren oder überhaupt erst zu erfinden, um das gewöhnliche Gefälle zwischen ökonomischen Zentren und Peripherien, die meistens auch akademische Zentren und Peripherien determinieren, zu überwinden. Das sind, ich gebe es zu, Einzelunternehmungen, und ich weiß, dass das Modell Grenzen hat. Aber es ist schon eine gewisse polylogische Praxis, wenn man – wie in der Zeitschrift „Polylog", die ich herausgebe – einen konfuzianischen Theoretiker aus China, einen jüdischen Philosophen und jemanden aus Schwarzafrika, der sich mit der Muntu-Philosophie identifiziert, zu einer Frage zusammenzubringen versucht. Zunächst ist es nur ein Sammelsurium unterschiedlicher Texte, und sie sprechen noch gar nicht miteinander. Das ist erst der nächste Schritt. Wenn dann jemand kritisiert, das seien keine authentischen Repräsentanten ihrer Kulturen, weil sie auf Englisch schreiben, akzeptiere ich diesen Einwand nicht. Das sind die authentischen afrikanischen oder chinesischen Teilnehmer an dem Diskurs vom Beginn des 21. Jahrhunderts. Sie kommen nicht mehr mit Trommeln und wenn sie mit Trommeln kämen und ganz authentisch wären, würden wir ihnen nicht zuhören und sie nicht als Argumentierende einbeziehen.

Aber noch eines: Poly-log. Ich glaubte damals, das Wort erfunden zu haben. Die Griechen haben das Wort aber bereits verwendet und mit „polylogieren" ein Gerede bezeichnet, bei dem man zugleich über viele Gegenstände unzusammenhängend spricht. Ich meine damit etwas ganz anderes: Von vielen Seiten her über dieselbe Sache reden. Und wenn Sie fragen, in welcher Sprache das sein soll, antworte ich: Ja, in keiner der Herkunftssprachen, sondern die Sprache wird gemeinsam entwickelt, was ohnehin ein Merkmal philosophischer oder wissenschaftlicher Diskurse überhaupt ist.

Brieskorn: Bei einem Besuch des 2006 von Jacques Chirac neu eröffneten „Musée du quai Branly", das die ethnologischen Sammlungen in Paris unter einem Dach vereinigt, ist mir wieder neu aufgegangen, dass es über den Körper und die menschliche Person völlig andere Sichtweisen gibt, als eben die uns vertraute, die von einer eigenen Substanz und Selbständigkeit des Individuums ausgeht. Sogar über die Haut, die bei uns als eine Grenze eines Körpers gilt, bestehen ganz andere Vorstellungen. Es gibt auf der einen Seite die Betonung der Selbständigkeit, auf der anderen die Betonung einer Durchlässigkeit – etwa mit der Vorstellung, in mir lebten die Ahnen. Heißt das nicht, dass wir eben, wie Professor Müller schon sagte (vgl. Diskussion Leipold, S. 71), jeweils auf die Interpretationen zurückgeworfen sind, bei denen man nicht mehr von einem „objektiven" Standpunkt aus sagen kann, welche falsch oder richtig ist? Das führt mich zu einer Frage, die sich auf Ihren „tentativen Zentrismus" bezieht, dem wohl Ihre Liebe gehört: Auch in der Perspektive des tentativen Zentrismus ist Vielheit und nicht Einförmigkeit als grundlegend gedacht, doch so, dass jeder konkret historisch kulturell erreichte Stand des Denkens nicht als endgültig, sondern als vorläufig verstanden werden muss. Wenn man das jetzt als Lebensposition nimmt, ist das konkret nicht mehr umsetzbar. Meine Frage wäre, ob es denn da nicht etwas Drittes geben müsste? Zwar bin ich nie endgültig festgelegt – z.B. kann ich nie sagen, wenn ich Christ bin, ob ich mir nicht noch einmal etwas ganz anderes überlege –, aber ich kann mein Leben auch nicht nur mit Vorläufigkeiten aufbauen. Fehlt uns da nicht eine dritte Möglichkeit?

Wimmer: Das Dritte muss es für einen selbst nicht unbedingt geben. Dass es aber dann immer nur etwas Vorläufiges, sozusagen für alle gibt, zu diesem Problem sehe ich wirklich keinen Ausweg. Das kann die Wissenschaft nicht leisten. Dafür kann sie aber die Energien der Menschen und den Austausch untereinander aktivieren. Das immerhin gibt es: die Aktivierung der Reichtümer der Menschen.

Vogt: Herr Wimmer, ich würde gerne nach dem Zusammenhang Ihres Referats zum Gesamtthema unserer Tagung „Kultur und Ökonomie" fragen und dabei den Begriff des Polylogs, den Sie in den Mittelpunkt gestellt haben, befragen. Ich vermute allerdings, dass ich in der Interpretation dabei über das von Ihnen

Gemeinte hinausgehe. Sie haben Polylog abgegrenzt gegen den rein europäisch vernunftethischen, akademischen Dialog und haben auch wirtschaftliche und politische Versprechungen und Drohungen im Zusammenhang mit dem Diskurs um Menschenrechte einbezogen. Diese Wechselwirkungen möchte ich betonen und noch einen Schritt weiter gehen: Könnte man beispielsweise in der Auseinandersetzung zwischen Christentum und Islam nicht mit einem metaphorischen Verständnis von Polylog nach den Wechselwirkungen zwischen einerseits der Sprache der Ökonomie und andererseits der Sprache der Kultur, d. h. der Religion, des Weltbildes oder auch der akademischen Diskurse fragen? Das kennen wir bereits aus der Missionsgeschichte. Ich halte gerade für unser Thema die Frage nach den Auswirkungen der intensiven Auseinandersetzung in der Sprache der ökonomischen Güter – in Form von Werbestrategien, von ökonomischem Imperialismus –, die viele Muslime heute als sehr aggressiv empfinden, und ihren Wechselwirkungen mit anderen Formen der Auseinandersetzungen für ganz zentral.

Wimmer: Was den Zusammenhang zwischen der Ausbreitung eines Weltbildes und dem Verkehr von Gütern betrifft, bin ich der Auffassung, dass zugleich mit Gewürzen immer auch Mönche gewandert sind. Die Seidenstraße war und ist auch eine Ideenstraße. Interessant im Anschluss an Ihre Überlegungen finde ich die Frage, ob es eine Wechselwirkungen auch zwischen den verschiedenen Wirtschaftstraditionen gibt, die nicht bloß in der Ausweitung eines Wirtschaftsmodells, sondern sozusagen in einem Konzert, statt eines Clash bestünde.

Wallacher: Diese Idee des Polylogs klingt interessant, und wenn ich versuche, sie auf die Fragestellung „Globales Wirtschaften im Spannungsfeld kultureller Vielfalt" anzuwenden, so fällt mir der Caux Round Table (CRT) ein, eine 1986 von Wirtschaftsführern aus Asien, Nordamerika und Europa gegründete Nichtregierungsorganisation. Das ausdrückliche Ziel dieser Initiative bestand von Anfang an darin, sich auf gemeinsam geteilte Normen und Werte zu verständigen, welche als Basis für geschäftliche Tätigkeit von Unternehmen in unterschiedlichen Kulturen dienen können. Dahinter steht die Überzeugung dieser Führungskräfte, dass die internationale *business community* eine führende Rolle in der weltweiten ökonomischen und sozialen Entwicklung spielen sollte. Ein wichtiges Ergebnis ist die interkulturelle Verständigung der Wirtschaftsführer auf gemeinsame „CRT Principles for Business Conduct", die im gemeinsamen Austausch regelmäßig überprüft und weiterentwickelt werden.

Diese Prinzipien beruhen auf zwei grundlegenden ethischen Maßstäben: dem japanischen Konzept des *Kyosei* und dem eher aus der westlichen Tradition stammenden Prinzip der Würde der menschlichen Person. Das japanische Konzept *Kyosei* bedeutet gemeinsames Leben und Arbeiten für das Beste der Allgemeinheit – was

2 Voraussetzungen für die Anwendung des Polylogs

Kooperation und allgemeinen Wohlstand in Koexistenz mit gesundem und gerechtem Wettbewerb ermöglicht. Das Konzept der Würde der menschlichen Person bezieht sich auf die Heiligkeit oder den Wert eines jeden Menschen an sich. Diese Initiative kommt vielleicht dem von Herrn Wimmer vorgeschlagenen Konzept des Polylogs recht nahe.

Gedanken zum Verzicht auf Kapitalzinsen

Peter Schmiedel

Das Thema des Symposiums lautet *Globales Wirtschaften im Spannungsfeld kultureller Vielfalt*. Ich möchte zwei Gedanken aufgreifen, die im Verlauf des Symposiums von Referenten vorgetragen wurden und deren Relevanz für diese Thematik anhand eines konkreten Beispiels erörtern.

Frau Lentz wies in Ihrem Beitrag darauf hin, dass eine geschichtliche Entwicklung zuweilen nicht allein aus ihrem tatsächlichen Verlauf heraus gedeutet wird, sondern ihr aus einer *ex post*-Perspektive eine funktionale Erklärung gegeben wird, die mit der tatsächlichen historischen Entwicklung nicht übereinstimmt. Sie legte dar, dass eine solche Fehldeutung die Möglichkeiten wichtiger Einsichten verbauen kann. Herr Wimmer warnte in seinem Beitrag über den Umgang mit kulturellen Differenzen in der Philosophie davor, eine philosophische These für gut begründet zu halten, wenn deren Begründung nur in einer Kulturtradition gilt. Diese beiden wichtigen Einsichten könnten den Anlass dafür liefern, in der Gegenwart nicht weiter hinterfragte Praktiken und Behauptungen kritisch zu überprüfen und ihre Bedeutung für unser Wirtschaftssystem aufzuzeigen.

1 Kapitalzinsen in der modernen Marktwirtschaft

Mein konkretes Beispiel sind Kapitalzinsen. Kapitalzinsen sind ein zentrales Element der modernen westlich geprägten Marktwirtschaft. Es gilt als schlechthin selbstverständlich, dass der Besitz von Kapital allein einen Anspruch auf dessen Vermehrung konstituiert, wenn das Kapital verliehen wird und andere damit arbeiten, auch wenn dies ohne jedweden eigenen Beitrag des Kapitalgebers geschieht. Kapitalzinsen gelten als unverzichtbare Antriebskraft für die Wirtschaft.

Eine angemessene Verzinsung des der Wirtschaft zur Verfügung gestellten Kapitals wird zuweilen als Kompensation für den Verzicht auf den Konsum des Kapitals durch den Kapitalgeber betrachtet. Obwohl das gegenwärtige Wirtschaftssystem der westlichen Welt als „freie Marktwirtschaft" gilt, unterliegen Kapitalzinsen *de facto* der regulierenden Kontrolle der nationalen Zentralbanksysteme, die durch zumeist international abgestimmte Festlegung des nationalen Diskontsatzes und Steuerung der für die Wirtschaft verfügbaren Geldmenge indirekt wesentlichen Einfluss auf die Höhe marktgerechter Kapitalzinsen nimmt.

2 Ächtung von Kapitalzinsen im Islam

Im islamischen Denken gelten reine Kapitalzinsen als unmoralisch. Im Koran wird ausdrücklich und unmissverständlich verurteilt, für verliehenes Geld allein eine Gegenleistung zu verlangen. Diese Forderung war zur Zeit Muhammads in der blühenden Handelsstadt Mekka revolutionär, wo das Verleihen von Geld gegen feste Zinsen und Finanzspekulationen gängige Praxis waren (Ahmad 1997, 5, 10f.). Dabei waren Kredite entgegen häufig geäußerter Meinung vornehmlich produktiv für Landwirtschaft, Handel und Gewerbe motiviert und keineswegs konsumtiv zur Überbrückung von Notlagen. Es handelt sich um eine moralische Forderung zur Förderung von Gerechtigkeit als Schutz der Schwachen vor Ausbeutung und Ermutigung zur partnerschaftlichen Zusammenarbeit von Vermögen und Arbeitskraft. Anders als in den neutestamentlichen biblischen Schriften mit ihrer endzeitlichen Perspektive ist soziale Gerechtigkeit in *dieser* Welt ein primäres Anliegen des Islam. Kapitalzinsen sind deshalb untersagt, weil sie als ungerechtfertigte Bereicherung und Ursache sozialer Ungerechtigkeit gelten. Dem steht jedoch keineswegs entgegen, dass in den meisten islamischen Ländern in der Gegenwart aus unterschiedlichen Gründen Kapitalzinsen gängige Praxis sind, wobei dies von den islamischen Geistlichen jedoch fast durchwegs abgelehnt wird (Reissner 2005, 161f.).

Häufig wird in grober Verallgemeinerung behauptet, Zinsen seien im Koran verboten, was in dieser Generalisierung nicht richtig ist. Gemäß islamischem Denken ist es beispielsweise moralisch unbedenklich, Geld für wirtschaftliche Aktivitäten in der Erwartung von Gewinn zu verleihen, wenn der Kapitalgeber das Risiko für Gewinn und Verlust mit dem Kreditnehmer teilt.

Mein Beitrag gilt dem Umstand, dass diese islamische Überzeugung einst auch im christlichen Denken bestand, dann aber dort aufgegeben wurde und dieser Vorgang heute bewusst als Fortschritt verstanden wird. Bei genauerer Betrachtung erweist sich diese funktionalistische Deutung jedoch als historisch nicht richtig. Das verhindert – um mit Frau Lentz zu sprechen – ein ernsthaftes kritisches

Hinterfragen dieser heute als unverzichtbar geltenden Praxis. Im Dialog mit dem Islam wird seitens der westlichen Welt konsequenterweise der Verzicht auf Kapitalzinsen als Ursache wirtschaftlicher Unterentwicklung betrachtet und Bemühungen um *Islamic Banking* seitens der westlichen Wirtschaftswissenschaften nur mitleidig belächelt. Keinesfalls gehen westliche Teilnehmer eines interkulturellen Dialoges mit dem Islam so weit, einen eigenen Verzicht auf Kapitalzinsen auch nur zu erwägen, untrügliche Zeichen eines kulturellen Zentrismus – um Herrn Wimmers Gedanken aufzugreifen. Dies ist deshalb besonders verwunderlich, weil selbst ein so herausragender Finanztheoretiker wie John Maynard Keynes (1954, 375f.) Kapitalzinsen begründet als Ursache für Arbeitslosigkeit betrachtete und er daher ein Aussterben der Kapitalzinsen kassierenden Klasse der Kapitalisten als Voraussetzung für Vollbeschäftigung ansah.

3 Ächtung von Kapitalzinsen in vorchristlicher und christlicher Geschichte

Aus der Geschichte wissen wir, dass schon um 1750 v. Chr. Kapitalzinsen offenbar problematisch waren, da der Gesetzeskodex des Hamurabi die Schuldsumme übersteigende Zinsen verbot. Ähnliches erfahren wir rund 1000 Jahre später von Pharao Bochoris (730-715 v. Chr.) aus der 24. Dynastie (Saleh 1986, 8). Im antiken Griechenland und Rom waren hohe Zinsen offenbar gängige Praxis, wobei Kapital und Zinsen durch die Person des Schuldners gesichert wurde und Zahlungsunfähigkeit zu Versklavung führte. Solon (640-560 v. Chr.) allerdings verbot die Darlehenssicherung durch persönliche Sicherheit und zeitweilig wurde die Zinsrate auf 12% p. a. begrenzt. Auch die römischen Zwölf Tafel Gesetze (450 v. Chr.) limitierten Zinsen auf wahrscheinlich 12% und Kaiser Justinian (483-565 n. Chr.) ordnete eine Senkung der Zinsrate auf 4 bis 12% an. All dies zeigt, dass Kapitalzinsen offenbar immer wieder zu massiven Ungerechtigkeiten führten und einen mäßigenden Eingriff der Staatsgewalt erforderlich machten.

Interessant ist der Begründungsstrang im Christentum, da die Evangelien Zinsen nicht verbieten, sondern sie eher nahe legen. Die Befürwortung von Kapitalzinsen bezieht sich auf das Gleichnis von den anvertrauten Zentnern Silber (Mt 25, 14-30). Darin geht es aber zunächst darum, Vermögen nicht ungenutzt zu lassen, sondern seine Produktivkraft zu nutzen. Da das Vermögen aber ausdrücklich im Verhältnis der Tüchtigkeit der Knechte verteilt wurde, geht man sicher nicht fehl in der Annahme, dass das Vermögen mittels eigener Leistung vermehrt werden sollte (die Luther-Übersetzung spricht von „handeln") und keineswegs durch Ausleihen gegen Verzinsung. Eine Verdammung von Zinsen wurde aus Lk 6, 34f. interpretiert: „Und wenn ihr denen leiht, von denen ihr etwas zu bekommen hofft, welchen Dank habt ihr davon? Auch die Sünder leihen den Sündern, damit sie das Gleiche bekommen. Vielmehr liebt eure Feinde; tut Gutes und leiht, wo ihr nichts dafür zu bekommen hofft." Da diese Bibelstelle im Kontext der Feindesliebe steht, fällt es schwer daraus eine Norm für wirtschaftliches Handeln herauszulesen. Der Kirchenvater Klemens von Alexandrien verbot das Zinsnehmen Armen und Hilfsbedürftigen gegenüber (Rauscher 1982, 11). Das Konzil von Nicäa (325 n. Chr.) erließ ein Verbot, unter Geistlichen Zinsen zu verlangen und mit der Stärkung ihrer die Gesellschaft prägenden Kraft erwirkte die Kirche von Karl dem Großen eine Ausdehnung des Zinsverbotes auf Laien.

Bis ins Spätmittelalter war Christen das Verleihen von Geld gegen Zinsen nicht gestattet. Solche Geschäfte wurden von Juden betrieben, denen das Zinsnehmen untereinander aber ebenfalls untersagt war (Exodus 22, 24). Für lange Zeiten waren dies bezogen auf das ganze Wirtschaftsgeschehen jedoch ziemlich unbedeutende Nischengeschäfte mit Armut und Not, was deren Anrüchigkeit begründete.

4 Praxis der Wirtschaft macht moralische Norm obsolet

Mit der wachsenden wirtschaftlichen Bedeutung des Fernhandels änderte sich der Bedarf an Kapital. Der Handel selbst erforderte investiertes Kapital, was nur zum Teil durch Eigenkapital der Händler aufgebracht werden konnte und durch nennenswerte Fremdeinlagen ergänzt wurde. Zum anderen konnte der steigende Geldbedarf der weltlichen und geistlichen Fürsten nicht mehr allein aus den Einkünften von bewirtschafteten Liegenschaften gedeckt werden und machte das Verleihen von Geld gegen fixierte Gegenleistungen hoffähig. Diese Gegenleistungen hatten vielfältige Formen und umfaßten neben einer Gewinn- und Verlustbeteiligung, feste Zinsraten auf Monats- oder Jahresbasis, Überlassung von Pfründen, Rechte zur Erhebung von Steuern und Abgaben sowie Privilegien und Konzessionen zum Abbau von Bodenschätzen. Da Kapitalzinsen in diesem breiten Spektrum nur eine Form der Gegenleistung unter vielen anderen darstellte und von weltlichen wie geistlichen Kreditnehmern und Kreditgebern gebraucht wurden, blieb die Frage ihrer moralischen wie rechtlichen Zulässigkeit zunächst weitgehend unbeachtet. Dies gilt v.a. für die Herausbildung des Bankenwesens im Spätmittelalter, dessen Anfänge in Norditalien liegen (der banktechnische Begriff des „Lombardsatzes" erinnert noch daran).

Italien ist das Geburtsland neuer Wirtschaftsformen im späten Mittelalter und die Wirtschaftspolitik der italienischen Stadtstaaten wurde beherrscht von den Trägern und Exponenten des Neuen. Anders als in Deutschland standen die Herren-Stände

4 Praxis der Wirtschaft macht moralische Norm obsolet

Italiens nicht unter dem Druck des fallenden Wertes ihrer Renteneinnahmen aus Grundbesitz durch langsame Geldentwertung und steigende Preise, da dort längst mit der Auflösung der feudalen Agrarverfassung auch jede Bindung der Renten, nach Art der Erbleihen wie in Deutschland, weggefallen war und sich daher die Anpassung der Renten aus Grundbesitz an steigende Preise bzw. eine Geldentwertung fast automatisch vollzog. Ferner war dort der Adel aktiv oder mindestens als stiller Teilhaber in Fernhandel und Exportgewerben engagiert. Konflikte wirtschaftsethischer Art wurden eher pragmatisch kasuistisch als grundsätzlich ausgetragen, was ein allmähliches Abschleifen der Gegensätze förderte, sodass sich die neuen Wirtschaftsformen ungestört von massiven Interessenkonflikten herausbilden und festigen können (Bauer 1965, 253).

In Deutschland gewann neues ökonomisches Denken erst in den ersten Jahrzehnten des 16. Jahrhunderts in einer Atmosphäre äußerster Spannung Gestalt. Die beiden Herrschaftsstände Adel und Klerus erfuhren ein laufendes Absinken ihrer Renten-Einkommen aus Grundbesitz im Gefolge der Preisrevolution bzw. des Geldwert-Rückganges, wohingegen die Städte und ihre Handels- und Gewerbeunternehmen florierten. Die sich öffnende Schere zwischen steigenden Preisen und absinkendem Renten-Einkommen wurde mangels besserer Einsicht in die Zusammenhänge wirtschaftlicher Entwicklungen als Folge von Wucher und Monopol und als Werk bösen Geizes verstanden. Die betroffenen Herren-Stände bildeten eine massive Interessenten-Front gegenüber den Unternehmern von Handel und Exportgewerben, die auch als Regalherren in den deutschen Bergbaulandschaften Montan-Großproduktion betrieben. Es begann eine gegen die Handelshäuser und Städte gerichtete Antimonopol-Bewegung und Wucherdiskussion und in der polemischen Auseinandersetzung darüber gewinnt das neue ökonomische Denken Gestalt. Die Verteidigung der großen Gesellschaften und ihrer Unternehmungen gegenüber Vorwürfen und Angriffen führte zu ersten Ansätzen systematischer Durchdenkung der wirtschaftlichen Zusammenhänge, allerdings zwecks Rechtfertigung von Großhandel, Exportgewerbe und Kreditwesen und ihrer Praktiken. Die Auseinandersetzungen folgten einer eigentümlichen Dialektik, die das neue ökonomische Denken noch in den traditionellen Formen und Begriffen erscheinen lässt. Wenn die Diskussion nicht mit gegensätzlichen Interessen aufgeladen geführt worden wäre, hätten die Prinzipien des neuen ökonomischen Denkens präziser und klarer zum Ausdruck gebracht werden können (Bauer 1954, 192f.).

Da aber einerseits die argumentative Auseinandersetzung von konfligierenden Interessen getragen wurde und andererseits die Abhängigkeit von Adel und Klerus von einer florierenden Wirtschaft und damit von Handel und Gewerbe bereits deutlich sichtbar wurde, wurde zwar versucht, die ethischen Aspekte der neuen Wirtschaftsformen zu durchdenken, jedoch wurde dies nicht konsequent fortgeführt, sondern endete in einem pragmatischen Kompromiss. Dies gilt insbesondere für Kapitalzinsen, die letztlich für allgemein akzeptabel gehalten wurden, sofern sie keine als unangemessen hoch erscheinenden Werte erreichten (Lutz 1958, 107). Im 17. Jahrhundert schließlich wurde das faktisch obsolet gewordene Zinsverbot aufgehoben.

Gedanklich steht die Aufhebung des Zinsverbotes in engen Zusammenhang mit der Herausbildung eines neuen Begriffs von Eigentum. Während privates Eigentum bis weit in die Neuzeit hinein immer verbunden mit einer daraus resultierenden Verpflichtung gegenüber der Gesellschaft aufgefasst wurde, führte die von John Locke vorgetragenen Begründung von Eigentum aus der menschlichen Arbeit zu einem Paradigmenwechsel mit der Konsequenz, dass privates Eigentum mehr und mehr als absolut und frei von Rechten Dritter betrachtet wurde und jede Sozialbindung von Eigentum ersatzlos entfiel (Brocker 1992, 269).

5 Interkultureller Dialog über einen Verzicht auf Kapitalzinsen

Die islamischen Länder waren in der Neuzeit bis zum Ende des Zweiten Weltkrieges Kolonien europäischer Staaten oder standen zumindest unter deren Einfluss, so dass dort das Zinsverbot des Koran nicht praktiziert werden konnte. In der jüngeren Vergangenheit wurden Bemühungen in islamischen Ländern um *Islamic Banking* seitens der westlichen Institutionen vehement bekämpft. Daher ist es erstaunlich, dass sich in einer Reihe von Ländern (z.B. Pakistan, Malaysia, Indonesien) islamische Banksysteme, die ohne Kapitalzinsen arbeiten, nicht nur neben den konventionellen Banksystemen etablieren konnten, sondern inzwischen auch international anerkannte Institutionen wie Standards für Rechnungswesen und Bilanzierung einen Islamic Financial Services Board zur Beratung staatlicher Bankenaufsichten und Regulierungsbehörden, einen zinslosen Geldmarkt für Beschaffung und Management von Liquidität für islamische Banken sowie eine Agentur für die Bewertung der Bonität von börsennotierten Unternehmen, islamischen Banken und Wertpapieremissionen etablieren konnten (Niehaus 2005). Dennoch gilt in der Gegenwart *Islamic Banking* weitgehend als ineffizient und wird klischeehaft als Paradebeispiel für die Behinderung wirtschaftlicher Entwicklung aus religiösen Gründen angeführt.

Wenn in der Gegenwart auch in der westlichen Welt mit ihrer überaus erfolgreichen kapitalistischen Marktwirtschaft zunehmend darüber nachgedacht wird, wie eine zum Selbstzweck gewordene entfesselte Wirtschaft wieder stärker an die Gesellschaft rückgebunden werden kann und wie ein höheres Maß an Gerechtigkeit insbesondere bei der Verteilung des erwirtschafteten Reichtums erreicht werden kann, dann ist es erforderlich, gedanklich alles zur Disposition zu stellen und kritisch zu hinterfragen. Dabei darf dann nicht eine historische Entwicklung funktional *ex post* als sich selbst begründender Fortschritt betrachtet werden, sondern es sollte im Interesse unbefangener Einsicht die tatsächliche historische Entwicklung mit ihrer interessengeladenen Dynamik zur Kenntnis genommen werden, um zu verstehen, welchen Partikularinteressen die Herausbildung bestimmter Praktiken dienen und welche Ungerechtigkeiten sie bewirken.

Wo immer globale Lösungen für globale Probleme gesucht werden und andere Denktraditionen in einzelnen Fragen zu anderen Ergebnissen führen als das etablierte westliche Denken, sollte das Anlass dafür sein, die eigenen Überzeugungen erneut zu überprüfen und sie gleichsam an der jeweils anderen Denktradition vorurteilsfrei zu spiegeln. Eine zentristische Betrachtungsweise anderer Denktraditionen mit dem oft nicht wahrgenommenen Ziel, diese an die eigene anzupassen, verbaut möglicherweise wichtige Einsichtsmöglichkeiten. Der von Herrn Wimmer „Polylog" genannte Prozess interkulturellen Austausches hingegen kann davor bewahren, revisionsbedürftige Ergebnisse eigener Denktraditionen einer je anderen aufzunötigen mit der Absicht, eine globale Akzeptanz zu erreichen, obwohl andere und vielleicht in verschiedenen Denktraditionen kohärente Lösungen angemessener wären (Wimmer 2004, 66ff.).

Hinsichtlich der Kapitalzinsen ist festzustellen, dass eine einst Christen und Muslimen gemeinsame Überzeugung – ethisch gesprochen ein gemeinsames Gut – im christlichen Abendland aufgegeben wurde, weil sich hier Finanzinteressen stärker als Moral erwiesen. Eine nachträgliche funktionale Deutung hält kritischer Betrachtung nicht stand. Der interkulturelle Dialog mit dem Islam auf dem Gebiet der Wirtschaft wird seitens der westlichen Welt hauptsächlich mit dem Ziel der Rechtfertigung westlicher Praktiken und nicht etwa in der Absicht geführt, zu erfahren, weshalb in der islamischen Kulturtradition Kapitalzinsen – aus guten Gründen – als unzulässig betrachtet werden. Angemessener wäre eine kritische Reflexion dieser Praxis in der bewussten Erinnerung daran, dass auch in unserer europäischen Kulturtradition Kapitalzinsen aus moralischen Gründen abgelehnt wurden.

Literatur

Ahmad, Shaik M. 1997. *Social Justice in Islam*, Dehli.
Bauer, C. 1954. *Conrad Peutingers Gutachten zur Monopolfrage. Eine Untersuchung zur Wandlung der Wirtschaftsanschauungen im Zeitalter der Reformation*, in: Archiv für Reformationsgeschichte 45, Augsburg, 1-43 u. 145-196.

Bauer, C. 1965. *Conrad Peutinger und der Durchbruch des neuen ökonomischen Denkens in der Wende zur Neuzeit*, in: Bauer, Clemens (Hg.), Gesammelte Aufsätze zur Sozial- und Wirtschaftsgeschichte, Freiburg, 345-355.

Brocker, M. 1992. *Arbeit und Eigentum. Der Paradigmenwechsel in der neuzeitlichen Eigentumstheorie*, Darmstadt.

Keynes, J.M. 1954. *General Theory of Employment, Interest and Money*, London.

Lutz, H. 1958. *Conrad Peutinger. Beiträge zu einer politischen Biographie*, Augsburg.

Niehaus, V. 2005. *Islamische Ökonomik in der Praxis: Zinslose Finanzwirtschaft*, in: Ende, W./Steinbach, U. (Hg.), Der Islam in der Gegenwart, München, 163-198.

Rauscher, A. 1982. *Das Eigentum. Persönliches Freiheitsrecht und soziale Ordnungsinstitution*, Köln.

Reissner, J. 2005. *Die innerislamische Diskussion zur modernen Wirtschafts- und Sozialordnung*, in: Ende, W./Steinbach, U. (Hg.), Der Islam in der Gegenwart, München, 151-162.

Saleh, N.A. 1986. *Unlawful gain and legitimate profit in Islamic law. Riba, Ghara and Islamic Banking*, Cambridge.

Wimmer, F.M. 2004. *Interkulturelle Philosophie. Eine Einführung*, Wien.

Ökonomie und Kultur in Afrika: Entwicklungspolitische Handlungsspielräume im Zeitalter der Globalisierung

Rainer Tetzlaff

1 Einleitung: Warum Asien und nicht auch Afrika? Ursachen und Ermöglichungsbedingungen von Entwicklung

Im Unterschied zu den meisten Ländern Asiens, die auch einmal europäische Kolonien gewesen sind, scheinen die 48 Staaten Afrikas südlich der Sahara in den vergangenen fünf Jahrzehnten nur wenig entwicklungspolitisch vorangekommen zu sein. Kein afrikanisches Land hat es bisher geschafft, den Status der Unterentwicklung zu überwinden und in die Kategorie der *Newly Industrialised Countries* (NIC) aufzusteigen (mit Ausnahme der beiden Sonderfälle Südafrika und Mauritius und ansatzweise von Botswana). Heute gilt als sicher: Bei vergleichbaren Ausgangsbedingungen haben ehemalige asiatische Kolonien und Halbkolonien wie Süd-Korea, Taiwan, Singapur und Malaysia (aber ansatzweise auch Thailand, Indonesien und Vietnam, von Indien und China ganz zu schweigen) nach dem Ende der europäischen Fremdherrschaft eine **strukturelle Transformation** ihrer Ökonomien in die Wege leiten können, die ihren Bevölkerungen wachsende Arbeitseinkommen und allmählich auch zunehmende Freiheiten beschert haben.

In all diesen Erfolgsfällen hat „Globalisierung" (s.u.) eher eine positive, Wachstum fördernde Rolle gespielt – nicht als zwangsläufige und hinreichende Ursache, wohl aber als eine zentrale Ermöglichungsbedingung für Akkumulation von Investitionskapital. Als Folge von wirtschaftlichem Wachstum konnte hier in diesem Kontext soziale Armut in großem Stil (einige hundert Millionen Menschen) überwunden werden, selbst wenn Asien noch immer wegen seiner großen Bevölkerungszahl der Kontinent mit den absolut meisten Armen in der Welt geblieben ist – zusammengeballt in Indien, Pakistan, Bangladesch und China.

Seit Jahren beschäftigt Sozialwissenschaftler, Politiker und Entwicklungshelfer die Frage, welche Faktoren die wachsende Einkommenspolarisierung zwischen den erfolgreichen Schwellenländern Asiens einerseits und den ökonomisch eher stagnierenden oder gar zurückfallenden Ländern Afrikas südlich der Sahara erklären können. Seit ca. 1960 gibt es eine mit großem Engagement geführte internationale Debatte über das relative Gewicht der drei möglichen Wirkfaktoren: der **endogenen** (einheimischen, selbstverschuldeten), der **exogenen** (Weltmarkt bedingten) und der **strukturellen** (klimatischen, geopolitischen, historischen) Faktoren. Das Ergebnis der Theoriedebatte soll hier wenigstens angedeutet und zum Ausgangspunkt tiefer gehender Erörterungen über Ursachenkomplexe genommen werden. Letzere hätten, um die alte entwicklungspolitische Kontroverse hinter sich zu lassen, akteurstheoretische Ansätze (nach der Logik der Modernisierungstheorien) und systemtheoretische Ansätze (nach der Logik der Dependenztheorie) miteinander in Beziehung zu setzen, und zwar nach **erfahrungswissenschaftlichen** Erkenntnissen.

Es gibt unter politischen Beobachtern, Publizisten und Sozialwissenschaftlern m.E. einen wachsenden Konsens darüber, dass mit wachsender zeitlicher Distanz von der Ära der kolonialen Fremdherrschaft eine erfolgreiche gesamtgesellschaftliche Entwicklung primär als Resultat **endogener** Wirkfaktoren, verstärkt durch geographisch bedingte Ausstattungsfaktoren, anzusehen ist. So ist nur konsequent, wenn auch anhaltende Unterentwicklung, Massenarmut und Staatszerfall ebenfalls überwiegend als das Werk endogener Elitepolitiken bewertet wird. Allerdings gilt dies nur eingeschränkt und durch den Zusatz relativiert, dass von Machteliten präferierte *options* oder *preferences* (Wahlmöglichkeiten) bezüglich des eingeschlagenen Entwicklungsweges in bestimmte natürliche *circumstances* (Umstände, Ausstattungsfaktoren) und sozio-kulturelle *constraints* (Zwänge) eingebettet sind. Diese Rahmenbedingungen können das Ergebnis politischer Eigenanstrengungen und Intentionen mehr oder weniger stark beeinflussen. Gleichwohl spielen dabei insofern auch noch externe Faktoren eine Rolle, als die über Machtressourcen gebietenden Industrieländer die *Zugangsbedingungen* für Kapital- und Warenmärkte *(conditions)* bestimmen. Mit anderen Worten, sie und ihre Lenkungsinstrumente wie Weltbank, IWF und WTO definieren als Torhüter *(gatekeeper)* und Spielmacher die Ermöglichungsbedingungen *(chances)* für nachholende oder alternative Entwicklung von schwächeren Volkswirtschaften der Dritten Welt. Denn zu

Beginn des 21. Jahrhunderts ist Entwicklung im Sinne nachholender Modernisierung von Wirtschaft und Gesellschaft nur im Rahmen einer vermachteten, kapitalistischen Weltgesellschaft *(world society)* möglich.

Damit sind die **fünf begrifflichen Parameter** für die Erörterung der entwicklungspolitischen Gretchenfrage benannt; mit ihnen müssen wir das Puzzle der (gelungenen oder verfehlten) Entwicklung zu rekonstruieren und zu konstruieren versuchen:

- Subjektive *options* der politischen Führer eines Entwicklungslandes für einen bestimmten problemadäquaten Entwicklungspfad;
- kollektive *preferences* der Staatsklasse, d.h. Weltbilder und Interessen, die eher produktive gesamtgesellschaftliche oder eher konsumtive gruppenegoistische Zwecke verfolgen;
- natürliche und strukturelle *circumstances*, d.h. Ausstattungsfaktoren, die eine bestimmte politische Entwicklungsoption eher begünstigen oder eher erschweren;
- sozio-kulturelle *constraints*, d.h. „Eigentümlichkeiten", die die systemische Wettbewerbsfähigkeit einer Gesellschaft eher unterstützen oder eher blockieren und
- internationale *chances* und *conditions*, d.h. Ermöglichungsbedingungen, die die Realisierung nationaler Strategien eher erleichtern oder eher erschweren.

Wie aber sieht der jeweils spezifische Mix der Wirkfaktoren aus, der über Erfolg und Misserfolg von nationalen und internationalen Strategien der Entwicklung entscheidet?

2 Afrika im Plural: Entwicklungspotentiale zwischen Rentenökonomie und Staatszerfall

Weitgehend Einigkeit unter Sozialwissenschaftlern besteht auch darüber, dass im Fall der tropischen Armutsländer der afrikanischen Sahel- und Äquatorzonen die **strukturellen Faktoren** in Form der abträglichen klimatischen und ökologischen sowie kolonialgeschichtlichen Rahmenbedingungen stärker zu Buche schlagen als wohl in allen anderen Großregionen der Erde. Menschen und Kollektive der teils unter-, teils überbevölkerten Tropen, in denen die Böden nährstoffarm sind und die Winter ausbleiben, die die evolutionär bedeutende Funktion haben, Krankheitserreger zu töten, und in denen Naturkatastrophen wie Erdbeben, Seuchen, Stürme und kolossale Dürren und Regenfluten (vermehrt als Folge der globalen Klimaerwärmung, die andere verschuldet haben!) das Überleben erschweren

(Iliffe 1995, 12f.), leiden unter solcher „mangelhaften Faktorausstattung", wie die Ökonomen sagen (Lachmann 2004, 61). Die Vermutung liegt nahe, dass dort Entwicklung im Sinne des *catching-up* mit industriell höher entwickelten Gesellschaften dann nicht zu erwarten ist, wenn die vorhandenen knappen Ressourcen, auch bei optimalem Einsatz, kaum für die Subsistenzproduktion ausreichen und somit die Bildung von *surplus*, d.h. von Mehrprodukt, das als Investitionskapital und zur Bildung von modernem Humankapital verwendet werden könnte, strukturell ausgeschlossen erscheint.

Im Falle Afrikas südlich der Sahara gehören in diese Kategorie von **Ländern mit geringer endogener Sprungfähigkeit** z.B. Somalia, der Ogaden/Äthiopien, Ruanda und Burundi, der Tschad, die Zentralafrikanische Republik, sowie die peripheren Regionen von Mali, Burkina Faso, Niger und Mauretanien. In diesen Fällen von entwicklungsfeindlichen natürlichen Rahmenbedingungen kann von einer wechselseitigen Verstärkung struktureller und endogener Kausalfaktoren ausgegangen werden: Die prekären Umweltbedingungen nötigen die Bodenbewirtschafter (Bauern, Viehhalter, Nomaden), existenzielle Risiken und Experimente möglichst zu meiden und vernünftigerweise Überlebenssicherheit des Kollektivs (Clan, Großfamilie, Altersklasse, Bruderschaft) als höchsten Wert anzusehen. Kein Wunder, dass Alter und Erfahrung, Gruppensolidarität und die Kontinuität kultureller Traditionen als nicht verhandelbare Werte gelten. Auf diesem natürlich-kulturellen Nährboden findet das moderne Fortschrittsideal des individuellen Aufstiegs ebenso wenig Resonanz wie der Gedanke des freien Wettbewerbs eines tüchtigen Clanmitglieds auf Kosten anderer (z.B. in Form eines marktorientierten Unternehmers). *Livelihood* statt *development* lautet hier die angemessene Verhaltensrationalität.

Erklärungsbedürftig ist daher der Fall von Nicht-Entwicklung, Stagnation oder Rückentwicklung in Gesellschaften mit relativ günstigen natürlichen und sozialen Rahmenbedingungen. Dazu gehören die Länder mit ausbaufähigen landwirtschaftlichen Nutzflächen, mit natürlichen Rohstoffen, mit guter verkehrstechnischer Anbindung an prosperierende Wirtschaftsräume sowie mit umfangreichen technischen Hilfen von außen. Es geht um ressourcenreiche Länder wie Nigeria, DR Kongo (Zaire), Angola, Sudan, Simbabwe, Elfenbeinküste, Gabun oder Ghana, die nach fünfzig Jahren *uhuru* (Kisuaheli für Freiheit) von externer Entwicklungshilfe hochgradig abhängig sind und keine wirksame Strategie gesamtgesellschaftlicher Entwicklung hervorbringen und realisieren konnten. Hier versagen neo-klassische Erklärungsmodelle (Marktversagen) ebenso wie dependenztheoretische Ansätze (strukturelle Abhängigkeit), die nicht plausibel erklären können, warum die Abhängigkeit der Landesproduktion von Weltmarkteinflüssen in die entwicklungspolitische Sackgasse führen soll, wenn sie doch bei den erfolgreichen Schwellenländern als eine wichtige Voraussetzung für nachholende Entwicklung auf nachhaltiger Basis erkannt wurden.

2 Afrika im Plural

Es ist daher angebracht, über Afrika südlich der Sahara nicht pauschal zu urteilen, sondern den heterogenen Kontinent unter dem Gesichtspunkt seiner Entwicklungspotentiale in mindestens vier Typen von Ländern einzuteilen. Als die **vier Haupttypen afrikanischer Länder** lassen sich in aller Kürze die folgenden benennen:

- Erdöl- und Erdgasexportierende Länder – ein Sonderfall an Ressourcenreichtum (sieben an der Zahl), der typischerweise *Rentenökonomien* hervorbringt; diese Länder vernachlässigen in der Regel die Erschließung endogener Potentiale;
- Primärgüter erzeugende Länder mit Wachstums- und Diversifizierungspotential (schätzungsweise 17);
- Länder mit heute geringem oder negativem Wirtschaftswachstum aufgrund ökologischer, geopolitischer und politischer Defizite (schätzungsweise 17);
- Länder ohne staatliches Gewaltmonopol *(failing states)* mit zerfallender Staatlichkeit (v.a. Somalia, DR Kongo, Zentralafrikanische Republik, Tschad), deren endogenes Entwicklungspotential („Sprungfähigkeit") blockiert erscheint.

Gemeinsam ist ihnen – mit Ausnahme von Südafrika, Mauritius und ansatzweise Botswana –, dass der **landwirtschaftliche** Sektor (mit den Subsektoren informeller Sektor, Subsistenz- und Marktsubsektor), einer der entscheidenden Zukunftsmärkte für viele afrikanische Länder, von der einheimischen Staatsklasse und den Hilfsagenturen vernachlässigt wird: Er leidet fast überall unter zu geringen Infrastruktur-Investitionen zur Erweiterung und Belebung von Märkten, die auch in lang anhaltenden Dürreperioden und kurzen Überschwemmungsphasen überleben und Überschüsse abwerfen könnten. Was die Länder der Gruppe zwei und drei wohl meistens dringender bräuchten als einige tausend als „fremd" wahrgenommene Entwicklungsprojekte (ohne Nachhaltigkeit und Breitenwirkung) sind **maßgeschneiderte Handelserleichterungen**, die einerseits die Entwicklung einheimischer Massenmärkte und andererseits auch ergänzend die Wettbewerbsposition der schwächeren Volkswirtschaft strukturell verbessern könnten. Nur so könnten in Afrika nördlich und südlich der Sahara die Millionen von Arbeitsplätzen in Landwirtschaft, Bergbau und Industrie geschaffen oder erhalten werden, damit Afrika das ersehnte *catching-up* mit dem Rest der Welt doch noch bewerkstelligen könnte. Durch Projekte der Entwicklungszusammenarbeit (EZ) allein wird das nie gelingen können.

3 Endemische Korruption als Hauptursache von Unterentwicklung

Im Aufbruch zum allgemeinen Fortschritt durch Wissenschaft hatte vor ca. 400 Jahren der englische Staatsmann und Philosoph Francis Bacon (1561-1626) in seinem *Novum Organon* kühn prophezeit, dass sich die Wohltaten der Entdecker auf die ganze Menschheit erstrecken würden, ewig und unbegrenzt. Die Erfindungen, von denen er hoffte, dass die Menschheit sie bald machen würde, sollten alle nachhaltig beglücken und allen Völkern nützen – ohne Kummer und Unrecht. Seither wurden Verheißungen des wissenschaftlichen Fortschritts immer wieder zum fest geglaubten Garanten des menschlichen Wohlstands und Glücks. Es verbanden sich Zukunftshoffnung und Wissenschaftsgläubigkeit zur Metapher der Aufhebung von Not und Armut, Krieg und Ungerechtigkeit durch die aufgeklärte Gesellschaft der Moderne. Aus afrikanischer Perspektive der Gegenwart ist diese rosige Zukunftsverheißung der europäischen Aufklärer offensichtlich ein Hohn. Denn bisher kann Afrika südlich der Sahara als Globalisierungsverlierer gelten, weil nur wenige Länder, Regionen und Menschen von den neuen Chancen global vernetzter Märkte profitieren konnten. Als Folge dessen hat der *Auswanderungsdruck* legal und illegal ihre Länder verlassender Emigranten enorm zugenommen.

Angesichts solcher Stagnation oder Regression muss zunächst einmal festgestellt werden, dass Afrikas Volkswirtschaften offenbar nicht hinreichend systemisch wettbewerbsfähig sind, um wirtschaftliche Wachstumsprozesse mit sozialer Breitenwirkung an ihren Standorten entstehen zu lassen. Ob sich dieses strukturelle Manko mangelnder Wettbewerbfähigkeit durch noch mehr Entwicklungshilfe von außen wird beheben lassen – wie von den Befürwortern der Erhöhung von ODA-Mitteln (*ODA = Official Development Aid*) gefordert –, ist äußerst fraglich. Wir müssen zur Kenntnis nehmen, dass es bisher trotz tausendfacher gut gemeinter Hilfsaktionen in globalem Maßstab nicht gelungen ist nachzuweisen, dass irgendwo das Ziel der Armutsüberwindung als Folge von externen Entwicklungshilfeleistungen erreicht wurde. Die asiatischen Entwicklungserfolge in den Schwellenländern sind überwiegend nicht durch Masse, d.h. ODA-Transfers von außen, bewirkt worden, sondern sind als Ergebnis komplexer endogener Mobilisierungsstrategien aufstiegswilliger und modernisierungsbewusster Macht- und Bildungseliten zu interpretieren. Daher erscheint es als eine verblüffende Naivität, wenn heute an den Bacon'schen Fortschrittsoptimismus kontrafaktisch angeknüpft wird, indem auf gigantischen Ressourcentransfer von reich nach arm gesetzt wird, anstatt auf die Anreicherung endogener Entwicklungspotentiale zu setzen (s.u.).

In der Version des US-amerikanischen Wirtschaftswissenschaftlers und Politikberaters Jeffrey Sachs, der eine Welt ohne Armut mittels Transfers von Finanz-

3 Endemische Korruption als Hauptursache von Unterentwicklung 123

mitteln aus den reicheren Industrieländern zu schaffen verspricht (oder sollte man eher sagen „vorgaukelt"?), lebt diese Utopie der grenzenlosen technischen Machbarkeit von Fortschritt fort. Würde die Welt der Reichen und Mächtigen – so sein Argument – ihre finanziellen Anstrengungen mindestens vervierfachen (von ca. 50 Mrd. US-Dollar jährlich auf ca. 200 Mrd. US-Dollar), dann könnte sich das wiederholen, was sich Jahrhunderte früher in Nord- und Westeuropa und bald darauf auch in der ganzen westlichen Welt ereignet hatte: „die anhaltende Ausbreitung wirtschaftlicher Wachstumszonen durch die Weitergabe von Technik und Ideen. [...] Die Schönheit von Ideen besteht darin, dass sie immer wieder genutzt werden können. [...] Die treibende Kraft der ersten Industriellen Revolution war nicht die Kohle, sondern die Idee, die Kohle auf eine bestimmte Art und Weise zu nutzen." (Sachs 2005, 58).

Recht so, aber diese Argumentation übersieht die entscheidende Tatsache, dass es in den heutigen altindustriellen Ländern Europas innovationsfreudige Bildungs- und Machteliten gegeben hat, die aus verschiedenen Gründen technischen Fortschritt und Konkurrenzvorteile wollten und ihre Ideen und Interessen gegen Widerstände durchzusetzen wussten (Landes 1999, 44f.). Bei der Überwindung herkömmlicher Entwicklungsblockaden (z.B. durch konservative Geistlichkeit oder repressive Staatlichkeit) haben bestimmte kulturell geprägte „Weltbilder" (Rationalität, Säkularismus, „Höflichkeit", asketische Arbeitsdisziplin etc.) oftmals eine Bahn brechende Rolle gespielt – wofür wir durch Norbert Elias Zivilisationsparadigma und Max Webers Entwicklungsparadigma sensibilisiert wurden.

Die optimistische Sachs-These, dass nur ein monetärer *big push* von außen Afrikas Misere zum Verschwinden bringen könnte, wird durch das *kleptokratische* Verhalten mehrerer afrikanischer Regierungen widerlegt. Nach einem Bericht des Afrika-Ausschusses des britischen Parlaments vom März 2006 sollen afrikanische Regierungen ca. 700 bis 800 Mrd. US-Dollar auf Konten außerhalb des Kontinents deponiert haben (zit. nach Der Überblick 2/06, 12). Nach Schätzungen der Afrikanischen Union würden dem Kontinent durch Korruption jährlich ca. 148 Mrd. US-Dollar entzogen. Das sei ein Viertel des afrikanischen Bruttoinlandsprodukts. Solch gigantische Zahlen sind für den Laien nicht überprüfbar. Die Forschung ist sich allerdings darüber einig, dass der durch rechtswidriges Verhalten von Funktionsträgern angerichtete Schaden für die Gesellschaft enorm hoch ist (Afrika-Ausschuss des britischen Parlaments 2006).

Zu den berüchtigsten *Kleptokratien* Afrikas gehörten, bzw. gehören einige Regime in den großen Rohstoffländern Nigeria, DR Kongo und Angola, aber auch ein Land wie Kenia mit relativ gut entwickelter Industriestruktur. Hier macht das moralische Versagen einer geldgierigen, Luxus liebenden und unpatriotischen Staatsklasse sprachlos oder wütend. Nachdem 2002 ein Wahlkampf unter dem

Motto „Null Toleranz gegenüber Korruption" geführt worden war, setzte die demokratisch gewählte Regierung unter Präsident Mwai Kibaki allen Wahlversprechen zum Trotz die alten Machenschaften des korrupten Vorgängers Daniel arap Moi fort. Kibaki gehört der Volksgruppe der Kikiyu an, die unter seinem Vorgänger (einem Kalenji) von den Fleischtöpfen des Staates möglichst ferngehalten worden war.

Der von Kibaki eingesetzte Staatssekretär für Ethik und Good Governance, der 40-jährige John Githongo, musste nach zwei Jahren im Februar 2005 nach Großbritannien fliehen, um sein Leben vor den von denjenigen beauftragten Verfolgern zu retten, denen er auf die Schliche gekommen war und die ihn an der Arbeit hindern wollten. Vom englischen Exil aus ließ er aus dem „*Githongo-Dossier*" (u.a. Mitschnitte von Telefonaten) Berichte über die Korruptionspraktiken der kenianischen Minister veröffentlichen, was die wütende Regierung in Nairobi veranlasste, die Redaktionsräume des „Standard" zu verwüsten. Den bisherigen Höhepunkt der Korruptionspraxis in der „geschmierten Demokratie" Kenias bildete der 2005 ans Licht gekommene „Anglo Leasing & Finance"-Skandal, bei dem eine fiktive Londoner Beratungsfirma für den fingierten Kauf eines forensischen Labors und eines fälschungssicheren Pass-Systems mehrere Mio. US-Dollar aus der Staatskasse erhalten hat, freilich ohne Gegenleistung. Als dieselbe Regierung weitere Entwicklungshilfe von den OECD-Staaten forderte, beschimpfte der britische Botschafter Edward Clay angewidert und ungewöhnlich deutlich Minister der kenianischen Staatsklasse als „Vielfraße", die so unersättlich seien, dass sie den Gebern schon „auf die Schuhe kotzen" (Perras 2006, 3). Seitdem haben mehrere Regierungen und die Weltbank Entwicklungskredite an Kenia – vorübergehend – eingefroren. Einen neuen Höhepunkt erreichte die Fehlentwicklung in Kenia im Dezember 2007, als Präsident Kibaki nach manipulierten Wahlen eine Welle der Empörung auslöste: Etwa 1000 Menschen (überwiegend Kikuyu) wurden umgebracht und ca. 300.000 von wütenden Wählern vertrieben, die sich um ihren Wahlsieg betrogen fühlten (Economist 2008, 52).

4 Zur ambivalente Rolle der Entwicklungszusammenarbeit: „Bitte nicht helfen!"

Die Verunsicherung darüber, welche Wirkungen mehr als vier Dekaden internationaler Entwicklungshilfepolitik auf afrikanische Länder gehabt haben, ist auch heutzutage noch groß. Unter Ökonomen herrscht hier weit verbreitete Skepsis, bis hin zu den Experten der Weltbank (Wolff 2005; Calderisi 2006). Der Berliner Entwicklungsökonom Theo Rauch hat m.E. ein ausgewogenes Fazit gezogen, das höchste Plausibilität für sich beanspruchen kann. Es spräche insgesamt „[...] vieles dafür, dass Entwicklungszusammenarbeit in Afrika zu einer Systemstabilisierung – im Guten wie im Schlechten – beigetragen" hätte. Denn „sie hat in den meisten Ländern eine katastrophale Zuspitzung der Situation verhindert, gleichzeitig aber auch (hypothetische) radikale Veränderungsprozesse blockiert. Zu nachhaltigen Problemlösungen auf breiter Basis hat sie bislang wenig beigetragen" (Rauch 2007, 116). Dieses Fazit lässt die Frage offen, wann und wo es mit der EZ von außen genug sein würde, bzw. wann und wo eine **Exit-Strategie** im Sinne des graduellen Rückzugs externer Hilfsorganisationen (ausgenommen Katastrophenhilfe) begonnen werden sollte. Denn die Verantwortlichen der Industriestaaten oder „Geberländer" sollten auf den Vorwurf reagieren, dass Entwicklungshilfe geeignet sei, Afrikaner tendenziell zu Bittstellern und Bettlern zu machen und ihnen so ihr Selbstvertrauen und ihre Würde zu nehmen (Shikwati 2007, 3).

Eine Entwicklungstheorie, die aus der afrikanischen Perspektive von praktischem Nutzen sein würde, müsste *ownership* (Aneignung) der Afrikaner für die Entwicklungsprozesse zum obersten Prinzip machen und Szenarien für die vier Typen von Entwicklungsländern über einen Zeitraum von mindestens zwei Generationen entwerfen. *Ownership* bedeutet längere Phasen des Irrens und Ausprobierens, bietet aber nach heutiger Erkenntnis (auch die könnte sich als falsch entpuppen!) die größte Chance nachhaltiger gesamtgesellschaftlicher Transformation in Richtung auf sich selbst verstärkende Selbststeuerung. Das ist bisher das *missing link* der Entwicklungstheorie: Wenn ausbleibende Entwicklung keine Frage des Geldes ist, d.h. des ausgleichenden Ressourcentransfers, sondern eine Frage der richtigen Politik innovationsfähiger Handlungskollektive, die der gesellschaftlichen Situation angemessen ist (mit einem Wort *good governance*), dann fokussiert sich das Entwicklungsdilemma auf einen Prozess kollektiven Lernens. Dabei wäre ein interdisziplinärer Ansatz für eine Gesellschaftstheorie nützlich, die ökonomische und ökologische Sachverhalte mit politischen und kulturellen Theoremen zur Erklärung von Regierungs- und Elitenhandeln verknüpfen könnte.

5 Kulturelles Kapital zur Bewältigung von Globalisierung

Die Implementierung der entwicklungspolitischen *ownership*-Maxime in postkolonialen Gesellschaften ist nur möglich, wenn Gesellschaften in der Lage sind, sich mit den Herausforderungen der Globalisierung angemessen auseinander zu setzen. Nachholende Entwicklung muss sich heute – wenn überhaupt – unter Bedingungen weltweiter Vernetzung von Märkten, nationalen Standorten und lokalen Kulturen ereignen, was das Anforderungsprofil an die Macht- und Bildungseliten in Entwicklungsländern stark erhöht. Gefordert ist ein inszenierter

Strukturwandel in Richtung auf Modernisierung, der auf dem Zusammenwirken von fünf einzelnen Wandlungsprozessen beruht:

- Auf der **wirtschaftlichen** Ebene ist eine zunehmende Entgrenzung bzw. Internationalisierung von Märkten festzustellen und ein damit verbundener wachsender Wettbewerb zwischen Ländern mit unterschiedlichen Produktivitäts- und Lohnniveaus. Interdependenz ist das Merkmal der global vernetzten Teilmärkte.
- Auf der **politischen und wirtschaftspolitischen** Ebene sind Liberalisierung (des Außenhandels), Deregulierung (der Wirtschaft) und Privatisierung (der Betriebe und Dienstleistungen) das Typische, was zu einer Aufwertung des Marktes als Koordinationsmechanismus auf Kosten des (sozialpolitisch agierenden) Nationalstaates geführt hat (Denationalisierung).
- Auf der **kulturellen** Ebene ist eine schnelle Verbreitung von Ideen, Rechtsnormen, sozialen Institutionen und Innovationen zu beobachten, und zwar von den Zentren zu den Schwellen- und Entwicklungsländern. Das hat einerseits eine Annäherung im Sinne von *best practices* zur Folge (Weltkultur), führt aber andererseits auch zur Betonung lokaler und regionaler Differenzen der Ethnizität, der religiösen Bekenntnisse und identitätstiftender Symbole (Lokalkulturen). Expansion von Weltkultur und Reaktion von Lokalkulturen sind daher synchrone, aber keineswegs konfliktfreie Prozesse der Kontingenzbewältigung.
- Auf der **individuellen** Ebene öffnen sich neue Chancen und Freiheiten, entsteht aber auch – als Folge der zunehmenden Instabilität lokaler Märkte durch externe Entscheidungen – subjektive Verunsicherung im Hinblick auf Gegenwarts- und Zukunftsbewältigung. Sie wird weltweit als *disembedding* erlebt: Menschen werden „aus dem Bett geworfen", d.h. aus ihrer gewohnten Verankerung gerissen, werden orientierungslos und suchen dementsprechend nach neuen, Heil versprechenden Angeboten des kulturellen und/oder religiösen Raums.
- Auf der **ökologisch-klimatologischen** Ebene wird die Grenzen überschreitende Wirkung der ökonomischen und wissenschaftlichen Globalisierung am deutlichsten: Weltweite CO_2-Emissionen, Ozean- und Klimaerwärmung und Umweltzerstörung in ihren zahlreichen Varianten (Entwaldung, Desertifikation, Artensterben etc.) ist das gemeinsame Produkt einer hemmungslos gewordenen Weltzivilisation, die sich der globalen Marktliberalisierung überantwortet hat. Das tropische Afrika hat davon den geringsten Nutzen, trägt aber den größten Schaden globaler Klimaveränderungen infolge von Industrialisierung.

Im Folgenden soll nur eine Ebene der Globalisierung näher betrachtet werden – die Vorgänge auf der **kulturellen** Ebene in Reaktion auf die globalen Veränderungen in Wissenschaft, Technik und Weltökonomie. Wie reagieren Regierungen und die Staatsklasse Afrikas auf die Zumutungen der postkolonialen Moderne? Darin steckt m.E. des Pudels entwicklungspolitischer Kern. Dabei soll nicht etwa der Entwicklung lähmende Einfluss der Industrieländer auf afrikanische Gesellschaften unter den Tisch fallen: Deren Wirtschaftsegoismus in Sachen Handelsprotektionismus und subventionierte Agrarüberschüsse, die auf afrikanischen Märkten abgeladen werden, sind bekannt und werden seit Jahrzehnten auf jedem entwicklungspolitischen Fachkongress kritisiert – ohne Folgen. Sie stellen tatsächlich eine gemeine Vernichtung von Entwicklungschancen ärmerer Länder dar, denen die reicheren Staaten potentielle Handels- und Markteinkommen wegschnappen. Als „großmütig" verpackte Entwicklungshilfe soll dann quasi „wiedergutmachen", was den dankbaren Empfängerländern an realen und potentiellen Handelschancen (im Agrarsektor, in der Fischerei, in der Textilindustrie) zuvor oder gleichzeitig genommen wurde (Hancock 1989, 253f.; Easterly 2006, 145f.; Schießl 2007, 112f.).

Dass die Gefahr besteht, dass afrikanische Gabenempfänger unbeabsichtigt aber doch de facto zu Bettlern degradiert werden, die ausländische Entwicklungshilfe als ihnen zustehende „Rente" wahrzunehmen lernen, wird dabei in Kauf genommen. Gleichwohl erklärt dieser Mechanismus globalen asymmetrischen Verdrängungswettbewerbs nicht vollständig das Ausmaß an Staatszerfall und ethnischer Gewalt (Elfenbeinküste, DR Kongo, Sudan, Angola), ökonomischer Regression (Simbabwe, Sambia, Malawi) und endemischer Korruption (Kenia, Kamerun). Ohne die Beschäftigung mit dem „Warum?" des inadäquaten Verhaltens afrikanischer Staatsklassen angesichts der ambivalenten Herausforderung der Globalisierung bleibt der entwicklungspolitische Diskurs an der Oberfläche.

Ich vertrete die Überzeugung, dass die Ursachen für die sozio-ökonomische Dauermisere in einigen rückständigen Ländern der so genannten Dritten Welt – v.a. in Afrika südlich der Sahara, aber auch im Nahen und Mittleren Osten – primär in den **institutionalisierten Verhaltensmustern von politischen Führungseliten** zu suchen sind, die sich der oftmals unbequemen und riskanten Logik der Modernisierung bewusst oder unbewusst verschließen. Ihren politischen Machtanspruch versuchen sie durch Rekurs auf Status-quo stabilisierende kulturelle und religiöse Wertvorstellungen abzusichern. Diese endogene Variablen präferierende These kann nur dann Sinn machen und Missverständnisse vermeiden, wenn zwei Kontextbedingungen im Sinne von begrifflichen Einschränkungen berücksichtigt werden: Zum einen muss der Kultur-Begriff jeglicher essentialistischer Konnotation entkleidet und als ein flexibles, wandlungs- und anpassungsfähiges Konstrukt zur Bewältigung von Umweltherausforderungen begriffen werden. Und zum anderen ist die Bewertung kultureller Verhaltensweisen, Normen und Institutionen nicht etwa absolut zu nehmen, sondern nur jeweils auf eine bestimmte historische Wirtschafts- und Gesellschaftsformation zu beziehen.

Wenn beispielsweise ein lang bewährtes Verhaltensmuster der Risikovermeidung, das in einer (vormodernen) Agrar- oder Nomadengesellschaft überlebenswichtig und insofern „richtig" war, in einem gewandelten historischen Kontext, sagen wir der gegenwärtigen Globalisierung neoliberaler Prägung, angewandt wird, dann kann die Wirkung in ihr Gegenteil umschlagen: aus Angemessenheit wird Dysfunktionalität.

Nach dieser begrifflichen Klarstellung kann die These diskutiert werden, dass heutzutage einige Gesellschaften geeigneter erscheinen als andere, die *spezifischen* Herausforderungen der „zweiten Moderne" (Beck/Grande 2004) für sie nutzbringend und dem sozialen Wohlstand förderlich zu bewältigen. Dieses Argument ist wertfrei gemeint und erinnert an den Erfahrungssatz der **konstruktiven Zerstörung** von Joseph Schumpeter, nach dem mit der Modernisierung auch immer Bisheriges zerstört wird oder geopfert werden muss, um dem „Neueren" Platz zu machen. Die Innovationen sind nicht immer das ethisch Wertvollere und Wünschenswerte, aber sie erscheinen oftmals den Herrschenden als unvermeidlich, um im Strom der Zeit den Kopf oben behalten zu können. Und in diesem Sinne hat Afrika südlich der Sahara mit seiner ersten postkolonialen Generation von politischen Führern wenig Glück gehabt: Als die Herausforderungen der (ökonomischen) Globalisierung zur Bewältigung anstanden, waren sie eifrig mit der Arrondierung und Festigung ihrer politischen Herrschaft beschäftigt. Zudem waren es politische Freiheitskämpfer und nicht ökonomisch versierte Ressourcenmanager.

6 „Culture matters!": der cultural turn in der Entwicklungstheorie

In der europäischen Antike bedeutete *cultura* Disziplinierung und Beherrschung der menschlichen und der äußeren Natur. Seitdem hat dieser Begriff diverse Wandlungen bezüglich seiner ihm zugeschriebenen Bedeutung durchgemacht. Zur Zeit der Aufklärung ist er als Kampfbegriff verwendet worden; Hochkultur wurden gegen Volkskultur und Massenkultur ausgespielt. In der Gegenwart sind *cultural studies* und *post-colonial studies* entstanden, denen gemeinsam ist, dass „Kultur" jeglicher essentialistischer Determination entkleidet ist. Vielmehr wird das Kulturelle als kontextabhängiges, veränderbares, plastisches Material zur Orientierung sozialen Handelns verstanden (siehe auch die Beiträge in Boeckh/Sevilla 2007).

Unter Kultur soll in Anlehnung an den Anthropologen Clifford Geertz „ein geordnetes System von Bedeutungen und Symbolen" verstanden werden, „vermittels dessen gesellschaftliche Interaktionen stattfindet". Sie ist „[…] das Geflecht von

Bedeutungen, in denen Menschen ihre Erfahrungen interpretieren und nach denen sie ihr Handeln ausrichten" (Geertz, zit. nach Burke 2005, 56). Man kann den Gedanken auch so formulieren: Kulturelle Sinnbezüge und Symbole sind **soziale Konstrukte einer Wir-Gemeinschaft**, die emotionale und kognitive Steuerungsleistungen für Mitglieder bereitstellt. Dadurch wird Identität ermöglicht und durch Wiederholung erfahrbar gemacht. Dabei können kulturelle Bedeutungssysteme unterschiedliche Funktionen haben – nicht immer nur bewahrende –, je nach gesellschaftlichem Kontext.

Zunehmende politische Turbulenzen in afrikanischen Ländern, die sich der neuen neoliberalen Weltordnung (oder besser Weltunordnung) anpassen sollen, deuten auf folgenden „Verflechtungszusammenhang" (Norbert Elias) hin: Je unübersichtlicher und komplizierter die Anforderungen von außen werden oder individuell als Verunsicherung empfunden werden, desto größer wird die Neigung, sich dagegen mit Vertrautem zu wappnen (Tetzlaff 2000, 41f.). Die verständliche Hinwendung zu Großfamilie, Klan, Ethno-Partei oder Religionsgemeinschaft (besonders ausgeprägt bei Muslimen) dient so auch der Reduktion von Ängsten vor neuen Risiken. **Kulturelle Identität** entsteht durch Selbstverortung einer „Wir"-Gruppe, die sichtbare oder unsichtbare Grenzen konstruiert, Stabilisierungsmechanismen herausbildet und ihren Mitgliedern standardisierte Orientierungen angesichts wiederkehrender Probleme (soziales Erbe) anbietet (Harrison/Huntington 2002; Burke 2005; Sen 2007).

Es bleibt noch anzumerken, dass die Hinwendung zu „Kultur" als situativ verfügbarer Orientierungsrahmen nicht als Widerspruch zur Aneignung von Welt durch Wissenschaft und Technik verstanden werden muss; denn das Vorhandensein **„multipler Identitäten"** in einer Person ist etwas sehr Normales. So können sich Werte aus Tradition und Moderne ergänzen; wichtig ist, dass auf Globalisierungsphänomene rational reagiert werden kann. Wie entscheidet sich eine Person bei Ziel- und Wertekonflikten? In welcher Rolle möchte er oder sie seiner/ihrer Umwelt erscheinen? Welche „Weltbilder" lenken die Bahn, in denen Interessen und Ideen im Alltagsleben verfolgt werden?

Seit dem Ende des Kalten Krieges und der aus den Fugen geratenen alten bipolaren Weltordnung ist die wissenschaftliche Hinwendung zu kulturellen Verhaltensweisen und kulturellen Kontexten von Politiken deutlicher geworden. Man spricht vom *cultural turn* in den Sozialwissenschaften. Diesen hat der englische Kulturhistoriker Peter Burke in Politikwissenschaft, Geographie, Ökonomie, Psychologie, Anthropologie und in den so genannten *Cultural Studies* aufgespürt. In diesen Fachgebieten habe sich „[…] zumindest eine Minderheit der Wissenschaftler von der Annahme einer unveränderlichen Rationalität (etwa der Theorie rationaler Entscheidungen bei Wahlen oder beim Konsum) verabschiedet". Sie interessiere „[…]

sich zunehmend für die Werte, an denen einzelne Gruppen sich zu bestimmten Zeiten an bestimmten Orten orientieren [...]. Viele sprechen heute bei ganz alltäglichen Gelegenheiten von ‚Kultur', bei denen man vor zwanzig oder dreißig Jahren noch von ‚Gesellschaft' gesprochen hätte" (Burke 2005, 9).

Die anregende Studie des Historikers David Landes über Wohlstand und Armut der Nationen, der provozierende Bestseller des US-amerikanischen Politologen Samuel Huntington zum „Kampf der Kulturen" und v.a. das 1998 in Cambridge/ Massachusetts abgehaltene Symposium der *Harvard Academy* unter Leitung von Lawrence Harrison zum Thema „kulturelle Werte und menschlicher Fortschritt" haben dem *cultural turn* in den Sozialwissenschaften Gewicht verliehen und weithin sichtbar gemacht. Dabei beruft man sich gerne auf Max Weber, der in seiner bekannten Schrift „Protestantische Ethik und der Geist des Kapitalismus" den Aufstieg des Kapitalismus im Wesentlichen als ein in der Religion wurzelndes, also kulturelles Phänomen zu erklären versuchte. Auch Kulturforscher wie Ronald Inglehart und Seymour Martin Lipset haben die Werteorientierungen von Eliten, vermittelt durch Prozesse der Modernisierung, für Differenzen bei entwicklungspolitischen Leistungen von sozialen Kollektiven herangezogen.

Kulturelle Werte können daher immer nur *eine* kausale Dimension von politischem Verhalten ausmachen; denn ohne die passenden Institutionen und rechtlichen Rahmenbedingungen würden kulturelle Impulse im Niemandsland verpuffen. Aus methodischen und empirischen Gründen ist daher stets der **Grundsatz der sozialen Kontextgebundenheit von religiösen oder kulturellen Werten** zu beachten: Nicht tradierte Ideen und Werte allein können notwendige Innovationen bewirken oder blockieren, sondern nur im Verbund mit mehr oder weniger günstigen strukturellen Ermöglichungsbedingungen. Dieter Senghaas hat in diesem Sinne von „strukturanalogen Kulturprofilen" gesprochen (Senghaas 2003, 321). Orlando Patterson plädiert für eine Interaktionsanalyse, die den Prozess der Veränderung von „tradierten Kulturmodellen" zu individuell „modifizierten Kulturmodellen" unter dem Einfluss des „strukturellen Umfeldes" zu erfassen hätte (Patterson 2002, 278). Hieran ist anzuknüpfen.

So einleuchtend solche Feststellungen sind, es bleibt doch ein störender Rest an Unbestimmtheit: Was heißt „strukturanalog"? Entweder dominieren die Strukturen das politische Handeln – was erklärt dann aber noch die Kategorie „Kultur"? Oder ist die Abhängigkeitsbeziehung eher umzukehren? Struktur ergibt sich aus den kulturellen Präferenzen von Akteuren, weil diese erst die Verhältnisse schaffen, die dann zu weniger leicht veränderbaren Strukturen erstarren? Ich denke, dass wir es hier mit einem Verflechtungsdilemma zu tun haben. Daniel Patrick Moynihan hat es mit folgendem postmodern anmutenden Paradox aufzulösen versucht: „Die zentrale konservative Wahrheit lautet, dass Kultur, nicht Politik, den Erfolg einer Gesellschaft bestimmt. Die zentrale liberale Wahrheit lautet, dass Politik eine Kultur verändern und vor sich selbst retten kann" (Moynihan, zit. nach Harrison/Huntington 2002, 9).

Aus politologischer Sicht, welche die Handlungsspielräume von politischen Akteuren im Blick hat, ist die „liberale Wahrheit" von besonderem Reiz: Sie reagiert auf die Erfahrung, dass die Berufung auf kulturelle Werte – wie Blutrache, Familienehre, Vetternwirtschaft, göttliche Vorsehung, Zauberei etc. – eine Gesellschaft in die Irre führen kann. Gleichwohl erinnert sie an die Möglichkeit, auch angeblich „kulturelles Erbe" neu und kontextabhängig zu interpretieren. Dies ist z.B. in Botswana geschehen, wo ein aufgeklärter Staatsführer, Sir Seretse Khama, Tradition (als Häuptlingssohn) und Moderne (als in England Graduierter) glücklich verband und seiner Gesellschaft einige Modernisierungsinnovationen „verpasste" (Mehrparteiensystem, Gewaltenteilung, Frauenrechte). Im subsaharischen Kontext verkörpert v.a. Botswana – neben Mauritius und ansatzweise auch Tansania, Ghana, Mali und Madagaskar – eine Politik von *good governance*.

7 „Politics matter!": die Erfindung von good governance als Reaktion auf Staats- und Marktversagen

Die *culture matters*-These erhielt nachhaltige Bedeutung durch eine Akzentverschiebung im Selbstverständnis der Leitorganisation der internationalen Entwicklungspolitik: Im Jahr 1989 – der Ost-West-Konflikt neigte sich seinem Ende zu – verblüffte die *Weltbank* in ihrem Jahresbericht mit der These von *good governace* als Schlüssel zur erfolgreichen Entwicklung. Damit wurde ein Paradigmenwechsel eingeleitet: Der Fokus der internationalen Entwicklungszusammenarbeit sollte nun nicht mehr auf der „richtigen" makroökonomischen Wirtschaftspolitik liegen (gemäß der Belehrungsformel: „getting the prices right"), sondern im marktkonformen und sozialverträglichen Verhalten der Eliten.

Die *good governance*-Formel enthält hauptsächlich folgende normative Ziele:

- Abbau der Korruption bei allen staatlichen und para-staatlichen Institutionen;
- Maßnahmen gegen die Verschwendung von öffentlichen Ressourcen;
- Gesetzeskonforme Beachtung marktwirtschaftlicher Prinzipien, einschließlich Eigentumsschutz;
- Verfassungskonformer Umgang mit der politischen Opposition;
- Respektierung der Menschenrechte, einschließlich der Versammlungs- und Pressefreiheit.

Die Einigung auf *good governance* war die Quintessenz der Erfahrung mit zwei sich ergänzenden Defiziten: Staatsversagen zum einen, Marktschwäche der noch immer kolonialwirtschaftlich geprägten Volkswirtschaften zum anderen. Als Ideal zusammengefasst bedeutet *good governance* somit: politisch institutionelle Reformen in Richtung auf demokratisches, rechtsstaatliches, marktwirtschaftliches, soziales und *gender*-gerechtes Regierungshandeln zum Nutzen des Volkes und seiner Produktivkraftentwicklung. Politisch gesehen, bedeutete das neue entwicklungspolitische Paradigma der (westlichen) Gebergemeinschaft einen kaum verhüllten Angriff auf das Missmanagement der ersten Generation afrikanischer Minister- und Staatspräsidenten. Sie empfand jede Kritik an ihrer Amtsführung als eine unerlaubte „Einmischung in innere Angelegenheiten" und als Angriff auf ihre „nationale Souveränität". Letztere wurde durch die zunehmende Auslandsverschuldung und in deren Folge die wachsende Abhängigkeit von ausländischen Finanzhilfen aller Art mehr und mehr zu einer Farce.

Es gibt auch in Afrika viele Stimmen aus der „Zivilgesellschaft" (d.h. den sich öffentlich über politische Fragen artikulierenden Gruppen, Nicht-Regierungsorganisationen, Kirchen, Menschenrechtsverbänden und herrschaftskritischen Oppositionsbewegungen), die sich für Reformen und die Ideale von *good governance* einsetzen. Eine neue Schicht von intellektuellen Sprechern ist hier und da in Erscheinung getreten (Soyinka 2001; Etounga-Manguelle 2002; Ayittey 2005; Shikwati 2007), die selbst bittere Kritik an der schamlosen Selbstbereicherung und der Inkompetenz von politischen Führern in Afrika (v.a. in Nigeria, Simbabwe, Sambia und Kenia) geübt haben. Die Zukunft Afrikas dürfte davon abhängen, wer wen zu beeinflussen, bzw. zu dominieren Erfolg haben wird: Wird die reformfreudige, aber oftmals noch unzureichend organisierte Zivilgesellschaft die innovationsschwache Staatsklasse ersetzen oder zumindest zu Reformen zwingen können? Oder bleibt es umgekehrt bei den häufig anzutreffenden „Fassadendemokratien", in denen neo-patrimoniale Interessenwächter der Privilegierten (mit ihren alten, verbrauchten Kadern) die nach Fortschritt, Rechtsstaatlichkeit und Berechenbarkeit strebenden sozialen Kräfte repressiv in Schach halten? Oder anders gefragt: Kann Afrika mit dem durch Modernisierung erzwungenen sozialen und politischen Wandel Schritt halten?

Die Tatsache, dass die 48 Staaten südlich der Sahara unterschiedliche Entwicklungspfade eingeschlagen haben und dass auch einzelne Länder (bei gleich bleibenden geographischen Ausstattungsfaktoren!) innerhalb von vier Jahrzehnten einige politische Metamorphosen hinter sich gebracht haben, lässt die Schlussfolgerung zu, dass es politische Handlungsspielräume für Staatseliten gibt, dass also strukturelle *constraints* und exogene *conditions* nicht in jedem Fall dominant sein müssen. Ob insgesamt ein sozio-ökonomischer Fortschritt für den Subkontinent feststellbar ist, der auf kollektive (erzwungene oder freiwillige) Lernprozesse schließen lässt, würde ich mit aller gebotenen Vorsicht für die politische Ebene, weniger für die wirtschaftliche, bejahen: Die Tendenz zu Mehrparteienwahlen, demokratischer Partizipation der Zivilgesellschaft und Rechtsstaatlichkeit ist zwar fragil, aber erkennbar (näheres dazu Tetzlaff 2008). Afrika ist nicht zwangsläufig ein „verlorener Kontinent" (Ferdowsi 2008), wie gerne und oft behauptet wird. Viel hängt davon ab, ob die strukturelle Führungskrise überwunden werden kann.

8 Über die Notwendigkeit einer politisch-kulturellen Evolution: von der Politik des Bauches zur Politik des Kopfes

„Die Welt ist ein Maskentanz. Wenn du sie verstehen willst, kannst du nicht an einer Stelle stehen bleiben" (Sprichwort der Igbo, Nigeria). Kulturelle Werte und Überzeugungen kann man als Werkzeuge der Anpassung verstehen. Sie sind selbst plastisch und kontextabhängig, nicht einfach nur starre Muster. Der Maskentanz repräsentiert auch die Ahnen – die Ewigkeit – und stellt so eine Verbindung zwischen der Vergangenheit und Gegenwart her. Durch den Maskentanz kommen gleichsam die Ahnen zu den Lebenden auf Besuch. Die Geschichte ist ein einziger ununterbrochener Fluss. Der nigerianische Schriftsteller Chinua Achebe hat das Maskentanz-Sprichwort seiner Heimat modern gedeutet:

> „Die Welt ist im ständigen Fluss, und wir, als Bewohner der Welt, müssen lernen, uns anzupassen, uns zu verändern, uns zu bewegen. So ist das ganze Konzept der Mobilität der Igbo-Kultur in diesem Sprichwort eingeschlossen. Selbst alte Bräuche – Bräuche, die wunderbar sind – können zu gewissen Zeiten nicht mehr sinnvoll sein. Wir müssen in jedem Augenblick bereit sein, etwas Neues auszuprobieren. Das ist ein fundamentaler Gedanke der Igbo-Kultur, die Idee des Wandels. Du weißt, ‚kein Zustand ist von Dauer'" (Chinua Achebe, zit. nach Beier 1999, 11).

Wer dies sagt und lebt, der ist – so sollte man meinen – für Modernisierung und Globalisierung mit ihren rasanten Veränderungen mental bestens gerüstet. Demnach müsste heute z.B. der Erdölriese Nigeria, aus dem das Sprichwort stammt, Afrikas größter und ressourcenreichster Staat, ein Gewinner der Globalisierung sein. Doch dem ist beileibe bisher nicht so (Obi 2004). Weder in Nigeria noch sonst auf dem Kontinent gibt es Wolkenkratzer oder Chip-Fabriken oder Exzellenz-Universitäten. Die Gier der putschenden Militärjuntas nach Rohstoffrenten lähmte das Land vierzig Jahre lang und ließ Zweidrittel der Bevölkerung verarmen. Mit dem Erdölboom wurden viele moderne und angenehme Dinge importiert, ein Bauboom ohnegleichen setzte ein, aber die Entwicklung der kleinbäuerlichen Landwirtschaft wurde vernachlässigt. Man importierte lieber modische Nahrungsmittel (z.B. Weizenbrot) aus dem Ausland; man hatte ja das nötige Geld dazu. Die Universitäten und Schulen, anfangs euphorisch gefördert, verkamen, als der erste Erdölboom nach wenigen Jahren vorbei war. Für Unterhalt der staatlich ins Leben gerufenen Institutionen war angeblich kein Geld da.

Eine **Fassadenmodernisierung ohne nachhaltige Entwicklung** war das triste Ergebnis, das viele gut ausgebildete, kluge Köpfe ins Ausland trieb. Die Selbstbereicherung einer sehr kleinen staatsnahen Elite hatte u.a. auch eine wachsende soziale Polarisierung der Bevölkerung im Innern und eine hohe Auslandsverschuldung (30 Mrd. US-Dollar 40 Jahre nach Erlangung der Unabhängigkeit) zur Folge.

Wie konnte das geschehen, was man das „**Paradox des Reichtums**" genannt hat? War es der „Fluch der Rohstoffe" (Basedau/Mehler 2005, 6f. und 45-72), der Staaten verleitet, sich nur auf diesen lukrativen Sektor zu konzentrieren und mehr zu konsumieren als zu produzieren? Oder ist die Misere doch eher die Folge einer ungezügelten „Kleptokratie" (Herrschaft der Diebe und Gauner), die selbstsüchtig eine *rent-seeking mentality* auf Kosten des Volkes „kultivierte"? Die Jagd nach solchen „Renten" aus Rohstofferlösen hat den negativen Folgeeffekt, dass Reformen und nationale Eigenanstrengungen zur Erzielung von *profits* (Marktgewinnen) durch Steigerung der Produktivität weniger dringlich erscheinen und dann meist unterbleiben. Das Ergebnis ist **Modernisierung ohne Entwicklung**. Dabei wird Entwicklung verstanden als die Fähigkeit, gesellschaftlichen Reichtum durch Entfaltung der eigenen Produktivkräfte und Steigerung der Produktivität zu mehren.

Die Staatsräson solcher Regime besteht darin, dass die Machtgruppe, die sich einmal im Staatsapparat eingenistet hat, den Löwenanteil seiner Energien dafür verwendet, gewaltsam an der Macht zu bleiben und die eigene ethnisch-kulturelle Klientel mit Staatspfründen aller Art zu versorgen (Ayittey 2005). Diese Verteilungsfunktion des **neopatrimonialen Staates** ist von zentraler Bedeutung für eine Gesellschaft, die für ihre ehrgeizigen Mitglieder kaum Alternativen der vertikalen Mobilität bereithält. Die auf fairen Wettbewerb basierende Marktwirtschaft, die kreativen Unternehmern Aufstiegs- und Bereicherungschancen bieten könnte, steckt ja noch in den Kinderschuhen. Der von externen Entwicklungshilfegeldern alimentierte Staat wird so zur korporativen Beute von rivalisierenden Machtcliquen oftmals mit je unterschiedlichem ethnisch-kulturellem Hintergrund. Nicht selten setzen sich dabei nicht die Fähigsten, sondern eher die Listigsten, Stärksten und Skrupellosesten durch – bis die (städtische) Bevölkerung genug hat und eine Wirtschafts- oder Versorgungskrise zum Anlass nimmt, ein Regime zu stürzen. Dann schlägt die Stunde der oppositionellen Gruppen und möglicherweise gelingt der Durchbruch zur Demokratisierung (Wiseman 1995).

8 Über die Notwendigkeit einer politisch-kulturellen Evolution

Lange Zeit hat eine „**Politik des Bauches**" – wie der französische Afrikaforscher Jean-François Bayart es nannte – die Entstehung der institutionellen und rechtlichen Rahmenbedingungen blockiert, die nach heutiger Erkenntnis der Neuen Institutionen-Ökonomie für die Entwicklung der einheimischen Produktivkräfte mitentscheidend sind. Darunter zu leiden haben v.a. auch die *Frauen* – „das missachtete Rückgrat unserer Gesellschaften" (Etounga-Manguelle 2002, 117). Sie haben noch immer „keinen Zugang zu Bankkonten, Kredit und Eigentum. Sie haben zu schweigen. Sie produzieren einen großen Teil unserer Nahrung, haben aber trotzdem kaum Zugang zu landwirtschaftlicher Ausbildung, Kredit, technischer Hilfeleistung und so fort... Ohne eine afrikanische Frau, die frei und verantwortlich ist, wird der afrikanische Mann nicht fähig sein, auf eigenen Füßen zu stehen" (ebd.). Das gilt in besonderer Weise für eine Gesellschaft wie die äthiopische (soweit sie von der abessinischen Kultur geprägt ist), die ihre jungen Mädchen auf grausame Weise durch die Landessitte der (pharaonischen) Beschneidung physisch verstümmelt und seelisch beschädigt. Der Gedanke drängt sich auf, dass es einen kausalen Zusammenhang zwischen der Erstarrung der äthiopischen Kultur und Gesellschaft einerseits und der kanonischen Unterdrückung des weiblichen Geschlechts andererseits gibt. Es handelt sich m.E. um eine extreme Bestätigung der oben zitierten These von Daniel Etounga-Manguelle bezüglich der Frauendiskriminierung. In Südafrika gibt es jedoch Hoffnungen, dass sich die *gender*-Beziehungen auch zum Positiven ändern können (Wittmann 2005).

Durch seinen Rohstoffreichtum wird Afrika südlich der Sahara immer stärker in Globalisierungsprozesse einbezogen. An der zweiten „Balgerei um die Rohstoffe" Afrikas nehmen diesmal auch die Asiaten aktiv teil, allen voran China und Indien. Zusammen lösen die beiden asiatischen Giganten (vielleicht auch im Verbund mit anderen asiatischen „Tigern") einen „enormen sozio-ökonomischen **Anpassungsdruck** in anderen Weltregionen aus. Etwa 83 Mio. Arbeitskräfte sind derzeit in der chinesischen Industrie beschäftigt, etwa so viele wie in den 14 größeren OECD-Ländern zusammengenommen. Weitere 100 Mio. chinesische Arbeitskräfte verfügen über „weltmarktfähige" Qualifikationen und könnten in den kommenden Jahren in den Industriesektor hineinwachsen" (Humphrey/Messner 2006, 2). Wer weiß, ob nicht auch chinesische Bauern vermehrt ihren Weg aus ihrer überbevölkerten Heimat nach Afrika finden werden, wo es noch viel unbebautes Land in unterbevölkerten Regionen gibt? In jedem Fall wächst in den Ländern des afrikanischen Subkontinents der Zwang zur kreativen, eigengesteuerten Anpassung an globale Überlebens- und Entwicklungsbedingungen.

Schon heute gibt es unterschiedliche Reaktionen auf die Herausforderung der Globalisierung (Tetzlaff ausführlicher in dem Reader „Kultur und Entwicklung" von Boeckh/Sevilla 2007). Darunter:

- die unternehmerische Suche nach profitablen Marktnischen;
- die kreative Jobschaffung in informellen Wirtschaftssektoren;
- die Migration nach Europa aus Frustration über den Mangel an heimatlichen Chancen und Anreizen;
- die Hinwendung zu religiösen Heilsversprechen;
- die Zuflucht zur Hexerei;
- oder die „rationale Verweigerung" derer, die den Wettkampf mit auswärtigen Konkurrenten um Marktanteile für aussichtslos halten.

Nicht alle diese kulturell inspirierten Reaktionsweisen taugen in gleicher Weise, um den *spezifischen* Anforderungen der Globalisierung, die im Kern internationale **Wettbewerbsfähigkeit von Standorten** (nicht nur einzelnen Persönlichkeiten oder Firmen) verlangen, gerecht werden zu können. Wer am globalen Marktgeschehen teilnehmen will, muss sich an Kriterien der Produktivität und Kreativität als Grundlage für internationale Wettbewerbsfähigkeit messen lassen (Behrens 2005, 13f.). Grundlage hierfür ist wiederum die politische Fähigkeit, nationale Produktivität zum Wohle der Gesellschaft und die dafür notwendigen Infrastrukturen im Bereich von Bildung, Wissenschaft und Technik zu fördern. Eine Gesellschaft kann demnach erst erfolgreich werden, wenn sie erkennt, dass wirtschaftliche Entwicklung nicht primär von der staatlichen Ressourcenkontrolle oder Vergünstigung, sondern entscheidend von der Produktivitätsentfaltung abhängt. Dass daraus wiederum Wertpräferenzen (z.B. Rechenschaftspflicht für anvertraute Finanzressourcen, Risiko- und Innovationsbereitschaft oder Hochachtung vor wissenschaftlichen und technischen Kenntnissen) entstehen, die das **Produktivitätsparadigma** fördern, liegt auf der Hand.

In diesem Sinne muss man der These des kenianischen Politologen Ali Mazrui zustimmen, die besagt, dass Gesellschaften, die zwar natürliche Rohstoffe besitzen, aber nicht über das notwendige Know-how verfügen, diese voll zu nutzen, gegenüber solchen Gesellschaften verlieren werden, die dieses Wissen haben, unabhängig davon, ob sie selbst über Rohstoffe verfügen oder nicht (Mazrui zit. nach Adewoye 2000, 46).

9 Fazit und Ausblick: Überwindung des Reformstaus durch responsible leadership und ownership

Afrika südlich der Sahara befindet sich im ersten Jahrzehnt des 21. Jahrhunderts als bisheriger Verlierer der Globalisierung nicht nur in einer sozio-ökonomischen Krise (wachsende Armut und Arbeitslosigkeit), sondern auch in einer geistigen und politischen Orientierungskrise – einer Krise, die aber auch Hoffnungen hat entste-

9 Fazit und Ausblick: Überwindung des Reformstaus

hen lassen (Othman 2000; Nyong'o u.a. 2002; Harrison/ Huntington 2002; Ayittey 2005). Zum einen wachsen aus dem Schoß der Gesellschaften neue soziale Kräfte, die auf institutionelle Reformen (Demokratisierung, *rule of law*) und *responsible leadership* drängen. Zum anderen bieten neue *global players* aus Asien neue Anreize *(incentives)* und die Gelegenheit, über alternative Entwicklungspfade und die Gefahr neuer Imperialismen nachzudenken (Tull 2005).

Enttäuscht hat bisher nicht die Bevölkerung, d.h. die weitgehend entmündigten Städter, die Bauern, Hirten, Marktfrauen und Kaufleute, sondern meistens doch die Staatsklasse der ersten postkolonialen Generation mit ihren unersättlichen *big men* als Präsidenten und Minister. Dass sie die gehätschelten Verbündeten der rivalisierenden Großmächte während des Kalten Krieges gewesen sind, sollte dabei nicht vergessen werden. Das *bad governance*-Syndrom, wie es hier skizziert wurde, ist ein Ergebnis von mehreren Negativfaktoren, die sich wechselseitig verstärkt hatten und die erst durch die zweite Welle der Demokratisierung ab 1989 gelockert wurden: Das gruppenegoistische Verhalten einer Staatsklasse, die primär vom Interesse der Selbstbereicherung und des Machterhalts gelenkt wurde; die funktionale Schwäche politischer Institutionen des postkolonialen Staates, die durch externe Entwicklungshilfe teils übertüncht, teils kompensiert wurde; schließlich wenig einladende internationale Bedingungen, sich über Handelschancen neuen gesellschaftlichen Reichtum zu erwerben. Nationale Institutionen konnten nicht als *checks and balances* eines gewaltenteiligen Regierungssystems wirken, um so Machtmissbrauch zu erschweren und Fehler frühzeitig zu erkennen und zu korrigieren. Die politischen Führer im ersten Rausch der politischen Macht verkannten die Schwierigkeiten der politischen und makroökonomischen Steuerung von Produktinvestitionen und Märkten und missachteten die ererbten formellen Institutionen – mit Ausnahme der Repressionsapparate.

Ein voluntaristisches Regierungsregime ohne institutionelle *checks and balances* kann auf Dauer nicht gedeihen, weil es unberechenbar bleibt. So kann in der Bevölkerung nur schwerlich ein belastbares Vertrauen in die Legitimation von Staat und Regierung entstehen. Unter Rückgriff auf manipulierte kulturelle Traditionen durch den *big chief* sind Staatsklasse und post-koloniales System mancherorts eine unheilige Allianz eingegangen – zum Schaden einer Bevölkerung, die am Ende der Kolonialzeit mit großen Hoffnungen auf eine bessere Zukunft in die „Freiheit" gestartet war.

Schon Adam Smith hatte erkannt: „Little else is required to carry a state to the highest degree of opulence from the lowest barbarianism, but peace, easy taxes, and a tolerable administration of justice." (Smith 1755 zit. nach Greenspan 2007, 262). Heute würde man wohl noch – mit Blick auf Afrika – einen vierten Erfolgsfaktor hinzufügen: *good governance* im Sinne von *responsible leadership* (der

Zentralbegriff in dem Reader von Haroub Othman *Reflections on Leadership in Africa* 2000). Er meint verantwortliche Führung, genauer gesagt, die Führung einer demokratisch legitimierten Staatsklasse, die sich v.a. der Erschließung nationaler Entwicklungspotentiale und so den produktiven Schichten der Bevölkerung verantwortlich weiß (genannt *new democracy* in: Nyong'o u.a. 2002). Maßstab dafür ist m.E. die Schaffung und Sicherung von steigenden Arbeitseinkommen für eine möglichst große Zahl einheimischer Produzenten und Konsumenten. Daraus folgt, dass die politische Förderung einheimischer Märkte auch über Staatsgrenzen hinweg größte Priorität bei Investitionen erhalten müsste (Ayittey 2005; Rauch 2007). Diese sollte weitest möglich aus *internen* Steuerquellen generiert werden – ein einheimisches Potential, das wegen der selbst lähmenden Fixiertheit auf externe ODA-Mittel seit Jahrzehnten vernachlässigt worden ist (siehe dazu die anregende Problemanalyse von Jens Martens 2006; siehe auch Ferdowsi 2008).

Der zusammenfassende Ausblick schließt mit der Überzeugung (die ich mit afrikanischen Kollegen wie Emeka Nwokedi, Peter Anyang'Nyong'o, Haroub Othman, George Ayittey, Etounga-Manguelle, u.a. teile), dass nur eine grundlegende Veränderung im politischen Verhalten der Macht- und Bildungseliten afrikanischer Staaten die Voraussetzung für die notwendige Kehrwende in der Bewältigung der postkolonialen Moderne schaffen könnte. Und glücklicherweise wächst eine neue Generation von geistigen und politischen Führern heran, die nicht länger in einer von Selbstmitleid geprägten kontrafaktischen Opfermentalität befangen ist und „ständig Entschuldigungen für eigenes Versagen mit dem Hinweis auf Kolonialismus und Sklaverei erfindet" (Ayittey 2005, XX-XXI). Diese neue Führungsschicht – George Ayittey nennt sie die hoffnungsvolle *cheetah generation* (Geparden-Generation) im Unterschied zu der behäbigen *hippo generation* (Flusspferd-Generation) – kultiviere Selbstvertrauen und Eigenständigkeit *(self reliability)* sowie Unternehmergeist, um so mit der fatalen Tradition brechen zu können, für alle Probleme Afrikas andere Gesellschaften, vornehmlich die Weißen des Westens, verantwortlich zu machen.

Gleichwohl wird diese schwierige kulturelle Evolution kaum vollständig gelingen, wenn nicht auch in den wirtschaftlichen Nord-Süd-Beziehungen lohnende Gewinnanreize *(incentives)* und Ermöglichungsbedingungen für wirtschaftliches Wachstum aus eigener Kraft, vornehmlich durch den Abbau des Handelsprotektionismus der OECD-Staaten, geboten werden. Wirtschaftliche Dauerschwächung schlägt sich in einigen Gesellschaften (z.B. in der DR Kongo oder in Guinea-Bissau) in „spiritueller Anomie" oder in der „Zersetzung moralischer Werte" (Schiefer 2002; Tull 2005) nieder, worauf, wo immer noch möglich, präventiv reagiert werden sollte (Schießl 2007). Ohne die subjektive Bereitschaft der tonangebenden Eliten, flankiert von funktionsfähigen Institutionen vor Ort, sich an die unabweisbaren Erfordernisse der Globalisierung **anzupassen**, wären die Aussichten auf Umkehr der bisherigen Fehlentwicklung düster. Der von manchen favorisierte *big push* von Geld aus dem Ausland wird den erhofften Kick, der notwendig ist, um die Ketten der lähmenden Auslandsabhängigkeit zu sprengen (wie es Andrew Mwenda, Daniel Etounga-Manguelle, James Shikwati und andere hoffen), wohl nicht bringen. Hierfür braucht es vielmehr eine qualitative Neubesinnung auf die eigenen Kräfte und kontinentalen Möglichkeiten der Wettbewerbsverbesserung.

Dabei muss der Impuls zu dem nötigen *capacity-building* von innen kommen (Zivilgesellschaft, politische Parteien, Interessenverbände). Flexible Institutionen sind dafür da, um kollektive Lernprozesse von Staat und Gesellschaft zu ermöglichen und zu verstetigen. Sonst droht die Gefahr, dass dasselbe Fehlverhalten routinemäßig von der neuen Generation der Führer wiederholt wird: politische Entmündigung, Verfolgung der kritischen Intelligenz, Einmischung in Justiz und Presse, Korruption, Kapitalflucht, Nepotismus, Diskriminierung der Opposition etc. Die Selbstverpflichtung zu **Rechtsstaatlichkeit**, gemäß der eigenen von der Nationalversammlung erschaffenen Verfassung, scheint mir das nützlichste Gebot für eine Staatsklasse zu sein, die es mit der „afrikanischen Renaissance" wirklich ernst meint.

Literatur

Adewoye, O. 2000. *Leadership and the Dynamics of Reform in Africa*, in: Othman, H. (Hg.), Reflections On Leadership in Africa: Forty Years After Independence, Dar es Salaam, 39-48.
Afrika-Ausschuss des britischen Parlaments, 2006. *The other Side of the Coin - The UK and Corruption in Africa*, in: Der Überblick 42, Heft 2, 10-12.
Asche, H. 2006. *Durch einen Big Push aus der Armutsfalle? Eine Bewertung der neuen Afrikadebatte*. DIE Discussion Paper, Heft 5.
Asche, H. 2006a. *Der Afrika-Aktionsplan der Weltbank: neue Aktionen?* DIE Analysen und Stellungnahmen, Heft 3.
Ayittey, G.B.N. 2005. *Africa Unchained. The Blueprint for Africa's Future*, New York.
Basedau, M./Mehler, A. (Hg.) 2005. *Resource Politics in Sub-Saharan Africa*, Hamburg.
Beck, U./Grande, E. 2004. *Das kosmopolitische Europa. Gesellschaft und Politik in der Zweiten Moderne*, Frankfurt/M.
Behrens, M. (Hg.) 2005. *Globalisierung als politische Herausforderung. Global Governance zwischen Utopie und Realität*, Wiesbaden.
Beier, U. 1999. *Auf dem Auge Gottes wächst kein Gras*, Wuppertal.

Boeckh, A./Sevilla, R. (Hg.) 2007. *Kultur und Entwicklung. Vier Weltregionen im Vergleich*, Baden-Baden.
Brand eins 2005. Wirtschaftsmagazin, Heft 10, Schwerpunkt: Hilfe („Bitte nicht helfen"!).
Burke, P. 2005. *Was ist Kulturgeschichte?*, Frankfurt/M.
Calderisi, R. 2006. *The Trouble with Africa. Why Foreign Aid Isn't Working*, New Haven.
Calderisi, R. 2006a. *Weniger wäre mehr. Wer Afrikas Big Men mit Dollars versorgt, untergräbt Entwicklung*, in: Der Überblick 3/2006: „Wohin geht Afrika?", Hamburg, 10-13.
Der Überblick 2/2006. *Korruption: Die Kunst des Stehlens. Ein altes Übel neu entdeckt.*
Dichter, T. 2004. *Despite Good Intentions. Why Development Assistance to the Third World has Failed*, Washington.
Durth, R./Körner, H./Michaelowa, K. 2002. *Neue Entwicklungsökonomik*, Stuttgart.
Easterley, W. 2006. *Wir retten die Welt zu Tode. Für ein professionelleres Management im Kampf gegen die Armut*, Frankfurt/New York.
Eberlei, W. 2003. *Armut und Armutsbekämpfung*, in: Stiftung Entwicklung und Frieden (Hg.), Globale Trends 2004/2005. Fakten, Analysen, Prognosen, Frankfurt/M., 49-66.
Eberlei, W. 2005. *Armutsbekämpfung ohne Empowerment der Armen?*, herausgeben von VENRO in Zusammenarbeit mit der Gemeinsamen Konferenz Kirche und Entwicklung GKKE, Bonn.
Etounga-Manguelle, D. 2002. *Benötigt Afrika ein kulturelles Anpassungsprogramm?*, in: Harrison, L./Huntington, S. (Hg.), Streit um Werte. Wie Kulturen den Fortschritt prägen, Hamburg/Wien, 103-119.
Ferdowsi, M.A. (Hg.) 2008. *Afrika - ein verlorener Kontinent?*, 2. aktual. Aufl., München
Fuster, T. 1998. *Die Good-Governance-Diskussion der Jahre 1989-1994. Ein Beitrag zur jüngeren Geschichte der Entwicklungspolitik unter spezieller Berücksichtigung der Weltbank und des DAC*, Bern u.a.
Greenspan, A. 2007. *The Age of Turbulence. Adventures in a New World*, New York.
Hancock, G. 1989. *Händler der Armut. Wohin verschwinden unsere Entwicklungs-Milliarden?*, München.
Harrison, L./Huntington, S. (Hg.) 2002. *Streit um Werte. Wie Kulturen den Fortschritt prägen*, Hamburg/Wien
Heberer, T. 2003. *Private Enterpreneurs in China and Vietnam. Social and Political Functioning of Strategic Groups*, Leiden.

Hummel, H. 2005. *Kommentar: Global Governance als neue große Debatte*, in: Behrens, M. (Hg.), Globalisierung als politische Herausforderung. Global Governance zwischen Utopie und Realität, München, 131-138.
Humphrey, J./Messner, D. 2006. *Instabile Multipolarität: Indien und China verändern die Weltpolitik*, DIE Analysen und Stellungnahmen, Heft 1.
Hyden, G./Court, J./Mease, K. 2004. *Making Sense of Governance. Empirical Evidence from 16 Developing Countries*, Boulder u.a.
Iliffe, J. 1995. *Africans. The History of a Continent*, Cambridge.
Internationale Politik 11-12/2004. *Entwicklungspolitik*, 175ff.
Kabou, A., 1993. *Weder arm noch ohnmächtig. Eine Streitschrift gegen schwarze Eliten und weiße Helfer*, Basel.
Kaufmann, D./Kraay, A. 2003. *Governance and Growth. Causality which way?- Evidence for the World, in brief*, Washington.
Kaufmann, D. 2004. *Rethinking Governance. Challenging Orthodoxy from an Empirical Perspective. Policy Dialogue Series: Good Governance for Young Leaders*, Paris.
Kielwein, N. 2005. *Herausforderungen für die öffentliche Entwicklungsfinanzierung in Subsahara-Afrika: Aktuelle Debatten über Instrumente und Optionen.* Bericht zum DIE-Fachgespräch am 1. Juni 2005, Bonn.
Krastev, I. 2006. *Kreuzzug gegen Korruption*, in: Der Überblick 2/2006, „Korruption: Die Kunst des Stehlens", 14-21.
Kristof, N.D. 2006. *„Aid: Can It Work?"*, in: The New York Review of Books 53, Heft 15, 41-44.
Lachmann, W. 2004. *Entwicklungspolitik. Band 1: Grundlagen*, 2. Aufl., München u.a.
Landes, D. 1999. *Wohlstand und Armut der Nationen. Warum die einen reich und die anderen arm sind*, Berlin.
Larson, A.P. 2004. *Globalisierung und dauerhafte Entwicklung*, in: Internationale Politik 11/12, 188-190.
Leonhard, D.K./Straus, S. 2006. *Africa's Stalled Development: International Causes and Cures*, New York.
Mafeje, A. 2002. *Democratic governance and new democracy in Africa: Agenda for the Future*, in: Nyong'o, Peter Anyang' u.a. (Hg.), NEPAD, Nairobi, 72-87.
Mertens, J. 2006. *Die öffentliche Armut der Entwicklungsländer.* Studie von: DGB Bildungswerk, Global Policy Forum und Terre des hommes, Bonn u.a.
Messner, D./Scholz, I. (Hg.) 2005. *Zukunftsfragen der Entwicklungspolitik*, Baden-Baden.
Mosley, P./Suleiman, A. 2007. *Aid, agriculture and poverty in developing countries*, Review of Development Economics 11, Heft 1, 139-158.

Nunnenkamp, P. 2003. *Wachstumsdivergenz zwischen Entwicklungsländern: Hat die Entwicklungsökonomie versagt?* ULPA (University of Leipzig Papers on Africa) 65, Leipzig.
Nunnenkamp, P. 2004. *Effizienz der Entwicklungshilfe. Die Kluft zwischen Anspruch und Wirklichkeit*, in: Internationale Politik 11/12, 47-54.
Nuscheler, F. 2004. *Entwicklungspolitik. Lern- und Arbeitsbuch*, Bonn.
Nyong'o, P.A./Ghirmazion, A./Lamba, D. (Hg.) 2002. *NEPAD. A New Path?* Heinrich Böll Foundation, Nairobi.
Obi, C.I. 2004. *The Oil Paradox: Reflections on the Violent Dynamics of Petro-Politics and (Mis)Governance in Nigeria's Niger Delta.* ULPA 73, Leipzig.
Othman, H. (Hg.) 2000. *Reflections On Leadership in Africa: Forty Years After Independence*, Dar es Salaam.
Patterson, O. 2002. *„Kultur ernst nehmen: Rahmenstrukturen und ein afroamerikanisches Beispiel"*, in: Harrison, L./Huntington, S. (Hg.), Streit um Werte, Hamburg/Wien, 269-292.
Perras, A. 2006. *John Githongo. „Der Jäger des geplünderten Schatzes"*, in: Süddeutsche Zeitung vom 9. März 2006, 3.
Rauch, T. 2007. *Afrika im Prozess der Globalisierung*, Braunschweig.
Sachs, J.D. 2005. *Das Ende der Armut. Ein ökonomisches Programm für eine gerechte Welt*, München.
Schiefer, U. 2002. *Von allen guten Geistern verlassen? Guinea Bissau: Entwicklungspolitik und der Zusammenbruch afrikanischer Gesellschaften*, Hamburg.
Schießl, M. 2007. *Not für die Welt*, in: Spiegel Special. Geschichte Nr. 2: Afrika. Das umkämpfte Paradies. 50 Jahre nach Ende des Kolonialismus, 112-117.
Sen, A. 2007. *Die Identitätsfalle. Warum es keinen Krieg der Kulturen gibt*, München
Senghaas, D. 2003. *Wohin driftet die Welt?*, Frankfurt/M.
Shikwati, J. 2007. *Africans See Poverty: Foreigners See Resources and Wealth.* Interview by Kristina Bozic, in: Inter Region Economic Network (Hg.), Occasional Paper 1, Nairobi.
Soyinka, W. 2001. *Die Last des Erinnerns. Was Europa Afrika schuldet – und was Afrika sich selbst schuldet*, Düsseldorf.
Terre des Hommes/Welthungerhilfe 2004. *Die Wirklichkeit der Entwicklungshilfe. 12. Bericht 2003/2004. Eine kritische Bestandsaufnahme der deutschen Entwicklungspolitik*, Osnabrück u.a.
Tetzlaff, R. (Hg.) 2000. *Weltkulturen unter Globalisierungsdruck*, Bonn.
Tetzlaff, R. 2007. *Ohne „kulturelle Evolution" wird Afrika nicht überleben*, in: Boeckh, A./Sevilla, R. (Hg.), Kultur und Entwicklung. Vier Weltregionen im Vergleich, Baden-Baden, 197-217.

Tetzlaff, R. 2008. *Afrikanische Demokratien im Werden: große Hoffnungen (der Zivilgesellschaft) und kleine Fortschritte (der Staatsklasse) – 18 Jahre politischer Kampf um Freiheit und Wohlstand (1989-2007)*, in: Ferdowsi, M.A. (Hg.), Afrika – ein verlorener Kontinent?, 2. aktual. Aufl., München, 171-212.
Tetzlaff, R./Jakobeit, C. 2005. *Das nachkoloniale Afrika. Politik, Wirtschaft, Gesellschaft*, München.
Tull, D.M., 2005. *Die Afrikapolitik der Volksrepublik China*, SWP-Studie, Berlin.
VENRO (Hg.) 2004. *Wie kommen die Armen zu ihren Rechten? Armutsbekämpfung und Menschenrechte.* VENRO-Projekt „Perspektive 2015 – Armutsbekämpfung braucht Beteiligung", Bonn u.a.
Wiseman, J.A. (Hg.) 1995. *Democracy and Political Change in Sub-Saharan Africa*, Routledge.
Wittmann, V. 2005. *Frauen im Neuen Südafrika. Eine Analyse zur gender-Gerechtigkeit*, Frankfurt/M.
Wolff, J.H. 2005. *Entwicklungshilfe: Ein hilfreiches Gewerbe? Versuch einer Bilanz*, Münster.

Diskussion

Rainer Tetzlaff

1 Kultureller Wandel und Entwicklung der Rechtsstaatlichkeit

Grohs: Meine Damen und Herren, das Recht ist ebenso wie die Religion eine ganz wichtige Dimension von Kultur. Wir sollten Demokratie und Rechtsstaatlichkeit auseinander halten. Es ist durchaus möglich, dass ein Staat keine Demokratie ist und trotzdem ein Rechtsstaat. Das hat es z.B. gegeben, als Tansania noch ein Einparteien-Staat war. Da gab es gleichwohl ein ordentliches Gericht, eine Verfassung und viele menschenrechtliche Prinzipien und rechtliche Normen, die umgesetzt wurden. Herr Tetzlaff hatte das Beispiel von Botswana genannt, wo es eine unabhängige Justiz gibt. Oder denken wir an unsere eigene Geschichte: In Preußen gab es das Allgemeine Preußische Landrecht, das bereits sehr viele rechtsstaatliche Elemente enthielt, obwohl der preußische Staat ein ganz autoritäres System war. Durch die Entwicklung von Rechtsstaatlichkeit beginnt man, sich auf ein freiheitlicheres System vorzubereiten. Das hat auch wirtschaftliche Folgen. Viele Investoren zögern, in einem Land zu investieren, wenn dort nicht eine gewisse Rechtssicherheit herrscht. Von daher freue ich mich sehr, dass jetzt auch versucht wurde, völkerrechtliche Instrumente einzusetzen, um die Kultur und die kulturellen Aktivitäten davor zu schützen, dass sie total überrollt werden von ökonomischen Forderungen (vgl. Beitrag von C.M. Merkel). Goethe hat einmal gesagt: „Die Summe unsrer Existenz, durch Vernunft dividiert, geht niemals rein auf, sondern immer bleibt ein wunderlicher Rest." Der Rest ist besonders groß, wenn es durch *ökonomische* Vernunft dividiert wird.

Tetzlaff: Ich kann Ihnen nur voll zustimmen. Ich denke, dass es eminent wichtig ist, dass Menschen, die Verantwortung tragen in Entwicklungsländern (und überall), ein Rechtsempfinden entwickeln. Ich würde denken, noch wichtiger als demokratische Partizipation ist tatsächlich, dass man sich an Spielregeln hält und dafür ein Bewusstsein entwickelt, dass sich das gehört. Das halte ich für die Stabilisierung von Gesellschaft für ungeheuer wichtig, und das *big man*-Syndrom ist in diesem Punkt gerade die Antithese: eine Ablehnung der Gewaltenteilung und eine Einschränkung der traditionell praktizierten Machtkontrolle auf ein Minimum. Heute ermöglicht u.U. der Zufluss an Hilfsmitteln von außen, dass der *big man* sich nicht mehr kontrollieren lässt, sondern das ganze Land kontrolliert, und die Gegenleistung, die ursprünglich mal in dem Konzept des neopatrimonalen Präsidentialregimes vorhanden war, ein *do ut des* nach dem Motto „du gibst mir Schutz als Patron und ich gebe ich dir Loyalität", durch diese Rentenökonomie unterlaufen werden kann. Der neue *big man* hat es nicht mehr nötig, seine eigene Bevölkerung um irgendetwas zu bitten. Er muss sich im Zweifel eher gegenüber den ausländischen Gebern als gegenüber der eigenen Bevölkerung legitimieren. Das chinesische Beispiel allerdings zeigt, dass die Zusammenarbeit mit den Industrieländern auch positiv zu einer Entwicklung von Rechtsstaatlichkeit beitragen kann: Ich habe den Eindruck, dass in China über die *joint ventures*, also gemeinsame Investitionen von multinationalen Konzernen und lokalen Partnern, da doch so etwas wie Rechtskerne entstanden sind, bei denen man sich zum gegenseitigen Vorteil über Verhaltensregeln geeinigt hat. Die Chinesen bekommen die Technik von außen und müssen im Gegenzug die ausländischen Partner in gewisser Weise respektieren. Der Handel ist in diesem Fall ein positives Vehikel zur Verbreitung von Rechtsstaatlichkeit.

2 Das „big man-Syndrom" und seine Ursachen

Lentz: Ich denke, Herr Tetzlaff, ich stimme Ihnen in der Diagnose mit einigen Einschränkungen durchaus zu, würde das aber doch mehr als ein Forschungsprogramm denn als apodiktische Formulierung von Erkenntnissen über afrikanische Eliten formulieren. Zu Letzerem fehlt uns eindeutig die empirische Basis.

Man müsste bezüglich des *big man*-Syndroms erstens erklären, wie es zu diesen „kleptokratischen Staatsklassen" – ich weiß nicht, ob Sie den Vortrag so auch in Afrika halten würden – überhaupt kommt. Ihnen zufolge ist das ein Resultat einer kulturellen Orientierung, so nennen Sie das, an einem Ideal des *big man*. Es ist aber festzustellen, dass viele Mitglieder der Eliten in Europa und den USA ausgebildet wurden und auch nicht alle als „Kleptokraten" angefangen haben – nehmen wir etwa das Beispiel des nigerianischen Präsidenten Olesogun Obasanjo.

Außerdem müssten Sie zweitens erklären, warum es Teileliten gibt, die offensichtlich nicht von diesem kulturellen Syndrom des *big man* erfasst sind, sonst können sie ja nicht andere Ideale von *accountability* (Rechenschaftslegung) oder Patriotismus entwickeln. Welche Rolle spielt da so etwas wie ein Symbolhorizont des *big man* und warum soll er nicht für die Teileliten, sondern nur für Ihre Kleptokraten wirken? Es müsste ferner berücksichtigt werden, dass das *big man*-Syndrom natürlich nur in einem institutionellen Kontext funktioniert, wo es die Gegenseite gibt, nämlich die Leute, die davon profitieren. Da würden Sie mir sicherlich ohne weiteres zustimmen. Sie haben den von mir zitierten, nicht-publizierten Aufsatz von Bierschenk in Ihrem Beitrag explizit aufgegriffen: Bierschenk würde zustimmen, dass es ein *big man*-Syndrom gibt, würde dann aber nicht so sehr wie Sie von Weltbildern als autonomen Gebilden sprechen, die den *big man* mit seinen Herrschaftsallüren und seinen redistributiven Aufgaben erklären könnten. Er würde das Syndrom stärker an bestimmte Arten und Weisen rückbinden, wie politische Herrschaft in manchen afrikanischen Situationen entstanden ist.

Auch ich habe in meinem Beitrag ja das *big man*-Syndrom auf eine pfadabhängige historische Entwicklung von Herrschaft bereits im vorkolonialen Afrika zurückgeführt. Die pauschale Verantwortlichmachung von korrupten Eliten ist mir bei Ihnen ein wenig zu plakativ. Sie berücksichtigt zu wenig die institutionellen Rahmenbedingungen, innerhalb derer diese Eliten handeln. Ein Beispiel aus meiner gegenwärtigen Untersuchung zu ghanaischen Eliten wäre etwa das intransparente, auf Protektion und Seilschaften aufgebaute Beförderungssystem, das die Korruptionsbekämpfung innerhalb der staatlichen und sonstigen politischen Institutionen behindert: Die Menschen, mit denen ich sprach, haben meistens durchaus ein uns sympathisches Weltbild, das Korruption kritisiert, aber sie sind mit diesem Weltbild nicht sehr handlungsmächtig und werden dann oft „eingemeindet". Die Frage, die ich mir in meiner Forschung stelle, ist, ob dieser Zwang zur Anpassung an ein korruptes System dann auch das Denken verändert, oder ob es Ressourcen gibt, wie beispielsweise die Vernetzung in einer katholischen Gemeinschaft mit alternativen Wertmaßstäben, die hier entgegenwirken und andere Handlungsweisen stabilisieren.

Um allerdings bei allen diesen Fragen weiterzukommen, besteht ein enormer Forschungsbedarf: Es gibt einfach sehr wenig rezente gute empirische Elitenforschung, die diese Geografien, Weltbilder, Handlungsmotivationen, auch Handlungseinschränkungen von verschiedenen afrikanischen Eliten, gründlich untersuchen würde. Nach der Arbeit von Prof. Grohs „Stufen afrikanischer Emanzipation. Studien zum Selbstverständnis westafrikanischer Eliten" von 1967 finden sich nur einzelne gute Studien, wie etwa das Buch von Richard P. Werbner: „Reasonable Radicals and Citizenship in Botswana: The Public Anthropology of Kalanga Elites" von 2004.

Tetzlaff: Vielen Dank für Ihre Anregungen, Frau Lentz. Ich kann Ihnen im Großen und Ganzen voll zustimmen. Vorab möchte ich das Bild des *big man*, den

2 Das „big man-Syndrom" und seine Ursachen   147

das *rentseeking* für sich und seine Klientel interessiert und der andere, die nicht zu der Wir-Gruppe gehören, exkludiert, noch um einen Punkt ergänzen: Dass einige Herrscher korrupt und schrecklich sind, ist nichts Besonderes in der Weltgeschichte. Was in Afrika aber vielfach hinzu kommt ist eine „Kultur (oder Barbarei) des Schweigens" einer gesamten afrikanischen Staatsklassenorganisation, konkret etwa im Rahmen der Afrikanischen Union, auch „Gewerkschaft der Staatschefs" genannt. Zu den großen Menschenrechtsverletzungen auf dem Kontinent wird in diesen Kreisen systematisch geschwiegen. Warum ist das so? Wie kann es zu einer solchen Deformation des Gewissens kommen? Das kann man auch nicht mit Interessen erklären, denn das Morden im Darfur oder die Verelendung in Simbabwe gehen auf diese Weise einfach immer weiter. Ich versuche als Forscher, menschliches Verhalten immer erst so weit als möglich mit Nutzenerwägungen zu erklären; erst in einem zweiten Schritt ziehe ich weitere – kulturelle – Faktoren mit hinzu. Es handelt sich offenbar um eine Verabredung, dass man untereinander keine Kritik von außen zulässt. Leute wie Mugabe werden verteidigt, völlig unabhängig von dem, was sie tun. Es sind afrikanische Präsidenten.

Ich danke auch für den Hinweis auf den institutionellen Rahmen, der in meinen Analysen angeblich etwas zu kurz kam. Die Elitenschelte alleine ist nicht hinreichend und analytisch unbefriedigend. Es geht auch um die Frage der fehlenden Institutionen der Machtkontrolle. Warum gibt es in vielen afrikanischen Gesellschaften nicht Kräfte wie die Presse- und Öffentlichkeit, wie zivilgesellschaftliche Organisationen, die solche Machtmissbrauchsfunktionäre an der Korruption hindern? Das hängt mit der Verödung traditioneller gesellschaftlicher Mechanismen der Machtkontrolle etwa über den Ältestenrat und zweitens mit der finanziellen Austrocknung zum einen der öffentlichen Institutionen und der Infrastruktur etwa im Bereich Bildung und Gesundheit, zum anderen aber auch der Parteien, Gewerkschaften und Interessenverbände zusammen. Dies führt zu dem von verschiedenen afrikanischen Autoren wie Etounga-Manguelle (vgl. Literaturverz. Beitrag R. Tetzlaff) jetzt herausgestellten Phänomen einer blockierten Lernfähigkeit der Institutionen. *Institution building*, *capacity building*, welches Institutionen in die Lage versetzt, ihre Kontrollfunktionen wahrnehmen zu können, halte ich daher für einen ganz wichtigen Beitrag zur Gesundung der Gesellschaft.

Lentz: Ich möchte darauf aufmerksam machen, dass ein Kulturbegriff, wie Sie ihn soeben dargelegt haben, Herr Tetzlaff, aus meiner Perspektive viel zu kurz greift. Sie haben es ganz deutlich gemacht: Kultur ist für Sie eine Restkategorie. Das, was Sie nicht mit Institution und Interessen erklären können, ist dann Kultur.

Tetzlaff: Vielleicht habe ich mich etwas unklug ausgedrückt. Ich meinte, dass ich selber in meiner Forschung versuche, erst einmal den leichteren Weg zu gehen und zu fragen, was ich denn mit materiellen Interessen erklären kann. Um dann etwas schwierigere Zusammenhänge zu erforschen, und zu verstehen, wie es zustande kommt, dass bei einer Auswahl von Optionen, ein Akteur die oder jene Entscheidung getroffen hat, brauchen wir natürlich andere Instrumente. Die Politikwissenschaft als Entscheidungswissenschaft etwa kommt hier ins Spiel. Auch möchte ich meinen Interessen-Begriff klarstellen: Was ich als Interesse wahrnehme, ist natürlich selbst schon kulturell geprägt. Das ist bei meiner Frage nach den Nutzenerwägungen immer zu berücksichtigen. Insofern ist es bei mir doch ein dialektischer Prozess, wo ich versuche, die Verflechtungszusammenhänge aufzudröseln.

Schmiedel: Herr Tetzlaff, Sie halten es im Hinblick auf die zukünftige Entwicklung in Afrika für entscheidend, welches Muster von Verhalten sich bei den afrikanischen Eliten durchsetzen wird. Meine Frage ist nun, welche Rolle dabei eigentlich das Verhalten der ausländischen Partner Ihrer Einschätzung nach spielt. Zur Korruption gehören immer zwei: Einer, der das Geld nimmt und einer, der es gibt. Derjenige, der es gibt, entstammt in der Regel unserer westlichen Industriewelt. Meine Frage zielt also auf die Rolle des praktischen Vorbildverhaltens der ausländischen Partner für die Orientierung der jeweiligen Eliten in Afrika. Auf dem Gebiet der Wirtschaft ist das Verhalten, das von vielen Wirtschaftsführern und Regierungen aus den Industrienationen vorgelebt wird, ein sehr klar modellhaftes, nachvollziehbares Verhalten, bei dem es in erster Linie um das Eigeninteresse und die Profitmaximierung geht und die Solidarität mit den Schwachen oft kaum oder gar keine Berücksichtigung findet. Exportieren wir damit im Zuge der Globalisierung nicht ein Verhalten, welches in den jeweiligen Entwicklungsländern zu katastrophalen Verhältnissen führen kann?

Tetzlaff: Zu Ihrer Frage nach der Rolle des westlichen Vorbilds möchte ich Folgendes bemerken: Welche Verhaltensmuster von Afrikanern wahrgenommen werden und wie sie wahrgenommen werden, ist sicherlich ambivalent. Im Sudan beispielsweise habe ich wiederholt erlebt, dass die westliche Kritik an den Menschenrechtsverletzungen damit zurückgewiesen wird, dass die USA und damit der Westen insgesamt mit den eklatanten Menschenrechtsverletzungen in Abu Ghraib und Guantanamo ihre Glaubwürdigkeit vollständig eingebüßt haben. Die Chinesen werden daher in Afrika zunehmend als Partner lieber gesehen als die Amerikaner oder Europäer.

Das UNESCO-Übereinkommen über Schutz und Förderung kultureller Vielfalt (2005): Anerkennung der Doppelnatur von Kulturgütern

Christine M. Merkel

Die Frage der politischen und völkerrechtlichen Rahmenperspektiven für Kultur und Ökonomie im Zeitalter der Globalisierung möchte ich aus der Praxis meiner Arbeit bei der Deutschen UNESCO-Kommission in Bonn beleuchten. Es ist ein Thema, mit dem man sich bei Internationalen Agenturen und unter Personen, die in politischer Verantwortung stehen, durchaus intensiv auseinandersetzt. Wir stehen in einer für die Gestaltung von Globalisierung sehr spannenden Phase, in der zeitgleich interessante Prozesse ablaufen und sich in den Auseinandersetzungen teilweise neue Konstellationen zeigen.

1 Erstes völkerrechtliches Abkommen zur Kulturpolitik

Seit dem 18. März 2007 ist das neue „UNESCO-Übereinkommen zum Schutz und zur Förderung der Vielfalt kultureller Ausdrucksformen" in Kraft. Bis zum 1. Juni 2008 haben es bereits 83 Staaten ratifiziert. Die Europäische Gemeinschaft war am 18. Dezember 2006 beigetreten, das deutsche Ratifizierungsgesetz trat am 7. März 2007 in Kraft. Dieses neue normative Instrument ist das erste völkerrechtliche

Abkommen im Bereich der internationalen Kulturpolitik. Es ist zugleich das erste Abkommen, das den Doppelcharakter von Kulturgütern als Ware und Sinnträger von der Kultur her definiert.

Mit dem Übereinkommen wird die Besonderheit kultureller Güter und Dienstleistungen anerkannt (Präambel, Ziffer 18). Damit wird die Berechtigung nationaler und internationaler Kulturpolitik auch im Hinblick auf die vereinbarte fortschreitende Liberalisierung im Rahmen der Welthandelsorganisation (WTO) völkerrechtlich festgeschrieben. Kulturpolitik und öffentliche Kulturförderung erhalten damit neue Legitimität: Sie können nicht einfach aus rein handelsrechtlicher Sicht als wettbewerbsrechtliche Einschränkungen attackiert werden. Kulturpolitische Ziele sollen mit internationalen Handelsabkommen wie z.B. dem Allgemeinen Abkommen zum Handel mit Dienstleistungen (GATS) politisch und rechtlich in Einklang gebracht werden.

Schutz und Förderung kultureller Vielfalt sind eine Aufgabe mit nationaler und internationaler Dimension. Sie sind sowohl Zielsetzung als auch langfristige Vision: Es muss grundsätzlich möglich sein, künstlerische Inhalte und Kulturprodukte aus allen Ländern kennen zu lernen, zu sehen, zu nutzen und auszutauschen. Dies schließt die wachsende Fülle von hybriden Kunst- und Kulturformen ein, die Ergebnisse weltweiter Wanderungsbewegungen sind.

Kernstück des Übereinkommens ist das Recht eines jeden Staates, regulatorische und finanzielle Maßnahmen zu ergreifen, welche die Vielfalt der kulturellen Ausdrucksformen auf seinem Staatsgebiet schützen (Artikel 1) und zugleich den weltweiten Austausch von künstlerischen Ideen und kulturellen Erzeugnissen maximal befördern. Das Abkommen enthält somit auch ein umfassendes Solidarprinzip (Artikel 1i, Art. 2.4, Art. 12 und Art.16).

Dies scheint vor dem Hintergrund der Tradition europäischer Kultur- und Medienpolitik vielleicht selbstverständlich, ist es aber nicht. Die UNESCO leistet damit einen entscheidenden Beitrag, die Spielregeln der Globalisierung durch eine innovative Plattform für internationale Zusammenarbeit mit zu definieren. Damit wird die Berechtigung von Kultur- und Medienpolitik gegen die von der Welthandelsorganisation (WTO) geforderten Liberalisierungen abgesichert.

„Kein anderes Kulturabkommen der UNESCO ist in so kurzer Zeit von so vielen Mitgliedsstaaten angenommen worden", so die Bewertung von UNESCO-Generaldirektor Matsuura. Hohe politische Erwartungen sind international mit diesem Projekt verbunden. Das Übereinkommen wurde in knapp zwei Jahren intensiv und teilweise sehr hart erarbeitet und errungen. Die große Mehrheit der Mitgliedsstaaten der UNESCO sah es zunehmend als problematisch an, dass nur wenige globale Player wesentliche Teile des internationalen Kunst- und Kulturaustausches beherrschen. Dies engt den dringend nötigen internationalen Kulturdialog erheblich ein. Die Gefahr einer fortschreitenden Reduzierung der Vielfalt kultureller Ausdrucksformen ist damit gegeben.

2 Politischer Kompromiss

Noch bei der zweiten Verhandlungsrunde zum Kulturabkommen im Februar 2005 in Paris standen sich zwei Positionen scheinbar unversöhnlich gegenüber: die USA, unterstützt von Japan, Indien, Indonesien, den Philippinen, Thailand, Australien und Neuseeland, wollten erreichen, dass die Konvention existierende und zukünftige WTO-Handelsabkommen zum Handel mit kulturellen Gütern und Dienstleistungen in keiner Weise tangieren solle und dass das UNESCO-Übereinkommen den WTO-Verträgen eindeutig untergeordnet werden sollte. Dagegen standen die Befürworter einer starken Konvention, welche den Staaten die Option einräumt, andere internationale Abkommen zu relativieren, falls die Vielfalt kultureller Ausdrucksweisen durch diese existenziell gefährdet würde, hier allen voran Brasilien, gemeinsam mit der EU, China und afrikanischen, südamerikanischen und karibischen Staaten.

Mit einem Kompromiss wurden diese zwei gegensätzlichen Positionen überwunden: Die Vertragsstaaten sollen dieses Übereinkommen berücksichtigen, wenn sie andere internationale Verträge interpretieren oder anwenden, im Sinne einer wechselseitigen Ergänzung ohne Unterordnung. Diese Bestimmung war in den Verhandlungen höchst umstritten. Insofern kommt dieser Lösung zentrale Bedeutung zu, so die Bewertung durch von Schorlemer (2005) und Bernier (2006):

> „Im Ergebnis enthält Art. 20 keine generelle Ausnahmeklausel für Kultur im WTO-Vertrag, schafft aber eine Berufungsgrundlage für nationale Kulturpolitik, deren Anrufung durchaus dazu führen kann, dass für einzelne kulturrelevante Berichte künftig keine neuen Liberalisierungszusagen gemacht werden. Damit ist nicht weniger gelungen als die Schaffung eines Referenzrahmens für ein international verbindliches Kulturrecht." (von Schorlemer 2005, 222)

Wie diese „wechselseitige Ergänzung ohne Unterordnung" in die Praxis umgesetzt werden wird, wird in erster Linie eine Frage der politischen Kohärenz zwischen Kultur- und Handelspolitik im Rahmen der Europäischen Union sein, welche für die Mitgliedsstaaten die WTO-Verhandlungen führt (sog. 133-er Ausschuss für Außenwirtschaftsfragen).

Es ist zu erwarten, dass die große Mehrheit der 164 Mitgliedsstaaten der WTO auch dem UNESCO-Übereinkommen beitreten wird. Hierbei ist zu beachten, dass die Verhandlungen zum Handel mit Dienstleistungen (GATS) in sog. ‚Paketen' geführt werden. Für Außenstehende oft kaum nachvollziehbar wird über kombinierte Angebote z.B. zur Energieversorgung, Tourismusregeln und Fernsehquoten für einheimische Filme verhandelt. Wesentlich ist zudem, dass im Rahmen der WTO einmal vereinbarte Ergebnisse so gut wie unumkehrbar sind. Nachdem die EU-Mitgliedsstaaten durch gemeinsames Vorgehen den erfolgreichen Verhandlungsprozess zum UNESCO-Übereinkommen wesentlich mitgeprägt hatten, entschied der Rat der Europäischen Union am 18. Mai 2006, dass nicht nur die 25 europäischen Staaten den Ratifizierungsprozess der Kulturkonvention einleiten, sondern dass die Europäische Gemeinschaft die Konvention darüber hinaus selbst ratifiziert und Vertragspartner wird. Durch diesen Akt wird der Inhalt des internationalen Übereinkommens zum bindenden europäischen Rechtspfeiler. Die Entschließung des Europäischen Parlaments (23. März 2006) zu dieser Frage hebt die durch die Konvention angestrebte Medienvielfalt und das Recht auf Förderung audiovisueller Industrien besonders hervor, gemeinsam mit der Stärkung der Rolle des öffentlich-rechtlichen Rundfunks.[1]

Die Idee der Europäischen Union gründet u.a. auf der **Kultur des gemeinsamen öffentlichen Raumes**. Die kulturelle Dimension des europäischen Einigungsprozesses ist durch den Verhandlungsprozess zur kulturellen Vielfalt stimuliert worden. Jetzt geht es um vertieftes Nachdenken und Klären: Viele Bürger der EU-Länder zweifeln, ob die Gemeinschaftspolitik tatsächlich eine neue Qualität von Liberalisierung und öffentlicher Verantwortung zustande bringt. Es geht bereits heute in den Diskussionen um die Aktualisierung verschiedener EU-Richtlinien (Fernsehen, Kinofilm, Privatkopie, Dienstleistungen) auch darum zu entscheiden, wie viel und welche Arte-s, BBC und Deutschlandfunk, welche Filmproduktion und Koproduktionen, welche Musikvarianten, Theaterensembles, Opern, Volkshochschulen, Stadtbibliotheken, Orchester, Musik- und Kunstschulen, Museen usw. in diesem öffentlichen Raum vorhanden sein sollen, Cyberspace-Varianten und die experimentierfreudige Off-Szene inbegriffen.

Die UNESCO-Konvention besteht darauf, dass es sich hierbei um eine politische Entscheidung handelt, der die gestaltende Option erhalten bleibt. Und sie fordert, dass diese Entscheidungen im Wissen um die Bedeutung und im Respekt des Prinzips der kulturellen Vielfalt zu treffen sind. Der Beitritt der Europäischen Gemeinschaft zur Konvention ist in dieser Hinsicht wichtig und sehr positiv. Die deutsche Ratspräsidentschaft (Januar bis Juni 2007) hat den Zusammenhang zwischen kultureller Vielfalt, Kulturwirtschaft und Kulturpolitik zentral auf die euro-

---

[1] Vgl. European Parliament (2006): Die Entschließung wurde vom Kulturausschuss des Europäischen Parlaments einstimmig bei zwei Enthaltungen angenommen.

päische Agenda gesetzt. 2010/2011 werden die Vertragsstaaten zum ersten Mal Rechenschaft darüber ablegen, ob und wie man den Zielsetzungen von Schutz und Förderung kultureller Vielfalt näher gekommen ist.

3 Die Kulturkonvention: Ziele, Inhalte, Instrumente

Die wichtigsten Ziele und Bestimmungen des „UNESCO-Übereinkommens über den Schutz und die Förderung der Vielfalt kultureller Ausdrucksformen" sind:

1. die uneingeschränkte kulturelle Selbstbestimmung des Individuums und sozialer Gruppen. Dies bedeutet die persönliche Wahlfreiheit des künstlerisch-kulturellen Ausdrucks und das Recht auf freien Zugang und Teilhabe an Kultur (v.a. Artikel 27 der Allgemeinen Erklärung der Menschenrechte, Präambel);
2. Kulturgüter und -dienstleistungen haben eine „Doppelnatur": Sie sind zugleich Handelsware und Gegenstand von Kulturpolitik, Träger von Identität, Wertvorstellungen und Bedeutung. Dies ist Voraussetzung dafür, dass „Kulturen sich entfalten und frei in einer für alle Seiten bereichernden Weise interagieren können" (Kapitel I, Artikel 1);
3. alle Staaten haben das Recht auf eine eigenständige Kulturpolitik. Damit sind Rechte und Pflichten der Vertragsstaaten zu „Schutz und Förderung der Vielfalt kultureller Ausdrucksformen innerhalb ihres Hoheitsgebiets" verbunden (Kapitel IV der Konvention, Artikel 6 u.a.);
4. Vertragsstaaten müssen die „grundlegende Rolle der Zivilgesellschaft beim Schutz und bei der Förderung der Vielfalt kultureller Ausdrucksformen" anerkennen (Artikel 11);
5. Selbstverpflichtung zur internationalen Kooperation mit verbindlichen Regeln für den Austausch von kulturellen Erzeugnissen. Dazu gehört die Sicherung tragfähiger lokaler und regionaler Märkte der unabhängigen Kulturwirtschaft (Artikel 6.2c), der Abschluss von Abkommen über Koproduktionen und gemeinsamen Vertrieb (Artikel 12e) sowie eine Vorzugsbehandlung für Entwicklungsländer im Kulturaustausch mit entwickelten Ländern (Artikel 16);
6. die Verpflichtung zur internationalen Zusammenarbeit in Situationen ernsthafter Gefährdung kultureller Ausdrucksformen (Artikel 17), wenn z.B. Kulturformen „von Auslöschung bedroht sind oder aus anderen Gründen dringender Sicherungsmaßnahmen bedürfen" (Artikel 8);
7. systematischer Austausch, Analyse und Verbreitung von Informationen zur Beurteilung der weltweiten Situation der Vielfalt kultureller Ausdrucksweisen (Artikel 19);
8. das neue UNESCO-Übereinkommen wird zu anderen Abkommen komplementär sein und jenen weder unter- noch übergeordnet (Art. 20, 1b). Die künftigen Vertragsstaaten sollen aktiv als „Club" kooperieren, um die Ziele kultureller Vielfalt auch bei der Umsetzung anderer Abkommen berücksichtigt zu sehen;

Dieser Artikel 20 ist ein völkerrechtliches Novum. Mit ihm ist – ohne dass dies ausdrücklich gesagt wird – insbesondere das WTO-Regelwerk gemeint;
9. ein Streitbeilegungsverfahren: Im Konfliktfall (Artikel 25), kann auf Initiative einer Konfliktpartei ein Streitbeilegungsverfahren eingeleitet werden (von Schorlemer 2005, 222). Der ursprüngliche Entwurf der unabhängigen Experten hatte die Möglichkeit einer Anrufung des Internationalen Gerichtshofes oder einer Schiedsgerichtsbarkeit vorgesehen, um diesem Mechanismus größeres Gewicht zu verleihen. Im Ergebnis ist die jetzige Konfliktregelung immer noch besser als die bis zuletzt drohende Streichung des gesamten Artikels.

4 Öffentliche Kulturangebote und Risikofaktor GATS

Ein pluralistischer öffentlicher Kulturraum ist eine Voraussetzung für ein demokratisches Gemeinwesen und für ein reges öffentliches Leben. Bei der politischen Absicherung einer eigenen Kulturproduktion geht es um mehr als um Marktanteile oder Handelsbilanzen. Die Komplexität und Differenziertheit der kulturellen Bilder, die Gesellschaften aus ihrer jeweiligen Geschichte über sich selbst hervorbringen, die Geschichten, mit denen sich Vergangenheit und Zukunft verknüpfen, sind eine Freiheitsressource für jeden Einzelnen und für das soziale Wertesystem, auf dem die inneren Beziehungen einer Gesellschaft gründen. Diese ästhetische Differenziertheit darf nicht durch die ausschließliche Logik wirtschaftlicher Skalenerträge in Frage gestellt werden.

Eine völlige Öffnung der geschützten öffentlichen Dienstleistungen durch uneingeschränkten weltweiten Zugang für private Wettbewerber und Unternehmen würde diese kulturpolitischen Gestaltungsmöglichkeiten drastisch einschränken. Einmal aufgegebene Kultureinrichtungen sind nicht mehr so einfach wieder herstellbar, v.a., wenn nachwachsende Generationen keinerlei eigene Erfahrungen damit machen konnten.

Besonderes Gewicht hat hierbei die Tatsache, dass im Rahmen des GATS einmal eingegangene Liberalisierungsverpflichtungen später nicht mehr rückgängig gemacht werden können, selbst wenn sich die politische und wirtschaftliche Bewertung geändert haben sollte. Ein Gutachten für die Deutsche UNESCO-Kommission (Krajewski u.a. 2005) unterstreicht die Bedeutung von GATS (zum Kontext vgl. auch Blinn 2003, 227 ff.):

„Grenzüberschreitende Angebote von und Nachfragen nach Kulturdienstleistungen sind unter welthandelsrechtlichen Gesichtspunkten als Handel mit Dienstleistungen einzuordnen [...] Die Bereithaltung kultureller Angebote durch die öffentliche Hand einschließlich der öffentlich-rechtlichen

Körperschaften wird also grundsätzlich nicht vom Anwendungsbereich des GATS ausgenommen."

Dies trifft auch nach dem In-Kraft-Treten der UNESCO-Konvention grundsätzlich für alle kulturellen Bereiche zu, die nicht bereits 1995 ausdrücklich als Ausnahme im Rahmen des GATS angemeldet wurden. Die Finanzierung und finanzielle Unterstützung kultureller Dienstleistungen durch öffentlich-rechtliche Gebühren, öffentliche Beihilfen und Stipendien sowie Steuernachlässe verstoßen nur solange nicht gegen GATS-Verpflichtungen, solange sie gleichwertige Leistungen ausländischer Anbieter nicht benachteiligen.

In einem möglichen Konfliktfall wird es darauf ankommen, ob etwa eine mit Steuergeldern ermöglichte Opernaufführung und eine Musicalaufführung eines ausländischen Anbieters als gleichwertig eingestuft werden oder ob bei Unterstützungsmaßnahmen im Filmvertrieb eine große kommerzielle Kinokette mit Arthouse-Kino verglichen wird. Es steht für Handelsrechtler fest, dass inhaltliche Quoten im Rundfunk- und Kinobereich, die speziell für nationale Inhalte reserviert sind, grundsätzlich gegen Buchstaben und Geist der GATS-Verträge verstoßen. Das Beispiel der bitteren Erfahrung Neuseelands verdeutlicht die Dimensionen einer Liberalisierung im Kulturbereich: Die neuseeländische Regierung hat während der sog. Uruguay-Runde von 1993 die Inhaltsquoten für den audiovisuellen Sektor aufgegeben und seinen Rundfunksektor liberalisiert. In der Folge sank der Anteil der lokalen Filme und Berichte im neuseeländischen Fernsehen auf lediglich 24 % der gesamten Sendezeit. 2001 kündigte die neuseeländische Regierung ihre Absicht an, wieder Quoten für den Anteil lokaler Nachrichten und Sendungen in Rundfunk und Fernsehen einzuführen, da sich die Subventionierung dieser Beiträge als nicht ausreichend erwiesen hatte, um einen größeren Anteil an der Sendezeit zu erreichen. Doch die USA werteten diese Absicht als Verstoß gegen die Verpflichtungen Neuseelands innerhalb der WTO. Daraufhin sah die neuseeländische Regierung von diesem Vorhaben wieder ab, um kein Verfahren vor dem WTO-Schiedsgericht zu riskieren.

5 Kulturelle Vielfalt und Globalisierung: Chancen und Gefährdungen

Die Globalisierungsprozesse ermöglichen mit Hilfe von Kommunikation und Information zwar einen ungeahnten Zuwachs an Austausch zwischen den Kulturen, sind zugleich jedoch eine potentielle Bedrohung für kulturelle Vielfalt und tragen das Risiko der Verarmung künstlerischer Ausdrucksweisen in sich (UNESCO 2004, Präambel, Abs. 11). Trotz vieler Restriktionen in einzelnen Ländern und Regionen sind die Bedingungen für den internationalen Kulturaustausch heute insgesamt sehr gut. Die Demokratisierung in vielen Teilen der Welt seit der Überwindung des Eisernen Vorhangs und die wachsende Reisefreiheit erleichtern wechselseitige künstlerische Angebote. In diesem Sinne stellt niemand den Handel mit kulturellen Gütern und Dienstleistungen im Grundsatz in Frage. Allerdings hat die Deregulierung der Medien, einem der dynamischsten Kultursektoren, zu einer Konzentration des Eigentums geführt, welche der Vielfalt der kulturellen Inhalte abträglich ist.[2] Sprachvielfalt ist hierbei eine eigene Herausforderung: Gut 90 % der etwa 6000 gesprochenen Sprachen der Welt kommen bislang im Internet überhaupt nicht vor. 85 Länder der Welt haben bislang keinerlei eigene Filmproduktion entwickeln können.

Kein anderer Zweig der Weltwirtschaft zeigt so hohe Wachstumsraten und zugleich so starke Asymmetrien wie jener der kulturellen Dienstleistungen, insbesondere im audiovisuellen Bereich. Trendanalysen sind derzeit nur eingeschränkt möglich, da nach UNESCO-Angaben die Daten zum Welthandel mit Kulturgütern in den einzelnen Ländern sehr uneinheitlich erfasst werden (vgl. UNESCO ohne Jahr). Dies gilt selbst für die OECD-Länder mit ihren relativ vergleichbaren Lebensverhältnissen, die z.B. ihre Fernseh- und Filmproduktionen völlig unterschiedlich klassifizieren. Manche Begrenzungen liegen auch in der Natur kultureller Produkte selbst: So ist z.B. die Frage nach der geographischen Herkunft der Inhalte von Filmproduktionen kaum mehr eindeutig zu beantworten. Hier sind also in den kommenden Jahren erhebliche Anstrengungen nötig, um schrittweise international vergleichbare Klassifizierungen zu entwickeln und eine gesicherte Datenbasis herzustellen (UIS 2005, 16 ff.).

Die Tendenz zu krassen Ungleichgewichten kann jedoch als hinreichend belegt gelten. Dazu einige Beispiele: Zwischen 1994 und 2002 hat sich das jährliche weltweite Handelsvolumen mit Druckerzeugnissen, Literatur, Musik, bildender Kunst, Kino, Fotografie, Radio, Fernsehen, Spiel- und Sportartikeln fast verdoppelt, von 39,3 Mrd. US-Dollar auf 59,2 Mrd. US-Dollar (UIS 2005, 9). Druckerzeugnisse verloren ihre Spitzenposition zugunsten audiovisueller Produkte. Ton- und Bildaufnahmen, Druckerzeugnisse und bildende Künste waren 2002 die Hauptgruppen des internationalen Kulturhandels. Laut Zolldaten betrug der Anteil des Handels mit Kulturgütern in den letzten zehn Jahren relativ konstant 1 % des gesamten Welthandels (UIS 2005, 10). Dieser Handel konzentriert sich unverändert auf wenige wirtschaftlich dominante Länder der G8 mit Großbritannien, Japan, den USA, Deutschland und Frankreich als den fünf größten Ex- und Importeuren.

---

[2] Zu diesem Schluss kam bereits vor zehn Jahren die Weltkommission zu Kultur und Entwicklung, vgl. das Kapitel „Challenges of a media-rich world" in: Pérez de Cuéllar (1998, 107-129).

5 Kulturelle Vielfalt und Globalisierung: Chancen und Gefährdungen 157

Eine bemerkenswerte Ausnahme stellt auch in diesem Bereich die Entwicklung Chinas dar. Seit 2002 ist China hinter Großbritannien (Exportwert 7,1 Mrd. Euro) und den USA (6,3 Mrd. Euro) der weltweit drittgrößte Exporteur von Kulturgütern (4,3 Mrd. Euro). China exportiert hauptsächlich in die USA, nach Hongkong und in die Niederlande.

Wenn man die EU als Ländergruppe zusammenfasst, dann war sie 2002 der größte Kulturexporteur, mit einem Anteil von 51,8 % (UIS 2005, 9)[3]. Deutschland gehört zur internationalen Spitzengruppe, hinter den USA, und Großbritannien ist Herkunftsland für ein Achtel der weltweiten Buchexporte.

Asien hat als Region am meisten aufgeholt und 2002 den zweiten Rang erreicht, mit einem Exportanteil von 20,6 %. Dahinter verbergen sich hauptsächlich Ton- und Multimediaträger, Kunstgraphik und Videospiele aus bedeutenden Exportländern wie China und Indonesien. Nordamerika lag im Gegensatz zu 1994 nur noch auf dem dritten Platz. Bei der Rangfolge der Kulturimporteure liegen die USA jedoch an der Spitze, gefolgt von Großbritannien und Deutschland. Der Musikmarkt wird von fünf multinationalen Konzernen mit 75 % Weltmarktanteil dominiert, die v.a. aus Europa und den USA stammen.

Die 1990er-Jahre sahen einen Boom bei Multimedia, audiovisuellen Produkten, Software und anderen Industrien, deren Produkte auf urheberrechtlich geschützten Inhalten basieren (z. B. LPs, MCs, CDs und DVDs). Die Wachstumsraten dieses Sektors lagen in den USA und in Großbritannien zwischen 1977 und 1996 dreimal so hoch wie die Wachstumsrate der restlichen Volkswirtschaft. Das Volumen des Weltmedienhandels hat sich laut UNDP-Bericht über die menschliche Entwicklung 2004 in den letzen 20 Jahren von 95 Mrd. US-Dollar auf 380 Mrd. US-Dollar vervierfacht. 80 % dieses Handels findet zwischen nur 13 Ländern statt, unter denen die USA die Spitzenposition einnehmen. Gleichzeitig führten Deregulierungsmaßnahmen – wie z.B. das US-amerikanische Telekommunikationsgesetz von 1996 – zu starken Konzentrationsprozessen. So sank z.B. die Zahl der Eigentümer von Rundfunksendern in den USA um 34 %. Die 44 größten amerikanischen Rundfunksender gehören heute fünf Firmen, die zusammen über 70 % der Zuschaueranteile in der Prime Time des amerikanischen Fernsehens repräsentieren (Lambert 2004). Wenn man lediglich den Umsatz betrachtet, dann sind der europäische und der amerikanische audiovisuelle Sektor mit weit über 100 Mrd. Euro ungefähr gleich stark. Doch die Handelsbilanz zwischen EU und USA ist schon seit Jahren asymmetrisch. Dies ist Teil der gegenwärtigen Konfliktkonstellation, die auch die Verhandlungen zum UNESCO-Übereinkommen mit beeinflussten. US-Firmen erwirtschaften in der Europäischen Gemeinschaft pro Jahr zehnmal so

---

[3] Die Angabe bezieht sich auf die EU der 15 Mitgliedsländer von 2002.

viel wie europäische Unternehmen in den USA. Das Handelsbilanzdefizit der EU stieg damit von rund 2,5 Mrd. Euro (1990) auf rund 8,2 Mrd. Euro im Jahre 2000 (Europäische Audiovisuelle Informationsstelle 2004, 36). Bei noch weitergehender Liberalisierung hätten europäische Produktionen vermutlich kaum noch eine Marktchance. Das Prinzip des wechselseitigen Marktzugangs verstärkt diese Asymmetrie. Das liegt v.a. an den Besonderheiten der Produktionsbedingungen und der Vermarktung im audiovisuellen Sektor (Grant/Wood 2004). Die Wahlfreiheit der Konsumenten kann also nur innerhalb dieser Marktasymmetrie stattfinden.

Für die heutige und künftige Einschätzung der Chancen und Gefährdungen kultureller Vielfalt wird die immaterielle Seite der kulturellen Inhalte zunehmend wichtiger: Das UNESCO-Statistik-Institut (UIS) trägt dieser Tatsache in seinem jüngsten Bericht vom Dezember 2005 Rechnung. Der Bericht legt den Hauptakzent auf diejenigen Kulturgüter und Dienstleistungen, die Kernprodukte der Kulturwirtschaft und für die Vielfalt kultureller Ausdrucksweisen wesentlich sind, wie z.B. Bücher, Zeitschriften, Spielfilme, Software, Multimediaerzeugnisse, Design und Skulpturen (UIS 2005). Kulturelle Dienstleistungen wie Lizenzierungen, audiovisuelle Dienste oder Kulturmanagement sind typischerweise nötig, um solche Kulturgüter herzustellen und zu vertreiben. Gedächtnisinstitutionen wie Bibliotheken, Museen und Dokumentationszentren bilden dafür eine wesentliche Infrastruktur. Für die europäische Datenlage wertet man übereinstimmend neun Bereiche als Kernbranchen der Kulturwirtschaft, und zwar Verlagsgewerbe, Filmwirtschaft, Rundfunkwirtschaft, Musik, visuelle und darstellende Kunst, Journalisten- und Nachrichtenbüros, Museumsshops und Kunstausstellungen, den Einzelhandel mit Kulturgütern, Architekturbüros und die Designwirtschaft (Söndermann 2005).

Nach Schätzungen der Weltbank machen Kulturwirtschaft und Kulturindustrien heute über 7% des weltweiten Bruttosozialprodukts aus (UIS 2005, 9). Für Deutschland gibt es in den letzten Jahren Hinweise – so die Ergebnisse einer von der Bundesregierung in Auftrag gegebenen Studie (Söndermann 2004) –, dass die Zahl der im Kultursektor Beschäftigten deutlich über der Zahl der Beschäftigten in der gesamten Automobilindustrie liegt, die im öffentlichen Verständnis als eine tragende Säule der deutschen Wirtschaft gilt. Für 2003 konstatiert diese Studie 780.000 Beschäftigte im Kultursektor, typischerweise in Klein- und Kleinstbetrieben, im Vergleich zu 620.000 Beschäftigen in der Automobilbranche, bei einem jährlichen Wachstum von durchschnittlich 3,4% zwischen 1995 und 2003. Die Wertschöpfung der Kulturwirtschaft lag im Jahr 2003, so die Studie, zwischen der chemischen Industrie und der Energiewirtschaft. Da es sich oft um sehr kleinteilige Produzenten-, Produktions- und Vertriebsprozesse handelt, bei denen es um die Frage geht, wie man tragfähige Märkte bauen und stärken kann, bewirkt viel Geld nicht automatisch viel Sinnvolles. Beispielsweise haben das Land Berlin und einige weitere Bundesländer inzwischen Finanzinstrumente in der Philosophie der Grameen Bank von Mohammad Yunus, Bangladesch, für die deutschen Kulturwirtschaft und ihre Mikrobetriebe von oft 1,5 bis 2 Personen entwickelt und angepasst.

6 Handlungsbedarf für Länder des Südens

Das Ziel einer Balance und Gleichrangigkeit zwischen der langfristigen Kulturentwicklung und den Handelsregimes, die als Motor von Entwicklung dargestellt werden, ist derzeit nicht erreicht, auch wenn sich in der Debatte der letzten Jahre die Akzente etwas verschoben zu haben scheinen. Generell sind Schwellenländer des Südens, welche meistens wenig Geld haben, um ihre eigenen Kulturindustrien zu finanzieren, attraktiv für kulturelle Produkte und Dienstleistungen von finanzstarken Kulturkonzernen, welche die einheimischen Erzeugnisse verdrängen. Auch wird es angesichts ihrer schwachen staatlichen Strukturen, des häufig nur geringen Stellenwerts von Kulturpolitik und der Konkurrenz durch die G8-Länder für Länder des Südens schwierig, ihre eigenen kulturellen Erzeugnisse weltweit zu präsentieren und zu verbreiten. Nicht zu unterschätzen sind jedoch die jeweiligen Binnen- und Regionalmärkte, besonders für Musik und für Unterhaltungsserien, für die z.B. in Brasilien und Indien günstige politische Rahmenbedingungen geschaffen wurden. Neue elektronische Verbreitungsformen schaffen hier zusätzliche Chancen für eine Vielfalt der Angebote.

Deshalb ist es gerade auch für Entwicklungsländer sehr wichtig, dass sie sich die Möglichkeit einer souveränen Kulturpolitik erhalten, die nicht durch Handelsverpflichtungen der WTO auf einer supranationalen Ebene eingeschränkt wird. Die Absichtserklärung der Vertragsparteien, im Rahmen der UNESCO-Konvention ihre bilaterale, regionale und internationale Zusammenarbeit zu stärken, Partnerschaften mit der Zivilgesellschaft und dem privaten Sektor einzugehen und zum Abschluss von Abkommen über Koproduktionen und einen gemeinsamen Vertrieb anzuregen, ist hierbei von großer Bedeutung.

Das UNESCO-Übereinkommen (2005) wertet Kultur als strategisches Element von Entwicklungspolitik und regionaler Entwicklung. Es verfolgt das Ziel eines breiteren und ausgewogenen kulturellen Austauschs auf globaler Ebene. Dazu ist u.a. eine Vorzugsbehandlung für Entwicklungsländer vorgesehen. Auf politischer Ebene sind internationale Konsultationen und Koordinierung vorgesehen.

Gerade weil der Vertragstext wenig konkrete Verpflichtungen enthält, sind für die Wirksamkeit dieses Übereinkommens die zahlreichen Artikel zum Ausbau der multilateralen Kooperation von herausragender Bedeutung für Medien- und Kulturpolitik: Die Artikel 9 (Informationsaustausch und Transparenz), 12 (Förderung der internationalen Zusammenarbeit), 14 (Zusammenarbeit zu Gunsten der Entwicklung), 16 (Vorzugsbehandlung für Entwicklungsländer), 17 (Internationale Zusammenarbeit in Situationen ernsthafter Gefährdung kultureller Ausdrucksformen), 18 (Internationaler Fonds für kulturelle Vielfalt), 19 (Austausch, Analyse und Verbreitung von Informationen) und 21 (Internationale Konsultationen und Koordinierung) enthalten allesamt praktische Vereinbarungen zur Stärkung der internationalen Kooperation.

Drei Artikel sind hierbei besonders wichtig:

- Art. 12e: Die Vertragsparteien verfolgen die Absicht, zur Förderung der Vielfalt kultureller Ausdrucksformen, u.a. den Abschluss von Abkommen über Koproduktionen und einen gemeinsamen Vertrieb anzuregen.
- In Art. 16 verpflichten sich die entwickelten Länder, den Süd-Nord-Kulturaustausch durch „Vorzugsbehandlung für Entwicklungsländer" zu erleichtern. Dies trifft sich mit aktuellen Bemühungen von Entwicklungs- und Schwellenländern im Rahmen der UN-Handelsorganisation (UNCTAD), Sektoren der Kulturwirtschaft wie v.a. Film, Musik und Fernsehen mit Hilfe geeigneter kulturpolitischer Maßnahmen zu entwickeln (Wiedemann 2004; d'Almeida/Allmann 2004).
- Innovativ ist zudem die „Verpflichtung der Vertragsparteien, die Ziele und Grundsätze dieses Übereinkommens in anderen internationalen Foren zu fördern" (Art. 21, Internationale Konsultationen und Koordinierung). Dies ermöglicht ein politisch abgestimmtes Zusammenarbeiten auch in dritten Foren, um dort die Ziele von Schutz und Förderung der kulturellen Vielfalt voranzubringen, ein absolutes Novum bisheriger politischer Regime.

7 Die Kulturkonvention mit Leben füllen: Was ist erreicht, was zu tun, was machbar?

Die letzten zehn Jahre Globalisierungserfahrungen haben zu der Erkenntnis geführt, dass wegen der Besonderheiten der Kultur- und Medienmärkte Schieflagen entstehen, die sowohl das kulturelle Gemeinwohlinteresse als auch das Interesse der Verbraucher gefährden. Mit dem UNESCO-Übereinkommen ist die Basis für eine neue globale Säule der Governance im Kulturbereich gelegt. Linguistische Vielfalt und Mehrsprachigkeit, qualitative Vielfalt in audiovisuellen Mediendiensten unabhängig von den Übertragungswegen, Fragen des Urheberrechts in der Informationsgesellschaft, der Filmförderungssysteme sowie der Kooperation im Fernsehsektor werden dabei eine herausgehobene Rolle spielen. Die Konvention kann auch zur Stärkung der kulturellen Vielfalt bei der Förderung der unabhängigen Kultur- und Kreativindustrie sowie zu internationalem Austausch und globaler Solidarität genutzt werden. Die entwicklungspolitischen Bestimmungen der Konvention erfordern eine entsprechende Erweiterung der Außenkulturpolitik sowohl national als auch seitens der Europäischen Union (vgl. Arbeitsgruppe des Deutschen Bundestages und der Assemblée Nationale 2007).

Die Prinzipien des Übereinkommens gelten entscheidend auch für den weiteren europäischen Integrationsprozess. Die europäische Einigung ist heute nicht mehr nur noch ein zwingendes Gebot für eine nachhaltige Friedenspolitik auf unserem Kontinent, sondern sie ist auch von kaum zu überschätzender Bedeutung angesichts der sich global verändernden Konstellation mit neuen politischen Machtverhältnissen, in denen Länder wie China, Indien und Brasilien ihren Einfluss geltend machen. Die europäische Agenda muss deswegen in enger Tuchfühlung und in engagierter Zusammenarbeit mit nicht-europäischen Partnern und Kollegen entwickelt werden. Die Debatte über die Rolle der kulturellen Vielfalt für die Entwicklung der Gesellschaften in Europa und international hat erst begonnen. Die UNESCO-Konvention wird in den nächsten Jahrzehnten ein zentrales Instrument zur Fundierung und Verstetigung dieses Prozesses sein. Auf EU-Ebene wird es um eine bislang noch nicht vorhandene politische Kohärenz zwischen dem Lissabon-Prozess und dem Beitritt zur Kulturkonvention gehen, international um die Koordination der EU-Außenwirtschaft und um die Erweiterung der Außenkulturpolitik. Hierbei sind Zivilgesellschaft, Parlamentarier, Experten, Wirtschaftsvertreter und Regierungsverantwortliche gleichermaßen gefordert. Die Umsetzung der Zielsetzungen der Konvention erfordert hier bewusste Investitionen sowohl national als auch in der internationalen Zusammenarbeit.

Mit dieser völkerrechtlich verbindlichen Kulturkonvention sind die Entwicklungschancen des öffentlichen Sektors politisch offen gehalten. Den Vertragsstaaten weist die Konvention eine wieder stärker gestaltende Rolle auf einem Gebiet erheblichen Wirtschaftspotenzials zu, ohne die Frage der Kultur auf den einfachen Gegensatz von Staat und Markt, privaten Interessen und Regierungshandeln zu verengen. Es geht bei der Bewahrung und Förderung der kulturellen Vielfalt auch um die Rolle des öffentlichen Raumes, der durch politische Rahmenbedingungen gegen die weitgehende Durchdringung sowohl von staatlicher Regulierung als auch von Marktinteressen geschützt werden muss. Mit dem Abkommen, das sowohl den originären kreativen Akt der einzelnen Person als auch die rechtlichen und finanziellen Rahmenbedingungen für den Schutz von Kultur behandelt, eröffnet sich ein wichtiges interdisziplinäres Gesprächsfeld, denn Handels-, Wirtschafts- und internationale Ordnungspolitik interagieren direkt mit den kulturellen und künstlerischen Ausdrucksformen. Das Thema ist noch unzureichend durchdiskutiert. Allerdings wird es in der Ausgestaltung der Frage, welche Instrumente zum Schutz und zur Förderung der Vielfalt kultureller Ausdrucksformen ganz besonders tauglich sind, sehr stark darauf ankommen, in dem weltweiten Vernetzungsprozess, der im

Vorfeld des Abkommens initiiert wurde, von Regierungsseite, von fachforscherischer und von zivilgesellschaftlicher Seite noch mehr Sachverstand zu bündeln.

Derzeit sieht es so aus, als ob mit dem UNESCO-Übereinkommen zur kulturellen Vielfalt tatsächlich etwas entstanden ist, das dem GATS zur Seite gestellt werden kann. Da der GATS-Prozess bekanntermaßen auf Dauer angelegt ist, ist es jedoch wesentlich, die Möglichkeiten des Kultur-Übereinkommens in den kommenden Jahren energisch zu nutzen und zügig mit Inhalt und Substanz zu füllen. Allerdings gilt es, insbesondere die bilateralen Verhandlungen in diesen Bereichen sorgfältig im Auge zu behalten. Der Abschluss des Freihandelsabkommens zwischen den USA und Korea im Frühjahr 2007 zeigt, dass hier mit den koreanischen Filmquoten erneut zentrale Instrumente der Kulturpolitik zur Disposition gestellt wurden.

Ein wichtiger Teil der bisherigen Erfolgsgeschichte dieses UNESCO-Übereinkommens ist die enge Kooperation mit der Zivilgesellschaft. Die Ausarbeitung dieses Völkerrechtsvertrages zu den globalen Herausforderungen der Kulturpolitik wurde international von Künstlern und Kulturpolitikern mit großem Interesse verfolgt und beworben. In über vierzig Koalitionen zur kulturellen Vielfalt in Europa, auf dem amerikanischen Kontinent, in Afrika und Asien/Pazifik haben sich weltweit ca. 1500 Künstler- und Kulturverbände in engem Dialog mit Parlamentariern und Regierungen engagiert, in Deutschland durch regelmäßige Konsultationen im Rahmen der Bundesweiten Koalition für kulturelle Vielfalt und durch eine internationale Kooperation mit dem Netzwerk der Koalitionen und Künstlerverbände. Die aktive Beteiligung der Zivilgesellschaft oder, mit dem Begriff von Franz Martin Wimmer, die Frage, ob der „Polylog" tatsächlich gelingen kann, wird wesentlich bleiben, um die Ziele dieses Übereinkommens zu erreichen.

Die entscheidende Herausforderung ist also eine politische: Die internationale Kulturpolitik muss einen ebenso breiten Konsens herstellen wie jenen, auf dem seit sechzig Jahren die internationale Handelsordnung ruht, und sie muss den Regeln der WTO wirkungsvolle kulturspezifische Regeln zur Seite stellen (Weiss 2005).

Literatur

d'Almeida, F./Allmann, M. L. 2004. *Les Industries Culturelles des Pays du Sud. Enjeux du Projet de Convention Internationale sur la Diversité Culturelle.* Etude établie pour le compte de l'Agence intergouvernementale de la Francophonie et du Haut Conseil de la Francophonie, Paris.

Arbeitsgruppe des Deutschen Bundestages und der Assemblée Nationale zum Thema „Kulturelle Vielfalt in Europa" 2007. *Zwischenbericht*, Berlin/Paris.

Bernier, I. 2006. *Die Umsetzung der UNESCO-Konvention über den Schutz und die Förderung der Vielfalt kultureller Ausdrucksformen: Nächste Schritte.* Kurzgutachten (unter Mitarbeit von Ruiz-Fabri, H.), in: Deutsche UNESCO-Kommission (Hg.), Übereinkommen über Schutz und Förderung der Vielfalt kultureller Ausdrucksformen. Magna Charta der Internationalen Kulturpolitik, Bonn, 62-80.

Blinn, H.-J. 2003. *Die WTO/GATS-Verhandlungen und ihre Auswirkungen auf die Kulturdienstleistungen*, in: Kulturpolitische Mitteilungen, Nr. 100 (2003) 1, 227 ff.

Deutsche UNESCO-Kommission (Hg.) 2006. *Übereinkommen über Schutz und Förderung der Vielfalt kultureller Ausdrucksformen. Magna Charta der Internationalen Kulturpolitik*, Bonn.

Deutsche UNESCO-Kommission (Hg.) 2007. *Kulturelle Vielfalt – Unser gemeinsamer Reichtum.* Das Essener/RUHR.2010 Bellini Handbuch zu Perspektiven kultureller Vielfalt, Bonn.

Europäische Audiovisuelle Informationsstelle (Hg.) 2004. *Jahrbuch 2003 – Film, Fernsehen, Video und Multimedia in Europa, Bd. 1. Die Wirtschaftslage des audiovisuellen Sektors in Europa*, Strasbourg.

Europäisches Parlament 2006. *Report on the proposal for a Council decision on the conclusion of the UNESCO Convention on the Protection and Promotion of the Diversity of Cultural Expressions* (23.3.2006, A6-0079/2006 FINAL), MdEP Christa Prets.

Fuchs, M. 2006. *Kulturelle Vielfalt im kulturpolitischen Alltag. Überlegungen zu Analyse und Umsetzung der UNESCO-Konvention zur kulturellen Vielfalt*, in: UNESCO-heute online, Ausgabe 3-4. März/April, www.unesco-heute.de/0306/fuchs.htm (07.07.2008).

Grant, P. S./Wood, C. 2004. *Blockbuster and Trade Wars. Popular Culture in a Globalised World*, Vancouver/BC.

Krajewski, M./Bormann, S./Deckwirth C. 2005. *Auswirkungen des GATS auf Instrumente der Kulturpolitik und Kulturförderung in Deutschland. Rechtsgutachten im Auftrag der Deutschen UNESCO-Kommission*, Potsdam, www.unesco.de/c_arbeitsgebiete/kkv_gutachten.pdf (07.07.2008).

Lambert, R. 2004. *Observatoire francais des médias*, Band 4 (April), www.observatoire-medias.info/article124.html (7.6.2004), zitiert nach: „Nouvelles sur la diversité culturelle" vom 7.6.2004 (www.mcccf.gouv. qc.ca).

Metze-Mangold, V./Merkel, C. 2006. *Die UNESCO-Kulturkonvention vor der Ratifizierung: Magna Charta der internationalen Kulturpolitik*, Media Perspektiven 7 (2006), 362-373.

Neil, G. 2006. *The Convention as a response to the cultural challenges of economic globlisation*, in: Obuljen, N./Smiers, J. (Hg.), UNESCO's Convention on the Protection and Promotion of the Diversity of Cultural Expressions: Making It Work, Zagreb, 41-70.

Obuljen, N./Smiers, J. (Hg.) 2006. *UNESCO's Convention on the Protection and Promotion of the Diversity of Cultural Expressions: Making It Work*, Zagreb.

Pérez de Cuéllar, J. 1998. *Our Creative Diversity*, Oxford.

Schorlemer, S. von, 2005. *Kulturpolitik im Völkerrecht verankert. Das neue UNESCO-Übereinkommen zum Schutz der kulturellen Vielfalt*, in: Zeitschrift „Vereinte Nationen", 53 (2005), Nr. 6, 217-223.

Söndermann, M. 2004. *Kulturberufe. Statistisches Kurzportrait zu den erwerbstätigen Künstlern, Publizisten, Designern, Architekten und verwandten Berufen im Kulturberufemarkt in Deutschland 1995-2003*. Studie im Auftrag der Beauftragten der Bundesregierung für Kultur und Medien (BKM), Bonn, Manuskript (59 S.), Juni, www.miz.org/artikel/studie_kulturberufe.pdf (07.07.2008).

Söndermann, M. 2005. *Arbeitskreis KulturStatistik: Statistische Eckdaten*, Bonn, November.

UNESCO. *Culture, trade and globalisation - questions and answers:* http://www.unesco.org/culture/industries/trade/html_eng/questions.html (10.07.2006)

UNESCO 2004. *Preliminary draft of a convention on the protection of the diversity of cultural contents and artistic expressions* (CLT/CPD/2004/ CONF. 201/2), Paris.

UNESCO 2008. *World Report on Cultural Diversity 2008*, Paris *(erscheint Herbst 2008)*.

UNESCO Institute for Statistics (UIS) 2005. *International Flows of Selected Cultural Goods and Services, 1994-2003*, Montreal/Paris, Dezember (www.uis.unesco.org).

Weiss, C. 2005. *Das deutsche Interesse am UNESCO-Übereinkommen zum Schutz kultureller Vielfalt*, in: UNESCO-heute, Ausgabe 1/2005, 12 ff.

Wiedemann, V. 2004. *Promoting Creative Industries: Public Policies in Support of Film, Music and Broadcasting in Developing Economies*. Study prepared for UNCTAD XI High Level Panel on Creative Industries and Development, Sao Paolo, 13. Juni.

Wiedemann, V. 2006. *Empowering audiovisual services for the future*, in: Obuljen, N./Smiers, J. (Hg.), UNESCO's Convention on the Protection and Promotion of the Diversity of Cultural Expressions: Making It Work, Zagreb, 89-108.

Throsby, D. 2003. *Economics and Culture*, Cambridge.

Autorinnen und Autoren

Leipold, Helmut, Dr., Professor am Fachbereich Wirtschaftswissenschaften der Philipps-Universität Marburg.
Lentz, Carola, Dr., Professorin für Ethnologie am Institut für Ethnologie und Afrikastudien der Gutenberg-Universität Mainz.
Merkel, Christine M., Leiterin des Referats für Kultur und Kommunikation der Deutschen UNESCO-Kommission in Bonn.
Schmiedel, Peter, langjährige Führungsverantwortung in privatwirtschaftlichen Unternehmen, vorwiegend in islamischen Ländern; danach Studium der Islamkunde und Philosophie mit Schwerpunkt Wirtschaftsethik.
Tetzlaff, Rainer, Dr., Professor emeritus für Politische Wissenschaft an der Universität Hamburg.
Wimmer, Franz Martin, Dr., Professor am Institut für Philosophie der Universität Wien.
Wallacher, Johannes, DDr., Leiter des Rottendorf-Projekts und Professor für Sozialwissenschaften und Wirtschaftsethik an der Hochschule für Philosophie, München.

Diskussionsteilnehmer/innen

Bogner, Daniel, Dr., Postdoc-Kollegiat am Max-Weber-Kolleg für kultur- und sozialwissenschaftliche Studien, Universität Erfurt.
Brieskorn S.J., Norbert, Dr., Professor für Sozial- und Rechtsphilosophie, Hochschule für Philosophie, München.
Diesfeld, Hans Jochen, Dr. med., Professor emeritus für Tropenhygiene und öffentliches Gesundheitswesen, Ruprecht-Karls-Universität Heidelberg.
Eibl, Sylvia, M.A., Freie Mitarbeiterin und Menschenrechtsbeauftragte am Institut für Gesellschaftspolitik an der Hochschule für Philosophie, München.
Grohs, Gerhard, Dr., Professor emeritus für Politische Wissenschaft am Institut für Ethnologie, Gutenberg-Universität Mainz; langjähriger Gastprofessor für Afrikanistik an der Hochschule für Philosophie, München.

Lee-Peuker, Mi-Yong, Dr., Wissenschaftliche Mitarbeiterin am Helmholtz- Zentrum für Umweltforschung - UFZ, Leipzig.

Müller S.J., Johannes, Dr., Leiter des Instituts für Gesellschaftspolitik und Professor für Grundlegung der Sozialwissenschaften und Entwicklungspolitik an der Hochschule für Philosophie, München.

Reder, Michael, Dr., Wissenschaftlicher Mitarbeiter am Institut für Gesellschaftspolitik und Dozent für Sozialphilosophie und Religionsphilosophie an der Hochschule für Philosophie, München.

Scholtes, Fabian, Dr., Senior Researcher am Zentrum für Entwicklungsforschung der Universität Bonn (Department of Political and Cultural Change).

Seele, Peter, DDr., Assistenzprofessor für Wirtschaft und Religion, Universität Basel.

Rehm, Hans, Dipl.-Theol., Pastoralreferent und Zivildienstseelsorger, München.

Vogt, Markus, Dr., Professor für Christliche Sozialethik an der Ludwig-Maximilians-Universität München.

Personenregister

Abaelard, P.: 86
Achebe, C.: 133
Adewoye, O.: 136
Allmann, M.L.: 160
d'Almeida, F.: 160
Amirpur, K.: 61, 66
Ammann, L.: 61, 66
Ayittey, G.B.N.: 132, 134, 137f.

Bachmann-Medick, D.: 7
Bacon, F.: 122
Basedau, M.: 134
Bauer, C.: 113
Bayart, J.-F.: 135
Beck, U.: 128
Becker, G.: 5
Behrens, M.: 136
Beier, U.: 133
Benedict, R.: 22
Beunet, J.G.: 79
Bierschenk, T.: 25ff.
Blinn, H.-J.: 154
Blümle, G.: 3
Boas, F.: 22
Bochoris (Pharao): 111
Boeckh, A.: 128, 135
Bogner, D.: 43f., 104
Booth, D.: 28
Brieskorn, N.: 35, 100
Brocker, M.: 114
Brunner, O.: 19f.
Burke, P.: 129f.

Calderisi, R.: 124
Chatterjee, M.: 81
Chaui, M.: 79
Chirac, J.: 105
Clauß, L.F.: 85

Dasgupta, P.: 11
Diesfeld, H.J.: 44f.
Diner, D.: 47, 62

Easterly, W.: 127
Eibl, S.: 44
Elias, N.: 123, 129
El Qorchi, M.: 57
Elwert, G.: 20
Endreß, G.: 55
Engels, F.: 35
Erlei, M.: 9
Eucken, W.: 10
Etounga-Manguelle, D.: 132, 147, 135, 138f.

Falk, A.: 6
Fehr, E.: 6
Ferdowsi, M.A.: 133, 138
Feuerbach, L.: 35
Flexner, S.B.: 79
Forstner, M.: 84
Frauwallner, E.: 81
Frey, B.: 6
Fukuyama, F.: 3

Geertz, C.: 9, 22, 52, 71, 129
Ghaussy, A.G.: 55f., 58
Githongo, J.: 124
Goethe, J.W. von: 144
Goldschmidt, N.: 10
Goody, J.: 29
Grande, E.: 128
Grant, P.S.: 158
Greenspan, A.: 137
Grohs, G.: 41, 73, 144, 146
Grondona, M.: 8

Halm, H.: 60
Hancock, G.: 127
Harrison, L.: 7, 129ff., 137
Hauck, G.: 21
Hegmann, H.: 10
Heidegger, M.: 80, 103
Heller, E.: 61
Herder, J.G.: 22, 83, 89
Herskovits, M.: 22
Hippler, J: 9
Hirschmann, A.: 38
Hirsi Ali, A.: 62
Holenstein, E.: 84
Homan, K.: 5
Hountondji, P.: 86
Humphrey, J.: 135
Huntington, S.: 7, 23, 83f., 129, 131, 137
Husserl, E.: 10, 101

Iliffe, J.: 120
Inglehart, R.: 130

Jesus: 73, 77
Justinian (Kaiser): 111

Kant, I.: 51, 101
Karl der Große: 36, 112
Kersting, W.: 3
Keynes, J.M.: 111

Khama, S.: 131
Kibaki, M.: 124
Klemens von Alexandrien: 112
Klingmüller, E.: 62
Kluckhohn, C.: 20
Klump, R.: 11
Kohl, K.-H.: 21f.
Konfuzius: 73
Krämer, G.: 48, 60
Krajewski, M.: 154
Krautz, W.: 86
Krishna, D.: 80
Kroeber, A.: 20, 22
Krotz, S.: 75f.
Küng, H.: 87
Kufuor, J.A.: 17
Kuper, A.: 21

Lachmann, W.: 120
Lambert, R.: 157
Lamprecht, K.: 82
Landes, D.S.: 11, 49, 123
Lee-Peuker, M.-Y.: 3, 39, 76, 101
Leipold, H.: XI, 34f., 39f., 43, 49, 51f., 53f., 58, 60, 69-76
Lentz, C.: Xf., 15, 16, 21, 29, 34-45, 69f., 102f., 109, 145ff.
Lévi-Strauss, C.: 22
Lewis, B.: 47
Lipset, S.M.: 130
Lipson, L.: 47
Locay, L.: 50
Locke, J.: 114
Lorenz, K.: 82
Luther, M.: 111
Lutz, H.: 114

Mackie, J.L.: 51
Malinowski, B.: 21f.
Mall, R.A.: 81
Manstetten, R.: 4f.
Margull, H.J.: 87

Martens, J.: 138
Martins, W.: 78, 83
Marx, K.: 35
Maurer, A.: 47
Mazrui, A.: 136
Mead, M.: 22
Mehler, A.: 134
Menger, C.: 4
Merkel, C.M.: XIIf., 2, 40, 144
Messner, D.: 135
Mill, J.S.: 4
Moebius, S.: 21
Mohammed: 48f., 54, 56, 59, 61, 63, 65, 73, 110
Moi, D.A.: 124
Moller Okin, S.: 85
Moshabi, H.: 61
Moynihan, D.P.: 131
Müller, J.: 6, 9, 70ff., 76, 105
Müller-Armack, A.: 11
Mugabe, R.: 147
Mwenda, A.: 139

Nagel, T.: 60f., 61ff.
Niehaus, V.: 114
Nienhaus, V.: 47, 55f., 64f.
North, D.C.: 9, 50
Nwokedi, E.: 138
Nyerere, J.: 41
Nyong'o, P.A.: 137f.

O'Sullivan, J.L.: 79
Obasanjo, O.: 145
Obi, C.I.: 133
Othman, H.: 137f.

Panikkar, R.: 101
Patterson, O.: 130
Pérez de Cuéllar, J.: 156
Perras, A.: 142
Plumpe, W.: 19f.

Pryor, F.L.: 56
Pythagoras: 103

Quadflieg, D.: 21
Quinn, A.: 52

Radcliffe-Brown, A.R.: 21f.
Rao, Y.: 3
Rauch, T.: 125, 138
Rauscher, A.: 112
Reckwitz, A.: 21, 25, 68
Reder, M.: 38f., 45
Rehm, H.: 74
Rodinson, M.: 47, 65
Röhrich, W.: 63
Rorty, R.: 80
Rudolph, W.: 21f., 41

Sachs, J.: 123
Said, E.W.: 49
Saleh, N.A.: 111
Schefold, B.: 11
Schiefer, U.: 138
Schießl, M.: 127, 138
Schiffauer, W.: 23f.
Schmidt, K.M.: 6
Schmiedel, P.: XIf., 36f., 42f., 70, 72f., 99, 148
Schmoller, G. von: 4, 11
Scholtes; F.: 39
Scholz, F.: 7
Schorlemer, S. von: 2
Schumpeter, J.: 128
Seele, P.: 40, 75
Sen, A.: 6, 8f., 129
Senghaas, D.: 130
Senghor, L.S.: 86
Serageldin, I: 2, 11
Sevilla, R.: 128, 135
Shikwati, J: 125, 132, 139
Simson, U.: 64

Six, C.: 83
Smith, A.: 4, 50, 137
Solon: 111

Söndermann, M.: 158
Sombart, W.: 19f.
Soyinka, W.: 132
Spengler, O.: 84
Spiethoff, A.: 11
Stiglitz, J.: 6
Strauss, C.: 52
Streissler, E.: 4
Suchanek, A.: 5
Szücs, J.: 53

Tanaka, M.: 90
Tempels, P.: 81f.
Tetzlaff, R.: XII, 37, 102, 144-148, 129, 133
Thales: 103
Thomaß, B.: 2
Towa, M.: 86
Tull, 137f.
Tylor, E.: 20ff.

Vico, G.: 89
Vieira, A.: 77ff., 81, 83

Vogt, M.: 72, 74, 106
Voigt, S.: 64

Wallacher, J.: X, 6, 11, 106f.
Walton, M.: 3
Weber, M.: 19, 43, 47, 52ff., 58, 70f., 73f., 123, 130
Weingart, P: 85
Weiss, C.: 162
Weiße, W.: 87
Werbner, R.P.: 146
Wiedemann, V.: 160
Wild, S.: 49
Wimmer, A.: 23f.
Wimmer, F.M.: XI, 34, 73, 85, 87, 90ff., 99-107, 109, 111, 115, 162
Winckelmann, J.J.: 83
Winkel, H.: 4
Wiseman, J.A.: 134
Wittmann, V.: 135
Weede, E.: 65
Wittgenstein, L.J.: 103
Wolff, J.H.: 124
Wood, C.: 158